湖北省公益学术著
Hubei Special Funds 出版专项
for Academic and Public-interest
Publications

第二辑

丛 书 主 编　李建中
丛书副主编　袁　劲

本书为国家社科基金重大项目“中国文论关键词研究的
历史流变及其理论范式构建”（22&ZD258）阶段性成果
本研究系国家社会科学基金一般项目“跨文化传播视野下当代价值观调查项目的
中国认知研究”（GSY21014）的阶段性成果

义：群善之蕝

张路黎　著

WUHAN UNIVERSITY PRESS
武汉大学出版社

图书在版编目(CIP)数据

义 : 群善之葩 / 张路黎著 . -- 武汉 : 武汉大学出版社,2025.5.
中华字文化大系 / 李建中主编 . -- ISBN 978-7-307-24713-0
Ⅰ. K203
中国国家版本馆 CIP 数据核字第 20248HQ488 号

责任编辑:白绍华　　责任校对:汪欣怡　　版式设计:马　佳

出版发行: **武汉大学出版社**　(430072　武昌　珞珈山)
(电子邮箱: cbs22@ whu.edu.cn　网址: www.wdp. com.cn)
印刷:武汉邮科印务有限公司
开本:720×1000　1/16　印张:19.5　字数:268 千字　插页:1
版次:2025 年 5 月第 1 版　2025 年 5 月第 1 次印刷
ISBN 978-7-307-24713-0　定价:99. 00 元

总序　字孳字乳的文化：中华文化的“字”生性特征

李建中

人类轴心期五大文明(古巴比伦、古埃及、古希腊、古印度、中国)，惟有华夏文明传承至今，生生不息，个中缘由非常复杂，但文字的特性无疑是重要因素之一。同为轴心期文明，拉丁语的最小单位(字母)是无意义的，而汉语的最小单位(包括部首在内的字)则能显现独立甚至全息的意义，一字一世界，一字一意境。在漫长的历史演变之中，方块字既没有被梵化，也没有被拉丁化，中国文化因之分久必合，华夏文明因之亘古至今。

东汉许慎(约56—147)《说文解字·叙》曰：“字者，言孳乳而浸多也”①，孳者孳生，乳者哺乳。从观念和思想的层面论，方块字是中华文化之母，不仅孕生而且哺育了中华文化，会意指事、形声并茂地建构起中华文化的意义世界。《周易》讲“鼓天下之动者存乎辞”，许慎讲“盖文字者，经艺之本，王政之始”，刘勰讲“心生而言立，言立而文明”，金圣叹讲“以文运事，因文生事”，一直到鲁迅讲“自文字至文章”和陈寅恪讲“凡解释一字，即是做一部文化史”，均可视为从不同层面揭示中华文化的“字”生性特征。

中华文化产生、传承并能在长久历程中与多种外来文化交流而生生

---

① (汉)许慎撰，(清)段玉裁注：《说文解字注》，上海古籍出版社1981年版，第754页。

不息，与汉字密切相关。汉字是一种世界上非常独特的文字，每个汉字独立且集音形义于一体。在上古，汉语以单音词为主，其中有些单音词成为中国文化的核心词，作为中华文化之元（本原与起源），在其后不断的演变中扩展、丰富。我们这套《中华字文化大系》，精选奠基华夏文明、代表中国文化特征的100个汉字（又可以称为“中华文化关键词”或“中华文化核心词”），一个字一本书，对每个字既作“原生—沿生—再生”之源流清理，又作“字根—坐标—转义”之义理阐释，从而在文化思想、社会政治、智性审美、民族心理乃至民风民俗、日常生活等多元面向，标举中华文化的“字”生性特征，建构中华文化的话语体系，彰显中华文化的巨大影响力和恒久生命力，为海内外广大读者奉献中华字文化高远的美学意境和深广的意义世界。

南朝刘勰（约465—521）《文心雕龙·序志》曰：“若乃论文叙笔，则囿别区分，原始以表末，释名以章义，选文以定篇，敷理以举统，上篇以上，纲领明矣。”①“原始以表末”四句，既是《文心雕龙》的理论纲领，又是刘勰文学理论批评的基本原则。刘勰的“文学”是广义的文学，与我们今天所说的狭义的“文化”（即小文化或称观念形态的文化）大体上是相通甚至是重合的。因此，刘勰《文心雕龙》“论文叙笔”的四项基本原则，完全适用于我们这套《中国字文化大系》对汉字的诠解与阐释。字文化大系各分册对所选汉字（以下简称“本字”）的解读，大体上在“释名章义”“原始表末”“选文定篇”“敷理举统”等层面深入展开。

第一，释名章义。名不正则言不顺，言不顺则事不成。“字”的定义（内涵与外延）尚未厘清，文化阐释从何谈起？本大系所精选的汉字，大多是上古时代以单个方块字为词的核心观念或术语，既有形、声、义三大基本要素，又有从殷商卜辞到六国文字到篆、隶、草、行的历史演变，其语义还有词根义、引申义、转借义、修辞义以及词性活用的不

① 本书所引《文心雕龙》，均据范文澜注：《文心雕龙注》，人民文学出版社1958年版。下不另注。

同。凡此种种，各分册在诠解本字时，都是需要讲清楚的。

第二，原始表末。不述先哲之诰，无益后生之虑。本字的语义嬗变，既标识不同时代的文化观念，又贯通不同时代的文化命脉，故须从历史的层面对本字的语义嬗变作出阶段性清理和分时段呈现，尤其要注意在外来文化（如古代的佛学和近现代的西学）影响下，本字与异域文化的冲突与融合。

第三，选文定篇。单个的字，活在文本之中。这里所说的“文本”，既包括传世文书如文史哲经典等，也包括出土文物如简帛、铭器等，还包括民间的和日常生活的口传文化。各分册对本字的解读，须借助多类文本以及由文本所构成的复杂语境，依凭丰富多元、详实鲜活的语言材料，叙述并阐释本字所涵泳的智性审美、民族心理乃至民风民俗等多重旨趣。

第四，敷理举统。本大系所精选的汉字，大多具有全息特征，一字一意境，一字一世界，会意指事、形声并茂地呈现出中华文化高远的美学意境和深广的意义世界。故各分册对本字的诠释和解读，还需要从思想文化的深度，剖析本字所包蕴的哲学、伦理、宗教、政治、文学、艺术等多重语义内涵，概括并揭示本字对于中国文化乃至世界文明的独特价值和意义。

在囊括上述四项基本内容的前提之下，本大系的各个分册的入思路径、整体框架、章节设计乃至撰著风格等，既因“字”（本字）而异，又因“人”（著者）而异，但在总体上具有鲁迅《汉文学史纲要》所称颂的汉字三美：“意美以感心，一也；音美以感耳，二也；形美以感目，三也。”

一、文字乃经艺之本，王政之始

许慎的《说文解字》，其《叙》称“文字者，经艺之本，王政之始”。陈梦家（1911—1966）《中国文字学》指出，汉代以前，“文字”的名称经历了三个时期：首称文字为“文”（如《左传》有“夫文止戈为武”、“故文反正为乏”和“于文皿虫为蛊”)，次称文字为“名”(如《论语》“必也正名乎”皇疏引郑注“古者曰名，今世曰字”)，末称“文”“名”为“文字”(如秦始皇《琅琊台刻石》“同书文字”)并沿用至今。①章太炎(1868—1936)《国故论衡》曰：“文学者，以有文字著于竹帛，故谓之文。论其法式，谓之文学。”②这里所说的“文学”是广义上的，与狭义的“文化”(即观念形态的文化或曰小文化)大体重合。从字面上看，章太炎似将文化与文字等同；究其奥义，则是从源头(竹帛)处找到汉语文化与汉语文字的内在关联。章太炎又称“凡文理、文字、文辞，皆称文”，可见“文字”还包括了“名”“言”“辞”等。在中华文化的产生、生成乃至生生不息之中，汉语的文字扮演着“名”正言顺、一“言”九鼎和“辞”动天下之重要角色。

章太炎《国故论衡》称“榷论文学，以文字为准”③，“以文字为准”是中国文化及文学研究的一大传统，这里的“准”既有标准、法式之义，亦有本根、源起之义。刘勰的“文章”颇类似于章太炎的“文学”，也是广义上的，与“文化”重合。刘勰著《文心雕龙》，专门辟有《练字》一篇，叙述“字”的历史，表彰“字”的伟绩，楬橥“字”的诸种功能。《练字》篇论“字”从仓颉造字说起：“仓颉造之，鬼哭粟飞；黄帝用之，官治民察。”仓颉造字是华夏文明史上伟大的文化事件，动天地泣鬼神，孳文明乳文化。汉字的历史也就是中华文化的历史，汉字的功绩也就是中华文化的功绩，故《文心雕龙·序志》讲“文”之功德时称“君臣所以炳焕，军国所以昭明”，亦即《练字》所言“官治民察”。刘勰之前，东汉许慎曰：“盖文字者，经艺之本，王政之始，前人所以垂后，后人所以识古。故曰‘本立而道生’，‘知天下之至啧(赜)而不可乱也’。”④许慎

① 陈梦家：《中国文字学》，中华书局2006年版，第255页。

② 章太炎：《国故论衡》，上海古籍出版社2003年版，第49页。

③ 章太炎：《国故论衡》，上海古籍出版社2003年版，第49-50页。

④ (汉)许慎撰，(清)段玉裁注：《说文解字注》，上海古籍出版社1981年版，第763页。

“故曰”所引两段文字，前者出自《论语·学而》，后者出自《周易·系辞上传》。由此可见，从《论语》到《易传》，从《说文解字》到《文心雕龙》，中华元典对“字”之文化本根义的体认是一以贯之的。

《文心雕龙·练字》称“字”乃“言语之体貌”“文章之宅宇”，汉语的方块字是言语的生命体，是文章的宅基和家园。《尔雅》有“言者，我也”，“我”以何“言”？字。故《练字》篇说“心既托声于言，言亦寄形于字”。无言，心何以托？无字，言何以寄？《文心雕龙·章句》赞“字”，称其“振本而末从，知一而万毕”，亦即许慎所言“经艺之本，王政之始”。字乃统末之本，驭万之一。《章句》篇胪列“立言”的四大要素（字、句、章、篇），“字”居其首，“字”立其本：“夫人之立言，因字而生句，积句而成章，积章而成篇。”无论是单篇的文章还是观念形态的文化，其创制孳乳，其品赏识鉴，都是从一个一个的方块“字”开始。①在源起与流变、创制与识鉴、传播与接受等多重意义上，“字”皆为文化之“始”或“本”，故在此意义上可以说“字生文化”。

许慎《说文解字》对“字”这个汉字的解释是“乳也。从子在宀下，子亦声”。段玉裁（1735—1815）注曰：“人及鸟生子曰乳，兽曰产。引申之为抚字，亦引申之为文字。《叙》云：‘字者，言孳乳而浸多也。’”②字者，孳乳也。“孳”是生孩子，“乳”是哺孩子。由“字”我们想到“孕”，两个汉字都是会意：“孕”还只是十月怀胎，“字”则不仅是一朝分娩，更是含辛茹苦地将孩子抚养成人；“孕”还只是怀一个孩子（胎），“字”则是生产并哺育一个又一个的孩子，引而申之，则表明一个字可衍生出许多个词和短语。段玉裁为《说文解字·叙》“字者，言孳乳而浸多”作注时，还将“字”拿来与“名”和“文”相比较，先讲“名者自其有音言之，文者自其有形言之，字者自其滋生言之”，后说“独体曰文，合

---

① 民间将文人著书立说称之为“码字”，将接受者的文化解读称之为“识文断字”，亦可见对文化活动中“字”元素的高度重视。

② （汉）许慎撰，（清）段玉裁注：《说文解字注》，上海古籍出版社 1981 年版，第 743 页。

体曰字”，强调的都是“字”的“孳乳”、“浸多”、“滋生”、“合体（再造）”之功能。

当然，许慎和段玉裁说“字”，还只是在小学（文字学）的场域内讨论“字”的孳乳性或繁衍力。如果我们将“字，孳乳也”放在广阔的文化领域，来追问并验明“文字”与“文化”的血缘关系，则不难发现中华文化的字生性特征。《文心雕龙》开篇“原道”，追溯“文”即文化之本原与起源，《原道》篇在为“文”释名章义即解决了“文”的本原问题之后，继之回答“文”的起源问题：“自鸟迹代绳，文字始炳，炎皞遗事，纪在三坟”，从“唐、虞文章”到“益、稷陈谟”，从夏后氏“九序惟歌”到周文王“繇辞炳曜”，从周公旦“制诗辑颂”到孔夫子“熔钧六经”，刘勰为我们描述的这一部上古文化史，分明滥觞于“文字始炳”，分明嬗变为文字的“符采复隐，精义坚深”，又分明完成于先秦圣哲的“组织辞令”、“斧藻群言”。

《原道》篇的上古文化史在论及商周文化时，称“逮及商周，文胜其质，雅颂所被，英华日新”，这是伟大的《诗经》时代，这是辉煌的风雅颂时代。商周始祖的“英华”记录在《雅》《颂》文字之中。商的始祖是契，契建国于商；周的始祖是后稷，后稷的母亲是姜嫄。再往上追问：契乃谁生？姜嫄如何生后稷？幸好，我们有《诗经》的文字：《商颂·玄鸟》说“天命玄鸟，降而生商”，《大雅·生民》说“（姜嫄）履帝武敏歆，攸介攸止。载震载夙，载生载育，时维后稷”。玄鸟生商（契），姜嫄履帝之足迹而生后稷，这是《诗经》的文字所记录的商周历史。就历史的真实而言，玄鸟不可能生商（契），姜嫄亦不可能履帝迹而生后稷；就文化（神话与传说）的真实而论，“玄鸟生商”“姜嫄履帝迹生后稷”则不仅是“真”的，更是“美”和“善”的。而关于商周始祖的真善美的历史，与其说是《诗经》的文字所记录，还不如说是《诗经》的文字所创造。关于“字生文化”的例证，除了“玄鸟生商”和“履帝武敏歆”，还可以举出后羿射日、女娲补天、皇英嫔虞、伏羲画卦、仓颉造字……中华文化史上这些动天地泣鬼神的壮美故事，这些孳文明乳文化的伟大事件，无一不是我们的方块字所创造出来的，字生文化是也。

“文化”和“文字”的“文”，被许慎解释为“错画也，象交文，凡文之属皆从文”①。东汉的许慎虽读过《庄子》却未见过殷商卜辞，故不知道这个“文”就是《庄子·逍遥游》的“越人断发文身”之“文”。甲骨文中的“文”，从武丁时期到帝辛时期，均有“文身”之义：“象正立之人形，胸部有刻画之纹饰，故以文身之纹为文。”②纹身所具有的符号性、象征性、修饰性、结构性和文本化，使得“文”这个独体象形的汉字成为人类最早的文化产品之一，亦成为汉语言“字生文化”的最早例证之一。如果说，人在自己身体上的交文错画是人类最早的文化行为，那么“以文身之纹为文”则是人类最早的文化识鉴和文化交往，是人对“字生文化”的感性鉴赏和理性批评。交文错画着形形色色之“文”的龟甲兽骨，虽然被掩埋在殷商帝辛的废墟之中，但“字生文化”作为华夏文明的重要特征却生生不息，历经数千载而不朽。我们今天从文明、文化、文字、文辞、文献、文学、文章、文艺、文采、文雅等众多中国文化的诸多关键词之中，从诗、词、歌、赋、曲、文、说、剧、碑、诔、铭、檄、章、奏、书、记等各体文学及文化产品之中，不难窥见掩埋在殷墟小屯的“字生文化”之元素及景观。

二、心生而言立，言立而文明

“文字”与“文化”都有一个“文”，“文”既是独体象形的上古汉字的典型代表，也是字生文化的典型例证。《文心雕龙》以“文”肇端(《原道》篇首句“文之为德也大矣”)，以“文”终章(《序志》篇末句“文果载心，余心有寄”)，可谓始于“文”而终于“文”。《原道》篇追原“文”之“元”(原本与源起)，在很诗意也很哲理地阐释了“天之文”和“地之文”之后，水到渠成地引出“人之文”的定义：“心生而言立，言立而文明，

① (汉)许慎撰，(清)段玉裁注：《说文解字注》，上海古籍出版社 1981 年版，第 425 页。

② 徐中舒主编：《甲骨文字典》，四川辞书出版社 2006 年版，第 996 页。

自然之道也。”“人”(天地之心)诞生了，“字”(语言文字)才会被发明被创立；语言文字创立之后，“文”才会彰显、章明、刚健、灿烂。作为天地之心的“人”，以自己所独创的“字”(“名”“言”“辞”等)，去彰明“自然之道”，这一彰显的过程、结果及其规律就是“文”(文章、文学和文化)。如果说，《原道》篇“鸟迹代绳，文字始炳”，《章句》篇“人之立言，因字生句”“振本末从，知一万毕”讲的都是文字对于文化之产生即历史起源的决定性价值，那么这里的“心生言立，言立文明”讲的则是文字对文化之生成即逻辑本原的规定性意义。

鲁迅《汉文学史纲要》亦借刘勰“心生言立，言立文明”论汉语“文章”即狭义文化的本原、起源及流传，其首篇《自文字至文章》讲文字乃文章之始：“专凭言语，大惧遗忘，故古者尝结绳而治，而后之人易之以书契”，“文字既作，固无愆误之虞矣”①，连属文字而成文章，即刘熙《释名》所云“会集众字以成辞义”，字生文化是也。汉娜·阿伦特《人的境况》讲人生在世须做三件事：活着，工作着，说(书写)着。② 人的工作，制作出各种文化产品，创造出灿烂的文明。而只有当人类用文字“立言”之时，才真正创造出“人之文”。或者说，人类只有凭借“立言”这种文化行为，才能创造出“言立”的文化。《左传》讲三不朽——立德、立功、立言。就“德”和“功”的历史传承而言，前人如何垂后？后人如何识古？立言。何以立言？言寄形于字，因字而生句。故刘勰的“心生言立，言立文明”是对中华文化“字”生性特征的高度概括。

汉语“文学”一词有文献可征者，始见于《论语·先进篇》：“文学：子游，子夏。”孔子(前 551—前 479)的这两位高足，既不创制诗歌更不杜撰小说，何来“文学”之名？杨伯峻(1909—1992)《论语译注》将此处的“文学”释为“古代文献，即孔子所传的《诗》《书》《易》等”③。这里的

---

① 《鲁迅全集》第九卷，人民文学出版社 1982 年版，第 343-345 页。

② [美]汉娜·阿伦特著，王寅丽译：《人的境况》，上海人民出版社 2009 年版，第 14-17 页。

③ 杨伯峻译注：《论语译注》，中华书局 1980 年版，第 110 页。

“文学”实际上是我们今天所说的“文献学”，是观念形态之“文化”的重要组成部分。中国古代，小学（文字学）是经学的根基（故十三经有《尔雅》），经学家首先是小学家（字乃经艺之本）。《世说新语》据《论语》孔门四科而列“文学”门，叙述的是马融（79—166）、郑玄（127—200）、何晏（？—249）、王弼（226—249）、向秀（约227—272）、郭象（252—312）这些学者注经的故事。精通小学和经学的文化大师们，统统被划归于孔儒的“文学”之门。

夜梦仲尼、以孔子为精神导师的刘勰本来是要去传注儒家经典的，但他觉得自己在经学领域很难超过马融、郑玄，就转而去撰写《文心雕龙》，其《序志》篇坦陈：“敷赞圣旨，莫若注经；而马郑诸儒，弘之已精，就有深解，未足立家。唯文章之用，实经典枝条，五礼资之以成，六典因之致用，君臣所以炳焕，军国所以昭明，详其本源，莫非经典。”可见以“敷赞圣旨”即弘扬孔儒文化为人生理想的青年刘勰，实际上是从经学（包括小学）切入“文”的研究，或者说是从经学（包括小学）与文章之关系入手建构其“文”本体。以五经为标准来考察他那个时代的“文”，刘勰很容易发现“（时文）去圣久远，文体解散，辞人爱奇，言贵浮诡，饰羽尚画，文绣鞶帨，离本弥甚，将遂讹滥”。坚守儒家文化的经学立场和小学本位，青年刘勰敏锐地看出他那个时代的“文”（时文）在“言”与“辞”（即语言文字）方面出了大问题，而问题之要害则是严重背离了儒家五经“辞尚体要”的传统：“盖周书论辞，贵乎体要；尼父陈训，恶乎异端：辞训之异，宜体于要。于是搦笔和墨，乃始论文。”批判时文的“言贵浮诡”，回归元典的“辞尚体要”，竟然成了刘勰撰写《文心雕龙》的文化心理动因。

如果说《序志》篇是在“文心（为文用心）”的深潜层次讲“辞尚体要”，那么《征圣》篇和《宗经》篇则是在“雕龙（创作技法）”的精微领域讨论如何以圣人和经典为师来“辞尚体要”。二者虽有巨细之别，但其经学立场和小学本位（即“字本位”）则是一致的。《征圣》篇连续三次讲到“辞尚体要”，要求文学家学习春秋经的“一字以褒贬”和礼经的“举轻以包重”，其文字方可“简言以达旨”；学习易经的“精义以曲隐”和左传的“微辞以婉晦”，其文字方可“隐义以藏用”；学习诗经的“联章以积句”和礼经的“缛说以繁辞”，其文字方可“博文以该情”。《宗经》篇则针对“励德树声，莫不师圣，而建言修辞，鲜克宗经”之时弊，大讲特讲儒家五经在“言”“辞”即文字上的优长：易经的“旨远辞文，言中事隐”，诗经的“藻辞谲喻，温柔在诵”，书经的“通乎尔雅，文意晓然”，礼经的“采掇片言，莫非宝也”，春秋经的“一字见义，五石六鹢，以详略成文”。“五经之含文也”，宗经征圣落到实处，是要学习五经的文字功夫即雕龙技法，这也是刘勰撰著《文心雕龙》的用心之所在，苦心之所在。

青年刘勰“征圣立言”的经学立场不仅铸就其文学本体观的“字本位”，同时也酿成其文学史观的“字本位”，即从“字”的特定层面来考察文学的历史嬗变。《章句》篇讲诗歌的演变，称“笔句无常，而字有条（常）数”，诗歌句子的变化似无常规，而（每一句）字数的多少则是有规律可循的：“四字密而不促，六字格而非缓，或变之以三五，盖应机之权节也。”在刘勰的眼中，中国古代诗歌的发展演变史，落到实处，就是“字”数之多少的应变史：“二言肇于黄世，竹弹之谣是也；三言兴于虞时，元首之诗是也；四言广于夏年，洛汭之歌是也；五言见于周代，行露之章是也。六言七言，杂出诗骚；两体之篇，成于西汉。情数运周，随时代用矣。”《明诗》篇对诗歌史的描述，也是以“字有常数”为演变规律的：“四言正体，则雅润为本；五言流调，则清丽居宗。……至于三六杂言，则出自篇什；离合之发，则明于图谶；回文所兴，则道原为始；联句共韵，则柏梁余制。巨细或殊，情理同致，总归诗囿，故不繁云。”总之，一时代有一时代之诗歌，彼一时代与此一时代的诗歌之异，或短或长，或密或疏，或促或缓，或多或寡，完全取决于字数的或增或减。王国维《人间词话》说“著一字而境界全出”，对于诗歌创作而言，增（或减）一字则格调迥别、境界迥异，“字”之多寡，岂能以轻心掉之？

三、鼓天下之动者存乎辞

《周易·系辞上》讲到《周易》的四大功用，首条便是“以言者尚其辞”①。《周易》的文化符号包括了两大系统：卦爻象系统与卦爻辞系统，借用王弼《周易略例》的话说，前者是“象者，出意者也”，“尽意莫若象”；后者是“言者，明象者也”，“尽象莫若言”②。但是，“象”之出意尽意，完全有赖于“言”之明象尽象，若无卦爻辞的文字阐释，《周易》那么多的卦爻象究为何意是谁也弄不清楚的。因此，《系辞下》要说“是故《易》者，象也；象也者，像也”，《周易》就是象征，象征就是通过模拟外物以喻晓内意，而拟物喻意离开了“辞”是根本无法进行也无法完成的。作为修辞手法，象征有两个端点：一头是物一头是意，物何以达意指意或明意？必须有“辞”，故《周易》的经与传要用“辞”来拟物（人物、事物、景物等）出意（意义、价值、情志等）。《周易》作为中国的文化经典，其生生不息的奥秘在于斯，其动天地泣鬼神的感染力亦在于斯，故刘勰要借用《周易》的话来浩叹：“鼓天下之动者存乎辞！”

在因“五经皆文”而征圣宗经的刘勰心目中，《周易》无疑是最好的“文”（即文化经典）之一，故《文心雕龙·原道》讲述上古文明史以《周易》的原创与阐释为主线，所谓“庖牺画其始，仲尼翼其终”。《周易》的创卦者，观物而画卦，“系辞焉以尽其言，变而通之以尽利，鼓之舞之以尽神”；《周易》的观卦者，尚辞而解卦，“观其象而玩其辞”，观察卦爻的象征意味而探究玩味其文辞，或者反过来说，通过品味卦爻辞而领悟其象征及修辞。“辞”对于《周易》的意义是无论怎么强调也不为过分的：无“辞”何以识训诂？无“辞”何以明象征？无“辞”何以成易道？无“辞”何以定乾坤？

---

① 本书所引《周易·系辞传》，均据（清）阮元：《十三经注疏》，中华书局1980年版，第75-92页，下不另注。

② （魏）王弼注，楼宇烈校释：《王弼集校释》下册，中华书局1980年版，第609页。

《周易》是象思维和象言说，而《周易》的象思维和象言说，是靠“辞”(小学之训诂加上文学之修辞)来完成的。受《周易》的影响，中国古代文化历来有“尚辞”之传统，笼统而言是讲究语言文字的艺术，具体而论是注重象征、隐喻、比兴、夸饰等修辞手法。《文心雕龙》创作论二十多篇，有超过一半的篇幅是专门谈“字”说“辞”的：属于谈“字”(即讨论语言文字)的篇目有《声律》《章句》《俪辞》《练字》等，属于说“辞”(即讨论文章修辞)的有《比兴》《夸饰》《事类》《隐秀》等，属于通论二者的有《通变》《定势》《指瑕》《附会》《镕裁》《总术》。广而论之，中国古代文论的批评文本，数量最巨的是历朝历代的诗话、诗式、诗格、诗法等。明清以降，继海量的“规范诗学”或“修辞诗学”，又出现热衷于作法和读法的小说戏曲评点。金圣叹《第五才子书》讲《水浒传》的创作是“因文生事”，“只是顺着笔性去，削高补低都由我”①，故“因文生事”是在叙事层面对“字生文化”的经典表述。

汉语的方块字孳生了文化，也哺乳了文化，字是文化之母。就“文字”创制与“文化”创造之关系而言，汉字的六书作为“字”的构造规律，深情地也深度地哺乳了中华文化，并成为观念形态之文化的创造规律。刘歆、班固将“象形”置于六书之首，并将六书前四项表述为“象形”“象事”“象意”“象声”②，无意中触到字乳文化之要害。鲁迅《汉文学史纲要》亦论及“六书”尤其是“象形”与文化的关系：“文字初作，首必象形，触目会心，不待授受，渐而演进，则会意指事之类兴焉。”③

我们以文字与文学的关系而论。汉字六书对汉语文学的孳乳，若概而言之，则是鲁迅所言“意美以感心，一也；音美以感耳，二也；形美

---

① 陈曦钟、侯忠义、鲁玉川辑校：《水浒传会评本》上册，北京大学出版社1981年版，第16页。

② (汉)班固撰，(唐)颜师古注：《汉书》第6册，中华书局1982年版，第1720页。

③ 《鲁迅全集》第九卷，人民文学出版社1982年版，第344页。

以感目，三也”①。若分而言之，其“象形”之“画成其物，随物诘诎”既是汉字区别于拉丁文的标志性特征，也是文学的标志性特征，方块字的象形孳乳了文学的形象性和意境化，此其一。如果说“指事”的“视而可识，察而见意”，养育了文学之“赋”的直书其事，体物写志；那么，“比类合谊，以见指㧑”之“会意”，与“本无其字，依声托事”之“假借”，则分别孳乳了文学的“比显”与“兴隐”，此其二。此外，“转注”的“同意相受”启迪了文学的互文性，而“形声”的“取譬相成”成就了文学的谐音之趣与声韵之美，此其三。至于具体的创作过程之中，文学家如何推敲，如何练字，如何捶字坚而难移，如何语不惊人死不休，亦可见出“字”对于文学的特殊意义。

被称为现代语言学之父和结构主义之鼻祖的费尔迪南·德·索绪尔（1857—1913），视“文字”为“语言”的表现或工具；与此同时，索绪尔又不得不承认：“书写的词跟它所表现的口说的词紧密地混在一起，篡夺了主要的作用；人们终于把声音符号的代表看得和这符号本身一样重要或比它更加重要。”②把书写的词即文字看得比口说的词即言语更加重要，这在表音体系（如拉丁语）中或许不太正常，但在表意体系（如汉语）中却是非常正常也是非常真实的。

或许是看到了表意体系的这种独特性，宣称“我们的研究将只限于表音体系”③的索绪尔，却在《普通语言学教程》中用了整整一节的篇幅，专门讨论表意体系中“文字的威望”及其形成原因：“首先，词的书写形象使人突出地感到它是永恒的和稳固的，比语音更适宜于经久地构成语言的统一性”；其次，“在大多数人的脑子里，视觉印象比音响印象更为明晰和持久”；再次，“文学语言更增强了文字不应该有的重要

① 《鲁迅全集》第九卷，人民文学出版社1982年版，第344页。

② ［瑞士］费尔迪南·德·索绪尔著，高名凯译：《普通语言学教程》，商务印书馆1980年版，第48页。

③ ［瑞士］费尔迪南·德·索绪尔著，高名凯译：《普通语言学教程》，商务印书馆1980年版，第51页。

性。它有自己的辞典，自己的语法”，并最终形成自己的“正字法”，“因此，文字成了头等重要的”；“最后，当语言和正字法发生龃龉的时候，除语言学家以外，任何人都很难解决争端。但是因为语言学家对这一点没有发言权，结果差不多总是书写形式占了上风，因为由它提出的任何办法都比较容易解决”。①我们看索绪尔从逻格斯中心主义立场出发的对“文字威望”的批评，在某种意义上恰好是对汉字这种典型的表意体系的表扬。书写形象的永恒和稳固，视觉形象的明晰和持久，文字威望对语言统一性的塑造和维护，尤其是文学语言如何以“头等重要”的身份来解决文字与语言的矛盾等，表意体系的这些特征及优长，构成了“字生文化”的文字学根基。

解构主义大师、后现代理论家雅克·德里达（1930—2004），其《论文字学》解构索绪尔语言学的二分结构，认为“文字并非言语的‘图画’或‘记号’，它既外在于言语又内在于言语，而这种言语本质上已经成了文字”②，故“文字学涵盖广阔的领域”，甚至可以用文字学替代语言学，从而“给文字理论提供机会以对付逻格斯中心主义的压抑和对语言学的依附关系”③。逻格斯中心主义又称语音中心主义，声音使意义出场，不同于汉字的书写使意义出场。德里达《论文字学》在批评索绪尔对文字与言语作内外之分时指出：“外在/内在，印象/现实，再现/在场，这都是人们在勾画一门科学的范围时依靠的陈旧框架。”④我们今天研究中华字文化，应该打破陈旧的框架，以一种跨学科的宏阔视野来说“文”解“字”。

---

① ［瑞士］费尔迪南·德·索绪尔著，高名凯译：《普通语言学教程》，商务印书馆1980年版，第50页。

② ［法］雅克·德里达著，汪堂家译：《论文字学》，上海译文出版社1999年版，第63页。

③ ［法］雅克·德里达著，汪堂家译：《论文字学》，上海译文出版社1999年版，第50页。

④ ［法］雅克·德里达著，汪堂家译：《论文字学》，上海译文出版社1999年版，第45页。

文字乃经艺之本，就人类轴心期文明的典型代表华夏文明而言，以“经艺”为代表的汉语元典，用一个一个的方块字(中华文化关键词或中华文化核心词)，建构起轴心期华夏文明的意义世界。中华文化是字孳字乳的文化，华夏文明是字孳字乳的文明。观念意义上的中华文化，其源起是“鸟迹代绳，文字始炳”，其元典是或“一字以褒贬”或“联章以积句”的经艺，其楷模是情见文字、采溢格言、辞尚体要、辞动天下的圣贤文章，其种类是肇于经艺、著于竹帛的所有文体。字生文化，上古汉语的方块字从起源与本原处孳乳了中华文化，孳乳了华夏文明。追问并验明文字与文化的血缘关系，揭示中华文化的“字”生性特征，可为“文化”的释名章义，为文化研究的选文定篇，为文化理论的敷理举统，乃至为文化史的原始表末，提供新的路径并开辟新的场域。

目　录

第一章　序“义”

“义(義)”是中国文化的关键词。言行重“义”，称为人文精神。有中国人的地方，就有“义”。中华大地从古至今，处处可见大仁大义、纯情真义。

讲中国文化首先就要学习孔夫子的教诲。孔子多言说“仁”，同时强调“义”的价值。如《论语》记载：子曰：“君子义以为上。”①有道德的人以“义”为上，“义”与“仁”属于高尚的品德，是中华文明显著的特征。

我们的先民从远古洪荒中走来，构木为巢，钻燧取火，蒙昧初开，执着情义；聚生群处，天经地义；披荆斩棘，勇为见义；筚路蓝缕，耕耘道义；燔黍捭豚，尊崇信义；进退揖让，草创礼义。于是有中华文明，煌煌伟业，道德仁义，彪炳史册，启迪后人深明大义。

一、义字略览

何谓“义”？“义”有何意义？这正是本书要讲的问题。在今存古籍辞书上已有不少解说，这里且按古代“经、史、子、集”四部书籍中言及“义”的语句举例略览。

“五经”指的是先秦文献《尚书》《诗经》《周易》《礼记》《春秋》。

---

① 《论语·阳货》篇，《论语译注》，杨伯峻译注，中华书局 1980 年版，第 190 页。

《尚书》就是上古之书，或称为《书经》，是中国最早的一部历史文献集，是一部追述上古事迹的汇编，包括《虞书》《夏书》《商书》《周书》。其中《周书·洪范》就言及“义”：“无偏无陂，遵王之义；无有作好，遵王之道。”①

《诗经》，是中国最早的一部诗歌总集，收集了西周初年至春秋中叶约五百年间的古老诗歌，分为《风》《雅》《颂》三个部分，《雅》又分《小雅》和《大雅》。《大雅》中的诗咏及“义”，例如《大雅·文王》篇云：“宣昭义问，有虞殷自天。”②

《周易》，或称为《易经》，简称《易》，最早为古代占卜之书，经过儒家整理为古代文化经典，含有深刻的哲理思想。《周易》又分为《易经》和《易传》两个部分。例如其中的《文言传》论及“义”：“直，其正也；方，其义也。君子敬以直内，义以方外，敬义立而德不孤。”③

《礼记》，相传为孔子弟子及后学所作，西汉戴圣所编，曾称为《小戴礼记》，是儒家“三礼”(《周礼》《仪礼》《礼记》)之一。南宋朱熹将《论语》《孟子》与《礼记》中的《大学》《中庸》两篇合称为“四书”。《礼记》中言及“义”字不下200次。例如《中庸》篇说：“义者，宜也。尊贤为大。”(《礼记·中庸》)④

《春秋》，即《春秋经》，是我国第一部编年体史书，原为周朝时鲁国的国史，据传经过孔子修订。补充与阐释《春秋》史实之作称为“春秋三传”：《春秋左氏传》《春秋公羊传》《春秋穀梁传》。《春秋左氏传》传为春秋时期左丘明所著，简称《左传》。其中多以“义”评论史实。例如

---

① 《周书·洪范》，《尚书正义》，《十三经注疏》上册，阮元校刻，中华书局1980年版，第190页。

② 朱熹集注：《诗集传》，上海古籍出版社1980年版，第176页。

③ 《周易正义》，《十三经注疏》上册，阮元校刻，中华书局1980年版，第19页。

④ 《礼记正义》，《十三经注疏》下册，阮元校刻，中华书局1980年版，第1629页。

《左传》"隐公元年"记言："多行不义，必自毙。"①

春秋时期，孔子创立儒家，记录孔子言行的《论语》一书被视为儒家最有代表性的经典。孔子屡屡称颂"义"。除了上面所引"君子义以为上"之外，《论语》还记载孔子多次谈论"义"的语句：

君子喻于义，小人喻于利。(《论语·里仁》)

不义而富且贵，于我如浮云。(《论语·述而》)

见利思义，见危授命。(《论语·宪问》)

战国时期儒家代表孟子的著作《孟子》也在十三经之列，其中特别强调"义"的重要性，说："义，人之正路也。"(《孟子·离娄上》)并且提出"舍生而取义"(《孟子·告子上》)的著名观点。②

先秦史书除《左传》之外，还有《国语》一书，相传是春秋时左丘明所撰的一部国别体史书。其中多处记述论"义"之语，例如《国语·周语》记述内史兴的一段话，说道："奉礼义成。敬王命，顺之道也；成礼义，德之则也。则德以导诸侯，诸侯必归之。且礼所以观忠、信、仁、义也。"③

二十四史中，第一部就是西汉司马迁的《史记》，《史记》中的"义"字出现约450次。例如：称颂五帝之一帝喾："顺天之义，知民之急。"(《史记·五帝本纪》)再如借晋悼公问治国引出："师旷曰：惟仁义为本。"(《史记·晋世家》)又如借战国策士之言赞扬"义"行："是故君子以义死难，视死如归。"(《史记·范雎蔡泽列传》)"以公子之高义，为

---

① 《春秋左传正义》，《十三经注疏》下册，阮元校刻，中华书局1980年版，第1716页。

② 《孟子·离娄上》《告子上》，《孟子译注》，杨伯峻译注，中华书局1980年版，第172页、第265页。

③ 《国语正义》(董增龄本)，巴蜀书社1985年版，第125页。

能急人之困。”(《史记·魏公子列传》)。①

东汉班固所著《汉书》也是“前四史”之一，其书中也有数百处言及“义”，例如《汉书·文帝纪》说到“多贤及有德义者”；又如《汉书·贾谊传》引贾谊语：“顾行而忘利，守节而仗义。”②。

再看子书，即记述诸子百家之言的著作，譬如《老子》《庄子》《墨子》《管子》《荀子》《韩非子》《吕氏春秋》等。其中常论及“义”。

道家著作以老聃的《老子》和庄周的《庄子》为代表，其思想观点不同于儒家。例如《老子》中说：“大道废，有仁义。”(《老子》第十八章)③

《庄子》中写道：“至德之世，不尚贤，不能使，上如标枝，民如野鹿；端正而不知以为义，相爱而不知以为仁。”(《庄子·天地》)④

墨家不同意儒家的观点，然而墨家又以“义”为贵。墨家著作《墨子》说：“义者，正也。”(《天志下》)又说：“义，利也。”(《经上》)《墨子》中有一篇《贵义》说：“万事莫贵于义。”⑤

《管子》是管仲学派的著作，即春秋战国时期齐国治国思想文化的代表作。其中多篇论述到“义”。如《管子·幼官》篇：“立义而加之以胜。”《管子·心术》篇又指出：“义者，谓各处其宜也。”⑥

战国后期儒家的代表荀子，在其著作《荀子》中多方面谈论“义”，

---

① 司马迁：《史记》，中华书局1982年版，第一册第13页，第五册第1683页，第七册第2379页，第七册第2420页。

② 班固：《汉书》，《二十五史》第一册，上海古籍出版社1986年版，第379页、第574页。

③ 《老子》第十八章，《老子新译》，任继愈译注，上海古籍出版社1985年版，第98页。

④ 王夫之解：《庄子·天地》篇，《庄子解》，中华书局1964年版，第110页。

⑤ 《墨子》，《百子全书》第三册，岳麓书社1993年版，第2423页、第2449页、第2474页。

⑥ 《管子》，《百子全书》第二册，岳麓书社1993年版，第1279页、第1353页。

例如《荀子·修身》说："志意修则骄富贵，道义重则轻王公。"《荀子·强国》篇则认为："夫义者，所以限禁人之为恶与奸者也。"①

战国后期的法家代表著作《韩非子》也多处论及"义"，如其中《饰邪》篇说："私义行则乱，公义行则治。"(《韩非子·饰邪》)其《难二》篇又说："小人无义，必不能度之义也。"(《韩非子·难二》)②

战国末期，秦相吕不韦集合门客编撰的《吕氏春秋》一书，被称为杂家的著作，其中的《仲秋纪》概括性地说："义也者，万事之纪也。"(《吕氏春秋·仲秋纪》)③

集部著作则以《楚辞》为首，诗人屈原在长篇抒情诗《离骚》中仰问苍天："夫孰非义而可用兮？孰非善而可服？"④

"义薄云天"，形容某个人非常有情有义，正义之气直上高空，形容为正义而斗争的精神极其崇高，出自南朝宋沈约《宋书·谢灵运传》："屈平、宋玉，导清源于前，贾谊、相如，振芳尘于后，英辞润金石，高义薄云天。"⑤

集部《文选》亦称《昭明文选》，是现存第一部诗歌文章总集，南北朝梁朝昭明太子萧统主持编定，收录了先秦至齐梁数百年间的700多篇文学作品。萧统在《文选·序》中写道："事出于沉思，义归乎翰藻。"⑥

在20世纪出土的古籍文献简书帛书中已有不少"义"字。例如，湖北郭店楚墓出土的竹简中就有数十处"义"字，其中《尊德义》篇云："尊

---

① 《荀子》，《百子全书》第一册，岳麓书社1993年版，第133页、第187页。

② 《韩非子》，《百子全书》第二册，岳麓书社1993年版，第1677页，第1760页。

③ 许维遹集释：《吕氏春秋集释》，中国书店1985年版，第4页。

④ 屈原：《离骚》，《文选》中册，萧统编，中华书局1977年版，第459页。

⑤ 沈约：《宋书·谢灵运传论》，《中国历代文论选》，郭绍虞主编，上海古籍出版社1979年版，第215页。

⑥ 萧统编：《文选·序》上册，中华书局1977年版，第2页。

德义，明乎人伦。”《性自命出》篇云：“义也者，群善之蕝也。”①

在阅读经史子集、诸子百家的元典著作中可以深深感受到“义”作为关键词的生成与创造的魅力。为了说明“义”字运用的广泛性，经选择有代表性的古籍进行扫描检索统计，发现在部分书籍中，“义”字出现的频率比较高。谨列如下：

“义”在《春秋左传》中出现 110 次以上，

“义”在《礼记》中出现 200 次以上，

“义”在《管子》中出现 190 次以上，

“义”在《墨子》中出现 290 次以上，

“义”在《孟子》中出现 100 次以上，

“义”在《荀子》中出现 310 次以上，

“义”在《韩非子》中出现了 130 次以上，

“义”在《吕氏春秋》中出现 230 次以上，

“义”在司马迁《史记》中出现了 450 次以上，

“义”在班固《汉书》中出现了 740 次以上，

“义”在范晔《后汉书》中出现了 820 次以上，

“义”在陈寿《三国志》(裴注)中出现了 1000 次以上，

“义”在《旧唐书》中出现了 3100 次以上，

“义”在《先秦汉魏晋南北朝诗》中出现了 520 次以上，

“义”在《文心雕龙》中出现了 140 次以上，

“义”在《全唐诗》中出现了 560 次以上，

“义”在《朱熹集》中出现了 4000 次以上，

“义”在冯梦龙《情史》中出现了 190 次以上，

“义”在《警世通言》等“三言”中出现了 540 次以上，

“义”在《三国演义》中出现了 340 次以上，

“义”在《水浒全传》中出现了 1100 次以上。

---

① 荆门市博物馆编：《郭店楚墓竹简》，文物出版社 1998 年版，第 179 页。

这些统计尽管不够全面，但也足以说明“义”在古代典籍中出现频率相当高，值得我们关注和研究。从以上略览可知，“义”受到古代作者高度重视，无论“经、史、子、集”之书，都用到“义”字，都通过“义”表达思想观念。“义”堪称中国文化的一个关键词。

二、“义”之特点

从“义”字在汉语中的实际运用和历代讨论的解说诠释中，我们可以初步认识到“义”的几个基本特点：具有正当性和肯定性价值，既有道德理性，又有民间世俗性，还有广泛代表性和兼通性。特别是兼通性，即“兼性话语”，这是李建中先生新近提出的重要观点，他的《中国阐释学的兼性主体与话语》中说：“兼性话语即具有兼收、兼容和兼化等特征的陈述行为。兼收，意味着开放而非封闭；兼容，意味着多维而非单一；兼化，意味着吸纳而非吞并。”①“义”就是这样一个具有兼通性的术语。

第一，“义”具有广泛性、代表性与多意性。选择“义”字作为中国文化的关键词之一，的确是相当合适的。

“义”字运用的广泛性，不仅由我们日常感觉到，而且也由统计数字所证明。据统计，汉字按出现频率排列如下：

的、一、是、在、不、了、有、和、人、这、中、大、为、上、个、国、我、以、要、他、时、来、用、们、生、到、作、地、于、出、就、分、对、成、会、可、主、发、年、动、同、工、也、能、下、过、子、说、产、种、面、而、方、后、多、定、行、学、法、所、民、得、经、十、三、之、进、着、等、

① 李建中：《中国阐释学的兼性主体与话语》，《中国社会科学》2024年第2期。

部、度、家、电、力、里、如、水、化、高、自、二、理、起、小、物、现、实、加、量、都、两、体、制、机、当、使、点、从、业、本、去、把、性、好、应、开、它、合、还、因、由、其、些、然、前、外、天、政、四、日、那、社、义。①

据此，"义"的出现频率在汉字中排第 123 位，若除开虚词和代词，"义"字大约在第 80 位，显然属于高频率的汉字关键词，虽次于"人""中""生""成"等字的出现频率，但远高于"仁""礼""知""信"等字。无论从古籍检索或当今汉语搜索来看，"义"都属于高频率的关键词。

"义"的多意性十分明显。仅见如今的字典词典对"义"的解释就可了解。例如，《汉语大字典》关于"义"字大致有这些主要意项：

(一)同"仪"。(1)礼节，仪式。(2)容貌，风度。(3)准则，法度。

(二)(1)适宜。(2)正当，正派。(3)善，好。(4)利益，功用。(5)品德的根本，伦理的原则。(6)公平，公正。(7)公益性的。(8)死节，殉难。(9)克制推让。(10)有正义感的。(11)意义、意思。②

《汉语大词典》关于"义"一词的主要意项有：

(一)(1)符合正义或道德规范。(2)认为合乎正义或道德规范而加以称许。(3)理应。(4)适应，顺应。(5)名分。(6)善良。(7)意义，道理。(8)恩义、情谊。(9)施舍、救济的，为公益的。(10)名义上的。

(二)(1)仪容，状貌。(2)仪制，法度。③

由此可见"义"的多意性，"义"字含意丰富，可以表示正当、正直、正派、正义、道义、公平、公正、合理、合法，也有适宜、适合、适当、理应、适应、善意、美德、良好、有益的意思，还有合乎情理、道理、准则、意思、意义、恩义、情谊、公益的、名义的、法度功用、伦理原则之意，或表示礼节、仪式、容貌、风度、仪容、状貌、仪制等，

---

① 引自 www. cncorpus. org 语料库。

② 《汉语大字典》缩印本，湖北辞书出版社 1992 年版，第 1305 页。

③ 《汉语大词典》第九卷，汉语大词典出版社 1992 年版，第 173-183 页。

其意蕴既具广度，又有深度，须结合具体语境来理解体会。

在关于中国文化的表述中，"义"往往是一个不可或缺的概念；特别是在关于传统道德的表述中，"义"的品目更具有代表性。中国文化注重人的道德品行，古代学者常常列举品行道德的基本项目，以阐述价值观，或作为教育子弟以及选拔人才的要求。例如"四端""五常""六德"等品目，其中都少不了"义"。这里仅列举部分品目以说明"义"的代表性，暂时不作诠释。

在周代，"义"就是"六德"之一。《周礼·地官·大司徒》载有："以乡三物教万民而宾兴之：一曰六德：知、仁、圣、义、忠、和。二曰六行：孝、友、睦、姻、任、恤。三曰六艺：礼、乐、射、御、书、数。"所谓"六德"，指包括"义"在内的六项道德。①

"四端"说见于《孟子》，孟子认为"仁、义、礼、智"生发于"四端"。《孟子·公孙丑上》说："恻隐之心，仁之端也；羞恶之心，义之端也；辞让之心，礼之端也；是非之心，智之端也。"

"义"列入儒家"五常"。西汉儒家代表董仲舒在《举贤良对策》中提出："夫仁、义、礼、知、信，五常之道。"②五常，是儒家最注重的五种道德品行。

在古代崇尚的德行中，往往都包括"义"，足见其代表性与重要性。

第二，"义"字往往关联人生大事，内涵道德理性，大多具有肯定性价值，不愧为中国文化的关键词之一。汉语独特的成语蕴含丰富，这里列举由"义"生发的部分成语，琳琅满目、珠玑如玉：

天经地义、舍生取义、弘扬道义、深明大义、向风慕义、伸张正义，遵道秉义、义薄云天、义正辞严、义不容辞、义浆仁粟、义

---

① 《周礼·地官·大司徒》，《十三经注疏》上册，中华书局 1980 年版，第 707 页。

② 董仲舒：《举贤良对策》，《汉书·董仲舒传》，《二十五史》第一册，上海古籍出版社 1986 年版，第 599 页。

无旋踵、义愤填膺、义无反顾、义重恩深、义结金兰、义利相溶、大义凛然、重义轻财、礼义廉耻、见义勇为、仗义执言、大义灭亲、养义生利、精义入神、言简义丰、恩深义厚、侠肝义胆、情深义重、恩山义海、仁人义士、仁至义尽、居仁由义、大仁大义、积德行义、忠孝节义、蹈仁履义、成仁取义、慷慨赴义、从容就义、见利思义、沐仁浴义、穷不失义、利不亏义、急公好义、履信尚义、三谏之义、根于仁义、微言大义等。

例如成语“居仁由义”讲的就是人生大事。其语出自《孟子·尽心上》篇，“居仁”意为人心在仁爱之中，“由义”意为做事依循正义。孟子在回答齐王的儿子王子垫之问时，提出“居仁由义”。原文如下：

> 王子垫问曰：“士何事?”孟子曰：“尚志。”曰：“何谓尚志?”曰：“仁义而已矣。杀一无罪非仁也，非其有而取之非义也。居恶在？仁是也；路恶在？义是也。居仁由义，大人之事备矣。”①

《孟子》这段话大意为：王子垫问：“士人应当做什么?”孟子答道：“士人尊崇高尚志向。”王子垫继续问：“怎样尊崇高尚志向呢?”孟子答道：“时刻铭记着仁和义而已。如果杀害一个无罪的人，就是不仁。不是自己的东西却窃取它，就是不义。人的心应该处在什么位置？应该在仁爱之中；人生的路在何方？应该走正义之路。人心在仁爱之中，做事依循正义。人生的大事就齐备了。”上文已述，孟子认为“义”，就是人生之路，“人之正路”，表达的就是正人君子的高尚之志，道德理性。

由此可以略微比较同时代古希腊哲学家的“正义”观。柏拉图《理想国》引苏格拉底之语，表达说：建立这个国家的目标，“是为了全体公

---

① 朱熹注：《孟子》，上海古籍出版社1987年版，第25页、第107页。

民的最大幸福”，而“在一个这样的城邦里最有可能找到正义”。①

孔子说的“义以为上”和孟子“居仁由义”，的确有些类似西方的正义观，都属于肯定性价值判断，都表示高尚的道德。中华文明的“义”与西方的正义观有何差别呢？阅读本书就可慢慢明白。

中国人讲“义不容辞”，意为道义上不容许推辞、不能拒绝；常用于形容为了正义事业，敢于挺身而出，不推辞。其语出自岑文本《唐故特进尚书右仆射上柱国虞恭公温公碑》：“夫显微阐幽，义不容辞。”②义不容辞的情境表现“大义凛然”的气节。

成语“大义凛然”，形容高尚正义，令人敬畏，庄严不可侵犯的神色。历史上大义凛然的楷模例如唐代颜文忠公颜真卿，他不仅是著名的书法大师，更是大义凛然的一代名臣。颜真卿年少之时勤于学业，教养丰厚，才华出众，于开元二十二年(734 年)举进士，历任监察御史、平原太守。安禄山叛乱发生时，河北郡县大多被攻陷，只有颜真卿任太守的平原城严守未失，他招兵抗敌，身体力行，和兵士们一起守城。颜真卿慷慨陈词，晓以大义，泪流满面，全军感奋。他率领的义军阻击叛军，成为平叛的中坚力量之一。安史之乱平定后，颜真卿官至吏部尚书、太子太师，封鲁郡公，人称“颜鲁公”。颜真卿忠义无私，关心民生，又博古通今，倡治理方略，却因刚正不阿，屡受权臣排挤。在唐德宗时，遭遇淮西李希烈叛乱，德宗派颜真卿去晓谕劝降，竟让他落入贼手。而 77 岁高龄的颜真卿坦然从容，面不改色，决心像他的堂兄颜杲卿一样为国取义尽忠。(《旧唐书·忠义传》)面对叛军的威胁利诱，颜真卿大义凛然，临危不惧。叛军挖一大坑名曰“坑颜”，颜真卿怡然不介意；叛军积柴点火叫他“自烧”，颜真卿“乃投身赴火”而被拦住。他终遭叛军缢杀，为国尽忠。后人赞曰：“大义凛然，奋裾首倡。”淮西平

---

① [古希腊]柏拉图：《理想国》，郭斌和等译，商务印书馆 1995 年版，第 133 页。

② 岑文本：《唐故特进尚书右仆射上柱国虞恭公温公碑》，《全唐文》卷一百五十，上海古籍出版社 1990 年版，第 673 页。

定后，朝廷下诏称颂颜真卿“公忠杰出，坚贞一志”，高风亮节，“立德践行”，谥“文忠”。①(《旧唐书·颜真卿传》)

颜真卿书法“义”字摹本，字如其人

颜真卿的书法精妙浑厚，大气磅礴，灵动而沉稳，俊美而不俗，独创“颜体”，特别耐看。“颜字”被誉为盛唐之音的代表之一。颜真卿是一代书法宗师，观颜字书法，如见其人。大义凛然，确实是颜真卿忠义壮烈的人生写照。

第三，“义”作为关键词即“兼性话语”，具有兼通性，在一定情境中还具有民间性、世俗性、江湖性和平民化的特点，表现出中国文化的多样互补性。

中国文化之“义”，有天义，也有人义；有君王之义，也有平民之义；有庙堂之义，也有江湖之义；有道义、理义、仁义、礼义、情义，还有侠义。兼通兼容而又运用灵活。

诚如墨子所言：“天下之人异义，是以一人一义，十人十义，百人百义。”(《墨子·尚同》)墨子主张“兼爱”，是中国古代平民思想的代表。《墨子》提出“义果自天出”，“天欲义而恶不义”。实质是借至高无

---

① 《旧唐书·颜真卿传》，《二十五史》第五册，上海古籍出版社1986年版，第3909页。

上的“天”来反对贵族化的“仁义”，“遵道利民”。故曰：“爱人利人，顺天之意。”“顺天之意者，义之法也。”(《墨子·天志中》)①

民义不同于君王之义，还见于“义士”一语。民间义士往往指不合正统之义的文人或武士。按照儒家正统观念，对商汤王讨伐夏桀而灭夏，周武王讨伐商纣而灭商，都予以肯定。但是《左传》记载：“武王克商，迁九鼎于雒邑，义士犹或非之。”②就是说当时的“义士”对周武王伐纣灭商尚有非议，透露出历史上的不同之“义”。

古代的“义士”常是特立独行之人，不合正统，颇为另类。例如晋国曾有一位义士豫让，司马迁特别称赞其“士为知己者死”之“义”，专门将豫让和曹沫、专诸、聂政、荆轲等五位义士的事迹合述，在《史记》中作《刺客列传》。这所谓“刺客”其实就是“义士”。司马迁评曰：“自曹沫至荆轲五人，此其义或成或不成，然其立意较然，不欺其志，名垂后世，岂妄也哉!”(《刺客列传》)司马迁又在《太史公自序》中写道：“曹子匕首，鲁获其田，齐明其信；豫让义不为二心。作刺客列传第二十六。”司马迁从道德观上肯定了民间义士的正义性，其关键点正是“义”，是一种“义无反顾”的处向，如《史记·司马相如传》所言：“义不反顾，计不旋踵。”③只能勇往直前，决不回顾退缩。

其实，崇尚“义”与“义气”，本来就是中华民族的特征之一，既有正义感，还有慷慨助人、坦荡舍己的精神。历朝历代都不乏“义士”。

例如魏晋南北朝刘义庆《世说新语》所记义士荀巨伯的故事，以“无义之人”与“有义之国”形成鲜明对比：

---

① 《墨子》，《百子全书》第三册，岳麓书社 1993 年版，第 2383 页、第 2419 页、第 2422 页。

② 《左传·桓公二年》，《十三经注疏》下册，中华书局 1980 年版，第 1743 页。

③ 司马迁：《史记》，中华书局 1982 年版，第八册第 2521 页、第十册第 3315 页，第九册第 3045 页。

荀巨伯远看友人疾，值胡贼攻郡，友人语巨伯曰：“吾将死矣，子可去。”巨伯曰：“远来相视，子令吾去，败义以求生，岂荀巨伯所行邪?”贼既至，谓巨伯曰：“大军至，一郡尽空，汝何男子，而敢独止?”巨伯曰：“友人有疾，不忍委之，宁以我身代友人命。”贼相谓曰：“我辈无义之人，而入有义之国!”遂班军而还。一郡并获全。①

这段文字是说，东汉末年的一位义士荀巨伯从远方来探望重病的朋友，遇到胡兵攻打这座郡城。朋友说：“我已是垂死之人，你快走吧!”巨伯说：“我从远方来探望你，让我逃走，只为苟且偷生而丧失道义，这难道是我荀巨伯的行为吗?”这时胡兵已人，问荀巨伯：“大军杀到，整个城都空了，你是什么人，竟敢独自在此?”巨伯说：“我的朋友身患重病，我不忍心舍弃他，宁愿用我的生命来换取朋友的性命。”胡兵们听了惭愧地相互说：“我们这些不懂仁义的人，侵犯了这么有仁义的国家!”于是收兵返回，整个郡城因此得到保全。荀巨伯不畏兵险，从容镇定，显示了“义”的巨大感染力。

魏晋隋唐是颇有尚义之风的时代。例如唐代柳宗元曾写过一首五言长诗赞颂民间义士韦道安，题为《韦道安》。本为儒士的韦道安，路遇不平，“一闻激高义，眦裂肝胆横”。当时见义勇为，“一矢毙酋帅”，救了素不相识的父女三人，但他并不居功图报，“道安奋衣去，义重利固轻”。以后，韦道安投奔守徐州的张建封，报效国家，不幸又遭遇军乱，道安不愿与叛军同伍，因而“举头自引刃，顾义谁顾形。烈士不忘死，所死在忠贞”。②柳宗元一连用了好几个“义”字，称颂韦道安的高义德行。

再如明代张溥的《五人墓碑记》就是一曲赞扬平民义士“激昂大义”

---

① 刘义庆：《世说新语》，上海古籍出版社 1982 年版，第 27 页。

② 柳宗元：《韦道安》，《全唐诗》第十一册，中华书局 1960 年版，第 3945 页。

的颂歌。五人，指苏州市民颜佩韦、杨念如、马杰、沈扬、周文元五位义士。明朝末年，宦官魏忠贤专权，迫害贤良。苏州市民“为之声义”，群起反抗，不期而集者数万人，“哭声震动天地”。当局搜捕之际，颜佩韦等五人为保护大众，挺身投案，英勇就义。崇祯年间，苏州人民纪念这五位义士，在虎丘山前建“五人之墓”，张溥作《五人墓碑记》，高度颂扬五人“意气扬扬”，颜色不变，谈笑而“蹈死不顾”的义气，“凡四方之士，无有不过而拜且泣者”，若非“激于义而死焉者也”，“安能屈豪杰之流，扼腕墓道，发其志士之悲哉!”意为，若不是激于义愤而壮烈牺牲，又怎么能让天下豪杰屈身下拜，在墓道上扼腕惋惜，抒发有志之士的悲叹呢？从而点明题旨：“明死生之大，匹夫之有重于社稷也。”①

从以上“民之义”“义自天出”，到民间义士、平生义气、重义舍生、江湖侠义，都可见“义”已成为一种文化符号，彰显了中华民族尚义美德的文化精神。

三、“义”的演化

随着中国文化的演进发展，“义”的含意也不断演变，在传播流行中不断扩展丰富。古往今来，无论庙堂官场，授业传教，民间江湖，人际交往，“义”都与中国人的人生息息相关。纵向延续，与时俱进，历久弥新；横向拓展，交互融汇，广为传播。由“义”生发的词语层出不穷。例如：

义兵、义仓、义丁、义度、义谛、义分、义风、义方、义父、义夫、义附、义府、义法、义愤、义工、义功、义概、义怀、义

① 张溥：《五人墓碑记》，《古代散文选》下册，人民教育出版社 1980 年版，第 219 页。

和、义海、义井、义军、义教、义举、义路、义例、义类、义烈、义理、义门、义民、义母、义命、义卖、义脉、义女、义仆、义气、义旗、义趣、义人、义让、义荣、义士、义师、义说、义声、义疏、义事、义髓、义田、义务、义心、义兄、义训、义学、义行、义侠、义项、义象、义友、义正、义言、义勇、义演、义蕴、义子、义主、义庄、义志、义众、义旨、义证、义赈、义状、义政、义战、义诊、奥义、本义、多义、别义、褒义、贬义、词义、辞义、成义、倡义、存义、大义、定义、达义、道义、德义、蹈义、笃义、恩义、赴义、附义、奉义、广义、古义、公义、高义、功义、弘义、含义、和义、慧义、涵义、今义、节义、结义、讲义、精义、教义、举义、解义、经义、兼义、聚义、美义、名义、妙义、慕义、立义、礼义、理义、履义、起义、歧义、全义、情义、取义、仁义、尚义、首义、诗义、守义、顺义、事义、释义、树义、率义、同义、通义、文义、信义、行义、玄义、侠义、兴义、狭义、显义、孝义、新义、引义、音义、由义、余义、异义、衍义、意义、要义、译义、演义、疑义、逸义、主义、正义、仗义、字义、旨义、志义、展义、忠义、执义、贤义、制义、重义、转义、真义。

1. “义”的词义之演进

从文化传播来看，“义”的词义逐步演化，“义”的含意随时代演进不断丰富。

据《说文解字》：“义，己之威仪。”可知“义”本为“威仪”“仪容”之意，经甲骨文、金文、篆书、隶书、楷书传播，“义”演进为“适宜”“合适”，引申为“准则”“善行”“公正”等数十种乃至更多种含意。无须把某一词义看得过于简单，不可能凝固于一个意思而不变。它不仅可以演绎新变，甚至可以在表示常规字意的同时带有超越正统的另类性。

譬如，“正义”一语，原指正当的道理。《荀子·正名》：“正义而为，谓之行。”①而唐代《五经正义》之“正义”则表示对经书文句的解释注疏，意思演变，指古籍的注释体例。据欧阳修等著《新唐书·孔颖达传》记载：“初，颖达与颜师古、司马才章、王恭、王琰受诏撰《五经》义训凡百余篇，号《义赞》，诏改为《正义》云。”②此后刊行的《五经正义》包括《周易正义》《尚书正义》《毛诗正义》《礼记正义》《春秋左传正义》，就是“五经”的“义训”或称义疏著作合集。“义训”，训诂之常法，指以字义为主解释词义的基本方法。古籍注释另有传、注、疏、笺、诠、释、义疏、集解等体例名称。“疏”“注疏”在唐代也被称为“正义”，是一种经注兼释的注解，即对古书的旧注作进一步解释。而现代社会“正义”一词往往指称公正的道德，词义进一步演变。

再看“主义”一词，原为持守道义或主张。司马迁《史记·太史公自序》说：“敢犯颜色，以达主义。”③而近代以来，用“主义”翻译西方的浪漫主义、资本主义等词，创造“三民主义”等词，语义不断变化。

又如“义兵”一词，原指有某种意图的军队。见于《吴子》：“一曰义兵，二曰强兵，三曰刚兵，四曰暴兵，五曰逆兵。”《吴子》即《吴起兵法》，传为战国时期兵家吴起所著。吴子把军队分为五类，义兵指镇压暴乱的军队：“禁暴救乱曰义。”又说“义必以礼服”，④禁暴的义兵必须依据礼而服人。《春秋穀梁传》记载：（鲁宣公）“伐莒，义兵也。取向，非也，乘义而为利也。”⑤所谓“义兵”其实是“乘义而为利”的强权之军。但以后所言“义兵”“义师”不同于上例，如《后汉书》：“王莽末，义兵

---

① 《荀子》，《百子全书》第一册，岳麓书社 1993 年版，第 208 页。

② 《新唐书·孔颖达传》，《二十五史》第六册，上海古籍出版社 1986 年版，第 4728 页。

③ 司马迁：《太史公自序》，《史记》第十册，中华书局 1982 年版，第 3316 页。

④ 《吴子·图国》，《百子全书》第二册，岳麓书社 1993 年版，第 1138 页。

⑤ 《春秋穀梁传》“宣公四年”，《十三经注疏》下册，阮元校刻，中华书局 1980 年版，第 2412 页。

起。”(《后汉书·樊宏传》)、“王与伯升首举义兵。”(《后汉书·光武帝纪》)①指民间兴起的正义之师。明末民间的抗清武装都称“义兵”，自发地为保家卫国的正义事业而战。可见语意随时代而变。

“义”的衍变，多种多样。正道德行则曰“义师”“义战”“义德”“义举”“义行”，秦末曾有“义帝”。公众奉献事业则称为“义仓”“义社”“义田”“义学”“义教”“义演”等。非血缘家庭关系则称为“义父”“义子”“义兄弟”等。至行过人曰义，乃有“义士”“义人”“义侠”“义气”之类，不胜枚举。“义”随着时代纵向传播，也有横向演变。

一种横向传播是将“义”引入文章文本，消解其伦理道德各家各派之义，仅用于表示文辞文字的意思。诸如“文义”“辞义”“诗义”“本义”“同义”“多义”“广义”“褒义”“涵义”“意义”“主义”“义旨”“义蕴”“义疏”“义证”“义训”“义脉”“义理”“义例”等。譬如在南北朝刘勰的《文心雕龙》中出现的“义”字：

> 发辉事业，彪炳辞义。(《原道》)
> 义贵圆通，辞忌枝碎。(《论说》)
> 拙辞或孕于巧义，庸事或萌于新意。(《神思》)②

这一类“义”字的用法不同于先秦典籍，发生了新的演化，用于作品内涵与文本分析，为作者、评论者和广大读者普遍熟悉，习惯自然。

2.“义”在民间的一种演化：情义与侠义

约两千年来，与官方正统所提倡的“五常”之“义”并行不悖的，是民间江湖盛行的情义与侠义。法家《韩非子》替帝王献策说：“侠以武犯

---

① 《后汉书·樊宏传》《光武帝纪》，《二十五史》第二册，上海古籍出版社1986年版，第902页、第767页。

② 刘勰著，范文澜注：《文心雕龙注》，人民文学出版社1958年版，第3页、第136页、第195页、第328页、第495页。

禁。”①可见帝王统治害怕民间侠义，但又屡禁不止。“侠”最关键的特点正是“义”，民间之“义”。

首先为民间“侠义”伸张正义的是司马迁，他在《史记》中专设《游侠列传》，将民间游侠之士著于史册。其中记述了朱家、剧孟、郭解等侠客的事迹，称赞游侠之士“千里诵义”，“救人于厄”，“已诺必诚”的“侠客之义”。

可惜后来官方史书一般都不为侠士立传，仅班固《汉书》虽有一篇《游侠传》，却说：“背公死党之议成，守职奉上之义废矣。”②持否定态度。尽管官史不载“民侠”，但是民间侠义之风仍然长盛流传。

汉魏隋唐、宋元明清，民间侠义之风不绝如缕，也在诗歌小说中洋溢挥洒。例如被称为“建安之杰”的诗人曹植所作《白马篇》，诗曰：“借问谁家子？幽并游侠儿。”③高歌“游侠”，可称咏侠诗的开篇。

唐代“诗仙”李白颇有任侠之风，喜爱吟唱侠义，譬如他的《侠客行》吟道：“纵死侠骨香，不惭世上英。”④

琳琅满目尚义之诗与散文、小说、戏曲中的义士义行相得益彰。

唐代名士李德裕曾撰《豪侠论》称赞侠士义气：“气盖当世，义动明主。”短短一篇之中，“义”字出现十次。⑤李德裕高度弘扬“义”，立论为：正义气节是豪侠的根本。如果没有侠义之士，难以树立正义；而如果没有正义，就根本成不了侠士。

唐代文人李朝威根据“柳毅传书”的民间传说所撰《柳毅传》，写柳毅义救洞庭龙女的神话传奇，就是一个“尚义”的故事。柳毅虽不用刀

---

① 《韩非子·五蠹》，《百子全书》第二册，岳麓书社1993年版，第1790页。

② 班固：《汉书·游侠传》，《二十五史》第一册，上海古籍出版社1986年版，第707页。

③ 曹植：《白马篇》，《先秦两汉魏晋南北朝诗》（上），逯钦立编，中华书局1983年出版，第432页。

④ 李白：《侠客行》，《李太白集》上海书店影印本1988年版，第107页。

⑤ 李德裕：《豪侠论》，《全唐文》第三册，上海古籍出版社1990年版，卷709，第3224页。

剑，却颇有侠义之风。其中描写洞庭龙女远嫁泾川，遭受丈夫泾阳君及公婆虐待，在荒野牧羊时遇见书生柳毅，向他诉苦，“嘘唏流涕，悲不自胜”，龙女托柳毅传书信给她父亲洞庭君。柳毅闻言即曰：“吾，义夫也。闻子之说，气血俱动，恨无毛羽，不能奋飞，是何可否之谓乎！”意为：“我是个讲义气的人。听了你的话，心里非常激动，只恨我身上没有翅膀，不能奋飞到洞庭，还说什么答应不答应呢？”讲义气的柳毅为龙女传书，其叔父钱塘君闻讯即营救龙女回归洞庭。因感念柳毅恩德，让他与龙女成婚。然而柳毅严词拒绝。理由是：“夫始以义行为之志，宁有杀其婿而纳其妻者邪？一不可也。某素以操真为志尚，宁有屈于己而伏于心者乎？二不可也。”意为：起初，我是本着仗义救人的心志而传书，哪有杀了其丈夫而娶他妻子的道理？这是第一个不可。何况我一向坚守自己的品行气节为志向，岂有违背自己的心愿而屈服于他人的道理？这是第二个不可。”①而龙女对柳毅依依不舍，经过几番波折，二人终于团聚。

这篇传奇赞扬柳毅的义，也表现柳毅的情；抒写龙女的情，也描写龙女的义。可称融合情与义的代表作。

古代传奇、笔记、小说与戏曲中多描写士民尚义与江湖义气的故事，特别是元末明初文人施耐庵所著《水浒传》，更将民间侠义之情推入高潮，其中多处写到“聚义”“结义”“忠义”“义士”“义气”，赞扬梁山好汉“仗义疏财”“惜客好义”“义气深重”“义胆忠肝”。譬如《水浒传》第七十一回所表述：“心情肝胆，忠诚信义并无差。”②

3.“义”的传播与崇拜

“义”在中华大地的流行或许是提倡“义”为“五常”“九德”的先贤不曾料到的，与其他德目并不一样，“义”在数千年传播中越来越旺盛，不仅传遍中华大地，还走向四海五洲。也许如卡尔·荣格所说：“当一

---

① 李朝威：《柳毅传》，《唐传奇鉴赏集》，人民文学出版社 1983 年版，第 42 页。

② 施耐庵：《水浒全传》，中华书局 1961 年版，第 892 页。

个字或一个意象所隐含的东西超过明显的和直接的意义时，就具有了象征性。"①"义"是一个汉字，一个关键词，一个心灵意象，当它与历史上的关公形象融为一体，便产生了神奇的力量，成为亿万人崇拜的"义圣"。

关羽是三国时期"万人敌"的英雄，又是"义重如山"的典范。汉末群雄纷争，义士特立。尚义最突出的代表自然是关羽。据陈寿《三国志·关羽传》裴注记载，曹操当年就称关羽为"义士"。先是曹操待关羽"礼之甚厚"，而关羽斩颜良"以报曹公"依然离去，"曹公义之"。裴松之注引《傅子》云："太祖曰：'事君不忘其本，天下义士也'。"《傅子》是汉末傅玄的著作。《三国志》裴注："曹公知羽不留而心嘉其志，去不遣追以成其义。"②

更值得感叹的是，三国关羽尚义的故事早已在民间广为流传，诗词歌赋、话本说书、戏曲传奇、小说刊印，都少不了关羽的故事。

南北朝南朝陈代在当阳建关公祠，隋朝在山西解州建关公庙，③佛教借助关羽为"护法"菩萨，道教称关公为天尊。北宋皇帝封关羽为崇宁真君，又加封为"义勇武安王"等，此后各代帝王继续加封，一位义勇将军生前封侯，身后成为神，隋唐建庙，宋代封王、明封大帝、清封武圣。官方提倡的忠义与民间义气合一于关公崇拜。

唐代就有说书人讲三国故事。宋代瓦舍众艺中也有"说三分"与表演关公形象的"弄影戏"即皮影戏，宋元时期代出现讲史话本《三国志平话》和以三国历史为题材的元杂剧，其中就有关公戏，譬如关汉卿的《单刀会》就以关羽为主角塑造尚义的英雄形象，广大观众喜闻乐见。

元末明初罗贯中的《三国演义》章回小说传播以来，关羽的形象与

---

① ［瑞士］卡尔·荣格等：《人类及其象征》，张举文等译，辽宁教育出版社 1988 年版，第 2 页。

② 陈寿：《三国志·蜀书·关羽传》，《二十五史》第二册，上海古籍出版社 1986 年版，第 1180 页。

③ 卢亚：《关帝祖庙春秋楼》，载 2022 年 9 月 6 日《山西青年报》。

故事更是家喻户晓。小说戏曲依据关羽原型展开描写，桃园三结义，温酒斩华雄，秉烛达旦不近女色，解白马之围，封金挂印，过五关斩六将、华容道义释曹操、单刀赴会、刮骨疗毒、水淹七军等。在《三国演义》小说回目中多次强调“义”。例如第 1 回“宴桃园豪杰三结义”，第 28 回“会古城主臣聚义”，第 50 回“关云长义释曹操”，第 53 回“关云长义释黄汉升”。①有声有色地表现了关公义勇神奇的“义绝”形象，即最高的“义”的化身。

关公尚义的故事流传在亿万老百姓心目中，刻印了义勇神化的形象。一千多年来四方百姓自发兴建关公庙宇，称关羽为关公或关帝，奉之为神，几乎各县都有关庙。关庙武圣或与孔庙文圣并称，形成关公崇拜，通过诗歌、戏曲、小说乃至庙宇香火而纵向延伸，实为中国“义”文化的奇迹。

再从横向传播来看，不仅国内各地流行关公“义”文化崇拜，随着崇尚关公的华人走出国门，“义”文化的影响传播到世界上 100 多个国家地区。特别是在东南亚、韩国、日本等地的许多民众都钦佩甚至崇拜关公，例如马来西亚就曾多次举办国际关公文化节。②乃至欧洲美洲也开始认识关公文化。德国汉堡大学的一位荷兰籍汉学家田海专门出版了一部研究关羽的著作，题名《关羽：由凡入神的历史与想象》。③ 可见关羽为代表的“义”文化正在慢慢走向世界。

总之，“义”字在中国人语言、文学、文化乃至日常生活中不可或缺，沟通古今，兼通兼容，走向世界，已成为一个至关重要、蕴含丰富的关键词。

---

① 罗贯中：《三国演义》，人民文学出版社 1953 年版。

② 据中国工匠文化网 2023-10-10 消息，马来西亚第九届国际关公文化节 2023 年 10 月 9 日在马来半岛吉打州开幕。

③ 德国汉堡大学田海：《关羽：由凡入神的历史与想象》(*Guan Yu*: *The Religious Af-terlife of A Failed Hero*)，牛津大学出版社 2017 年版，中文版由新星出版社 2022 年版。

第二章 “义”之原

梳理中华文化关键词，“义(義)”字当在首列。入庙堂学府，必讲仁义道德；处江湖民间，推重有情有义。谈论中国人的价值观，少不了“义(義)”。这个“义”字，在汉语中运用非常广泛，不仅内涵丰厚，而且源远流长。《文心雕龙》有云：“振叶以寻根，观澜而索源。”我们讨论“義”的含义功能，首先应追溯其来由根源。

我们的先民很早就有了“义(義)”的观念，很早就创造了汉字“义(義)”。作为象形文字的汉字，具有保留原初造字信息的功能。但如今“义”字是简化字，探索其本意当从繁体“義”字入手。先看看古文字“義”的文字字形。在目前可见的甲骨文、金文和篆体字都有刻画显明的“义(義)”字。如《汉语大字典》“義”字条所录①：

甲骨文“义”字

金文“义”字

小篆“义”字

图中皆明显可见“義”字由“羊”和“我”两个字符上下合成，被认为是会意字。数千年来，虽字体书写演变而有不变者，一直到篆文楷书都保持着由“羊”“我”两个字符合成的结构形式。然而这个会意字究竟是

① 《汉语大字典》缩印本，湖北辞书出版社 1992 年版，第 1305 页。

何意，后世学者的解读却不一而足，颇多歧义，甚至大相径庭。譬如将“义(義)”的本意解说为：“威仪”“仪仗”“仪式”“美善”“宜”“像”“利”“分”“公正”“规范”“适宜”“祭祀分肉”或地名、人名、族名，甚至释为“杀”“屠宰”“戮羌”等，至少十多种，其引申义更多。究竟哪一种解说比较恰当呢？可归为两类，一类是从经典文本来解释，一类是从祭祀活动来解释。为说明字意，本章根据需要有时采用“义”字的繁体“義”。

一、说文考原

“义(義)”字究竟是何意？解说字的本义还是应该回到《说文解字》。

东汉许慎所著《说文解字》是世上第一部首创部首编排的成系统的字典，收字 9353 个，包括重文共录 1 万多字，分为 540 个部首，以统一的小篆书写的汉字为解说对象。经学家许慎没有研究过甲骨文，但他熟识经典古籍，解说简略而合于经籍本义。更早的字书《尔雅》没有收录“义(義)”字。考释“义(義)”的本义，离不开《说文解字》。

《说文解字》卷十二“我”部解释说：“義，己之威仪也。从我、羊。”①

按许慎的解释，“義(义)”是由“我”“羊”二字组成的会意字，其本义是“己之威仪”。会意，属于六书之一。“六书”指六种造字法：“指事、象形、形声、会意、转注、假借。”许慎《说文解字序》：“会意者，比类合谊，以见指㧑，武信是也。”就是说，会意，是联系相关的字符，来领会其中的含意。例如，“武”字由“止”与“戈”会意：“止戈为武”；“信”字由“人”与“言”会意：“人言可信。”因此，由“我”与“羊”会意，“义(義)”的本义应该是“己之威仪”。

为什么“我”与“羊”会意为“威仪”呢？需要进一步解说。“羊”是描

① 许慎：《说文解字》，中华书局 1963 年版，第 267 页。

画羊的象形字，“我”是第一人称代词。《说文解字》云：“羊，祥也。”又说：“我，施身自谓也。”将吉祥的羊与自我合起来会意“美”的仪表，故曰“己之威仪”，这大约是许慎解说“義”的原意。还可以从对“美”“善”的解释来补证。《说文解字》解释“美”字说：“美，甘也，从羊从大。”认为：“美与善同意。”《说文解字》解释“善”字说：“善，吉也。”认为：“此与義、美同意。”①在许慎看来，“義”“美”“善”字都从羊，都是同意字。“义(義)”就是善的、美的。

“威仪”一语在先秦经典中屡见不鲜。譬如《尚书·酒诰》说：“用燕丧威仪。”②《左传》“隐公五年”记载：“昭文章，明贵贱，辨等列，顺少长，习威仪。”③

再如，《诗经·柏舟》吟道：“威仪棣棣，不可选也。”意为“庄重有风度，不可被算计”。形容女子雍容优雅有尊严的容貌。《小雅·宾之初筵》用“威仪反反”“威仪幡幡”“威仪抑抑”“威仪怭怭”一系列语句描写宴会中宾客喝醉前后的仪容姿态。《大雅·抑》吟道：“抑抑威仪，维德之隅。”意为：仪表堂堂礼彬彬，为人品德很端正。接着说：“敬慎威仪，维民之则。”④意为：举止仪表庄重谨慎，百姓好以此为标准。表明当时已有对举止行为谨慎规范的要求。

什么是“威仪”呢？在《左传》中已有解说，其“襄公三十一年”记载，卫侯问：“何谓威仪？”北宫文子答道：

> “有威而可畏谓之威，有仪而可象谓之仪。君有君之威仪，其臣畏而爱之，则而象之，故能有其国家，令闻长世。臣有臣之威

---

① 许慎：《说文解字》，中华书局1963年版，第314页、第78页、第267页、第58页。

② 《尚书正义》，《十三经注疏》上册，阮元校刻，中华书局1980年版，第207页。

③ 《春秋左传正义》，《十三经注疏》下册，中华书局1980年版，第1727页。

④ 《诗经》的《邶风·柏舟》《小雅·宾之初筵》《大雅·抑》，朱熹集注：《诗集传》，上海古籍出版社1980年版，第15页、第164页、第204页。

仪，其下畏而爱之，故能守其官职，保族宜家。顺是以下皆如是，是以上下能相固也。《卫诗》曰：“威仪棣棣，不可选也。”言君臣、上下、父子、兄弟、内外、大小皆有威仪也。《周诗》曰：“朋友攸摄，摄以威仪。”言朋友之道，必相教训以威仪也。《周书》数文王之德，曰：“大国畏其力，小国怀其德。”言畏而爱之也。《诗》云：“不识不知，顺帝之则。”言则而象之也。纣囚文王七年，诸侯皆从之囚。纣于是乎惧而归之，可谓爱之。文王伐崇，再驾而降为臣，蛮夷帅服，可谓畏之。文王之功，天下诵而歌舞之，可谓则之，文王之行，至今为法，可谓象之。有威仪也。故君子在位可畏，施舍可爱，进退可度，周旋可则，容止可观，作事可法，德行可象，声气可乐，动作有文，言语有章，以临其下，谓之有威仪也。①

这段话大意为：有威严使人畏惧叫做威，有仪表使人仿效叫做仪。国君有国君的威仪，让臣子敬畏而爱戴他，以他为榜样而仿效他，所以能让国家名声好，传于后代。大臣有大臣的威仪，让下属敬畏而爱戴他，所以能保住官职，维护家族，家庭和睦。照此类推都像这样，因而上下能够互相协调。《卫诗》说：“庄重有风度，不可被算计。”就是说君臣、上下、父子、兄弟、内外、大小都有仪容风度。《周诗》说，“朋友间互相辅助，表现出仪容风度。”就是说交朋友应当以仪容风度互相影响。《周书》列举文王的德行，说：“大国畏惧他的威力，小国怀念他的恩德。”是说既畏惧又爱戴他。《诗》云：“无知无识，顺从天帝准则。”是说把他作为准则而仿效。纣王囚禁周文王七年，诸侯愿意跟着他去坐牢，纣王由此害怕而释放周文王，可以说是敬重他。文王攻伐崇国，两次发兵，崇国就降服为臣，蛮夷相继归服，可以说是畏惧他。文王的功业，天下赞诵而歌舞，可以说以他为准则。文王的德行至今还是法则，可以仿效。这就叫有威仪。所以君子在位使人敬畏，施舍使人敬爱，进

① 《春秋左传正义》，《十三经注疏》下册，中华书局 1980 年版，第 2016 页。

退有法度，应付有准则，容颜有形象，行事有规矩，德行为榜样，声音气度使人喜悦，举动有修养，说话有条理，如此对待下属，才叫做有威仪。

《左传》所载论“威仪”这段话缘于卫国大夫北宫文子见到楚国令尹芈围骄奢过度，于是对卫侯说芈围不得善终，由此引发“威仪”论。其论多引诗书，称颂周文王的功德，从而阐释“威仪”，其要点在于：有威严使人畏惧才叫威，有仪表使人仿效才叫仪。国君有国君的威仪，大臣有大臣的威仪。君臣上下各有适当的威仪。周文王的功业就在于有威仪。

可见“威仪”，不仅形容仪表威武严肃，还具有“作事可法，德行可象”的价值。再如《诗经·大雅·民劳》：“敬慎威仪，以近有德。”表明“威仪”的道德取向。许慎以“己之威仪”解说“义(義)”，缘于他对经典的熟识，十分高明。近代以来讨论“义(義)”的学者不大注意。仅有杨树达的《释義》言及“以己之威仪立训”，“故制義字者假羊为像”，“实言我像”。①即从威仪、威严的形象引发。

在经学家看来，“义(義)”字的本义，如“己之威仪”，仪表威严，“周旋可则，容止可观，作事可法，德行可象”，与“美、善”同意，是值得崇尚的价值，自然可引为“善德”“正义”“适宜”，可以说：羊大为美，羊吉为善，羊宜为义(義)。

如今也有研究者从“义(義)”的“威仪”含义推出善美之意。例如《说“义”——史学批评范畴研究》一文：“从字形上看，义通仪，指自己的威武美好状，又释为得事物之宜。‘义’的引申义就是‘公正合宜，正义’。”②再如《“春秋”与“義”：“義”的文化渊源及内涵之探》一文引神话传说的独角神羊“獬豸”治狱断案之例来说明，“义(義)”将“羊”置于

---

① 杨树达：《积微居小学金石论丛》，中华书局1983年版，第26页。

② 赵俊：《说“义”——史学批评范畴研究》，《中国社会科学院研究生院学报》1996年第5期。

“我”之上，象征王权的神圣性和神灵监督王权的公正性。①

据清代学者段玉裁《说文解字注》解释“义(義)”字说：“古者威仪字作義。今仁义字用之。仪者、度也。今威仪字用之。谊者，人所宜也。今情谊字用之。”②文字学家认为“義”字是“威仪”的本字，所以许慎释为“己之威仪”，如今已用为“仁義”的“義”字，引申为“善”。《诗经》毛亨、毛苌注释本《毛传》和徐铉注《说文解字》都认为“義”字与“善”同意。段玉裁注也说“義”字“与善美同意”。由此告诉我们，“義”字在古籍中曾表示“威仪”，而后引申为“善”“美”，表示“仁義”的“義”。

二、祭祀考原

现代学者不满足于《说文解字》对“义”字的解说，进一步探讨“义”的本原。近世考古学、人类学长足发展，甲骨文的发现，若干上古遗址文物的出土，有关原始祭祀文化的研究，促使人们对汉字的理解更加扩宽加深。于是取得了许多耳目一新的成果，帮助我们从祭祀文化来认识“义(義)”字本原。

祭祀是人们敬献神灵或祖先的仪式，起源于原始人类对超自然力的崇拜。自古以来，中国人都以祭祀为重。《说文解字》有云：“祭，祭祀也。从示，以手持肉。”又说：“祀，祭无已也。”③意为：“祭”就是向神灵或祖先献上供品，举行仪式。“祀”形容永久的祭祀。都表示崇敬以祈求保佑，合言祭祀。法国学者纪仁博从祭仪生活的“语法”来探讨“祭祀”，认为：“祭祀不是关于崇拜、奉献或者服从，而是关于一个秩序

① 谭佳：《“春秋”与“義”：“義”的文化渊源及内涵之探》，《百色学院学报》2010年第3期。

② 许慎撰，段玉裁注：《说文解字注》，上海古籍出版社1981年版。

③ 许慎：《说文解字》，中华书局1963年版，第8页。

的设置。”①此说颇有启示意义。祭祀当然有崇拜与奉献的内容，但重要的是“秩序的设置”。中国古代的祭祀实际上都关系到“秩序的设置”。

在现存古籍经典中，祭祀都被列为头等大事。如《周礼》首篇《天官冢宰》“大宰”列举了“八则”，第一条就是祭祀：“一曰祭祀，以驭其神。”《左传》“成公十三年”指出：“国之大事，在祀与戎。”祭祀与战争是国家最重大的事。《礼记·祭统》说：“礼有五经，莫重于祭。”②这些文献资料都讲到祭祀的重要性，往往排在首位。透过繁杂的祭祀礼仪，可以窥见其关键在于“秩序的设置”。

由于在祭祀过程中需要一定的语言文字，语言文字也在祭祀活动中丰富发展起来，由此来探讨文字的起源演变是不错的选择。于是一些学者试图从祭祀的角度来分析甲骨卜辞和金文中的“义(義)”字以重新解说。

有意思的是，汉字从甲骨文、金文、隶书到楷书的写法虽有所演进，但“義”字的字形结构依然是“羊”“我”组合。在甲骨卜辞中明显可见“羊”与“我”组合为“義”字。然而这些甲骨文“義”字是何含义呢？经过不少学者考释，大约是表示地点的意思。例如有的学者在论文《宜于義京解》中列举了十三条殷商甲骨卜辞都有“義京”二字，其中引甲骨卜辞：“己未宜于義京”“丁未宜于義京”“癸酉宜于義京”“丁卯宜于義京”“癸卯宜于義京”等。③

“義京”，原指特定的祭祀高地。再如《小屯南地甲骨考释》引甲骨卜辞：“丁丑卜，才義田来。”④其中的“義”，也指祭祀的地点。又，于

① ［法］纪仁博著，赵秀云译：《中国祭仪语法的要素：祭祀》，《民族学刊》2014 年第 3 期。

② 《周礼注疏》，《十三经注疏》上册，中华书局 1980 年版，第 646 页。《春秋左传正义》，《十三经注疏》下册，第 1911 页。《礼记正义》，《十三经注疏》下册，第 1602 页。

③ 严一萍：《宜于義京解》，《甲骨古文字研究》第 2 辑，艺文印书馆 1989 年版，第 140 页。

④ 姚孝遂等：《小屯南地甲骨考释》，中华书局 1985 年版，第 287 页。

省吾《甲骨文字诂林》解释说：卜辞"義京"，为祭祀场所。①

盖因甲骨卜辞简约，背景资料缺乏，于是讨论的焦点就在如何揣摩"会意"，如何联系经典重新解说"羊""我"合为"義"之意。其中难免望文生义、削足适履之言。由于"我"字从"戈"，像一种兵器之形。有的学者想像"义(義)"字含意为"杀"(杀牲或杀俘)，以为本于"杀戮"。②还有的文章猜测"義"字"所从之'羊'很可能不与美善相关"，而"表示在战争或祭祀中，以兵器戮羌"。而其中引用的甲骨卜辞、文献资料尚不足以证明"羊""我"会意为"杀"，不足以证明"義"字是"戮羌"。

如《尚书·周书》的《康诰》篇，记录西周初年周成王任命康叔治理殷商旧地的命令。体现周公实行德政的意图。其中说："王曰：汝陈时臬事罚，蔽殷彝，用其義刑義杀。勿庸以次汝封。乃汝尽逊曰时叙，惟曰未有逊事。"③意思是，王说：你宣布这些法律来判案治罪，要依据殷人的常法，采用适当的刑杀条律。不要按你自己的心意行事。假如完全顺你的意才叫顺当，那就没有顺当的事了。《康诰》篇连用两个"義"字，"義刑義杀"句的"義"并不是杀戮，而是适当之意，即按其罪用刑，合理量刑。

那么，"義"字从"羊"从"我"，该怎样会意呢？

这是由于，汉字的创造并不是孤立的个别的行为，而是互相关联的成体系的事业，犹如系统工程。文字学家指出："偏旁之间的位置关系在表示字义上有重要的作用。"④我们如果将相关的汉字比较起来看，就可以明白。与"義"字相关的"美""善"等字，都是"羊"字头在上方，以吉祥的羊为主来会意，都是褒义字，几乎没有贬义的，故曰"義""美""善"同意或含义相近。

---

① 于省吾：《甲骨文字诂林》，中华书局1996年版，第355页。

② 庞朴：《儒家辩证法研究》，中华书局1984年版，第20页；又见于庞朴：《试析仁义内外之辨》，载《文史哲》2006年第5期。

③ 《尚书正义》，《十三经注疏》上册，中华书局1980年版，第204页。

④ 裘锡圭：《古文字概要》，商务印书馆1988年版，第128页。

关键在于对字符“我”如何理解。“義”字中的“我”不同于凶杀之器，而指一种道具。古代的祭祀乐舞中常用兵器道具，例如《周礼·地官》记载：“舞师掌教兵舞。帅而舞山川之祭祀。”《周礼·夏官》记载：“祭祀，授旅贲殳，故士戈盾，授舞者兵。”①其中的兵器不过是祭祀的道具。

另一个理由是谷霁光先生发现字符“我”其实是一种“饰器”。他在《有关军事的若干古文字释例》(一)中，通过文字学考释，提出不能将甲骨文“我”字简单地视为兵器“戈”，也不是“有齿的斧钺形器”。他发现，“我”字左部“特殊的形符”可转向朝下，即“饰”字的右部，犹如《诗经·郑风》“二矛重英”一样，是“悬系英络”。《周礼·夏官》所说的“设其饰器”，道出了“我”字的奥蕴，原来乃是装饰着飘带的戈形饰器，“持戈而有各自的‘装饰’或者说是‘标记’”，相当于今之仪仗。②

甲骨文“我”字

金文“我”字

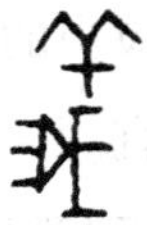
甲骨文“義”字

仪仗，古已有之，盖指用于护卫仪式的武器、旗帜等。就像当今欢迎外国元首时检阅仪仗队乃至放礼炮一样，仪仗队的兵器包括礼炮，并不是表示征战杀戮，而是用于庄严仪式中的道具。意在一种“秩序的设置”。明代张岱曾在《夜航船》卷三《仪制·仪仗》篇中写道：“神农始为仪仗，秦汉始为导护，五代始为宫中导从。黄帝制钺，秦始皇改为镗（即斧）。晋武帝制干枪，元帝加仪刀、仪镗、斑剑。”为什么把这些美

① 《周礼注疏》，《十三经注疏》上册，中华书局1980年版，第721页、第855页。

② 谷霁光：《有关军事的若干古文字释例(一)》，《江西大学学报》1988年第3期。

饰之兵器称为“仪仗”？从文字上考察，当与“仪”“義”相关。由此来看，早期祭祀中的“義”很可能是用具有美善含义的“羊”和威武的仪仗类兵器“我”组合起来，以表示祭祀的庄严和美好的愿望。相关的祭祀地点也被称为“義”。于是，甲骨卜辞中出现“義”字并不奇怪。

创造“義”字的时期是祭祀盛行的时代。“羊”“我”会意的“義”或释为“仪杖”“仪表”“美饰”“美善”“威武”，祭祀典礼的兵舞，出征前的隆重仪式，“对神灵、对王权的崇拜”，等等。总之，“義”字表现祭祀活动中肯定性的价值，取象于威武的仪仗，取意于“秩序的设置”。

从祭祀活动来看，学者们不仅关注仪仗的威武，还注意到仪式的适当，分配祭品的公平。于是释“義”为“宜”、合宜、适当。《说文解字》曰：“宜，所安也。”文字学家容庚考释：宜字“金文象置肉于且上之形，疑与俎为一字”。①据《说文解字》：“俎，礼器也，从半肉在且上也。”甲骨文“宜”字亦如砧板上分祭肉的形象。古人造“宜”字表示分祭品，引申为适宜、应当的意思，又以同音字“义(義)”表示适宜之意。“義”字本谓各得其宜。

仪式在于“秩序的设置”。“義”当合宜。礼容各得其宜。礼容得宜则善矣。《礼记·中庸》早已指出：“義者，宜也。”②

今之研究者进一步考释“宜”字与“义(義)”字的关系。例如，认为“义(義)”的本义是分配猎物，分割祭肉，“其造字本义应是分配猎获物分得公平”。③或者考察上古的“宜祭”与“义(義)”字，从而论述“‘义’从‘宜’得义，宜可训适宜、合理，则‘义’亦有适宜、适应、合理诸义”。④还有《从甲骨文“俎”说到“义”观念的起源》一文，也认为“义”本为“宜”。殷商甲骨文的“俎(宜)”字表示俎肴和祭名，由于俎置牲肉平稳得当，俎引申为宜、适宜，西周、春秋时期又以“宜”的同音字“义”

---

① 容庚：《金文编》，中华书局1985年版，第527页。
② 《礼记正义》，《十三经注疏》下册，中华书局1980年版，第1629页。
③ 查中林：《说义》，《四川师范学院学报》2000年第1期。
④ 尹荣方：《“义”字初义与上古“宜祭”》，《汉字文化》2015年4月25日。

表示适宜、威仪，引申出美善、标准等意，“义(義)”的核心意蕴是恰当、适宜。①上文已叙，“義”字在祭祀活动中取意于“秩序的设置”，取象于威武的仪仗，而并非取象于“屠宰”“分肉”。当然，由于原始资料不足，解释不必拘泥。

让我们把以上从祭祀活动来考察“义(義)”的本源含意稍稍概括一下，种种说法的基础自然还是“義”字来源于“羊”与“我”的组合。没有祭祀，就没有“羊”与“我”组合的“義”字，从祭祀来考察显然是对的。祭祀需要适当的祭品，而“義”表示适当合宜；祭祀需要敬神的诚意，而“義”表示正当公平合理；祭祀需要严谨的秩序，而“義”表示“秩序的设置”。这种肯定性的价值与“美”“善”一致。古代经学家、文字学家都认为“義”与美、善同意。《说文解字》解说“義”字：“此与善同意。”解释“美”字曾说：“美与善同意。”解释“善”字又说：“此与義、美同意。”是很有道理的。

从良渚文化遗址出土的精美玉琮和三星堆文化遗址出土的神树面具来看，在大约4千年前的中华先民已有大型祭祀礼仪活动，进一步发展就需要表达礼仪活动的文字，“美”“善”“義”等文字也就随之诞生。请看甲骨文金文的“義”字、“美”字、“善”字都从羊，都表示肯定性的价值。“义(義)”就是善的、美的。

義字

美字

善字

然而，认识“義”字、“美”字、“善”字的共同点只是一方面，从祭

① 晁福林：《从甲骨文“俎”说到“义”观念的起源》，《考古学报》2019年第4期。

祀活动及“秩序的设置”来说，还应该看到“義”不同于“美”“善”的特点，那就是“義”字含有威武的字符“我”。上文已经分析，不宜将它视为凶杀之兵器，却需要视之为威武的仪仗，这样，“義”才有不同于“美”“善”的威武刚烈之意。可见当今学者从祭祀活动考索把握“義”字的原委内涵，不仅与古代解说相得益彰，而且有所深化延伸。

三、金文考原

尽管甲骨卜辞中已发现“義”字，但卜辞过于简约。金文铭刻则有成段成篇的文字，且比较清晰，如“虢季子白盘”铭文中的“義”字清晰可见，能帮助我们探源析字。

金文，也称为钟鼎文，指铸刻在青铜器物上文字，亦称铭文。青铜是在冶炼铜中加入锡或铅的合金。商、周是青铜时代，青铜的冶炼铸造工艺已相当发达。青铜礼器以鼎为代表，乐器以钟为代表，因此铭刻在青铜器上的文字称为钟鼎文。铜在当时也叫做“金”，所以铜器上的铭文称为“金文”或“吉金文字”。商、周王室与贵族常常铸刻铭文于青铜礼器，来颂扬祖德，刻纪功烈，以传子孙后代。如《礼记·祭统》所说：“夫鼎有铭，铭者自名也。自铭以称扬其先祖之美，而明著之后世者也。”①

德国哲学家恩斯特·卡西尔认为：“中国是标准的祖先崇拜的国家，在那里我们可以研究祖先崇拜的一切基本特征和一切特殊含义。”②铸鼎铭刻和祭祀活动都是颂扬祖德的方式，铭刻以传后世，让后世不忘祖德。刘勰《文心雕龙·铭箴》篇论述说：“铭者名也。”又说：“计功之義也。”③

商代铭文字数较少，如著名的《司母戊方鼎》只刻有“司母戊”三个

---

① 《礼记正义》，《十三经注疏》下册，中华书局 1980 年版，第 1606 页。

② ［德］卡西尔：《人论》，甘阳译，上海译文出版社 1985 年版，第 109 页。

③ 刘勰著，范文澜注：《文心雕龙注》，人民文学出版社 1958 年版，第 193 页。

字。周代更加尚礼，礼器上铭文增多，有的铭文长达数百字。在周代的青铜器上已发现有铭刻的“義”字。

“虢季子白盘”的“義”字

目前可见的西周文物如“虢季子白盘”“师旂鼎”“㝬簋”“義方彝”“義尊”等青铜器上的铭文都已见“義”字。这些“義”字具有美善道德之意。

“虢季子白盘”是国家博物馆的一件镇馆之宝，称为西周三大青铜器之一。铸造于周宣王十二年，即公元前816年。盘重210多公斤，盘底刻有铭文111字。“虢季子白”是虢国公子，排行老四，名号子白。当时，周宣王举兵伐戎，虢国公子子白奉命出战，搏敌获胜，荣立战功。周宣王给他嘉奖庆功，特意在成周太庙举行隆重的宴会庆典表彰子白的功绩，赏赐给他马匹、斧钺、彤弓矢。于是虢季子白专门制作了这件巨大的青铜盘以记功感恩。

虢季子白盘的铭文如下：

唯十又二年正月初吉丁亥，虢季子白作宝盘。丕显子白，壮武于戎工，经维四方。搏伐猃狁，于洛之阳。折首五百，执讯五十，是以先行。桓桓子白，献馘于王。王孔嘉子白義。王格周庙宣榭，爰飨。王曰：白父，孔显又光。王赐乘马，是用佐王；赐用弓，彤矢其央；赐用戉，用征蛮方。子子孙孙，万年无疆。

这段铭文意思是：在十二年正月初吉期间的丁亥日，虢季子白制作了宝盘。显赫的子白，在作战中勇武有为，经营四方。征伐猃狁，到达洛水之北。斩了五百个敌人的首级，抓获俘虏五十人，成为全军的先驱。威武的子白，割下敌人左耳献给大王。周宣王非常赞赏子白的美德威仪。王来到成周太庙的宣榭，大宴群臣。宣王说：白父，你的功劳显赫，无比荣耀。王赐给子白配有四马的战车，以此来辅佐君王。赐给朱红色的弓箭，颜色非常鲜明。赐给大钺，以此征伐蛮夷。由此使子子孙孙千万年永远地使用。

据马承源主编的《商周青铜器铭文选》(三)，此铭文中“王孔嘉子白義”的“義”字可释为“美德”。①用以赞扬虢季子白显赫威武的美德。

另一件西周青铜器“㝬簋”，或称胡簋，是周厉王时期的礼器，重达60公斤，是一种可盛祭品的容器，1978年在陕西出土，被称为“簋中之王”。簋的底部注明铸造于周厉王十二年，乃是为祭祀先王而作的一篇祝词。

其铭文曰：“余亡康昼夜，经拥先王，用配皇天。横致朕心，施于四方，肆余以義士献民，称盩先王宗室。”祈望“降余多福”。②大意为：我昼夜尽心操劳，遵从先祖古训，践行皇天之道，施惠于四方，任用德义贤达人士，继承大业，侍奉先王，我特意制作这件吉金宝簋，用以祭告祖先，我将永远虔诚祭祀，祝愿保佑周室伟业，恩赐多降福给我。铭文中的“義士”即德義之士。周厉王是历史上出名的昏君，公元前841年，激起国人暴动而被驱逐。他留下的这件胡簋，却是一件美化政绩的作品。

铭文中的“義”字还见于西周早期的一件青铜器师旂鼎，现藏于北京故宫博物院。师，是西周军队官职名称；旂，是铸鼎者之名。师旂的上司伯懋父是周成王时期的大将。师旂鼎内壁铸有铭文79字，记载了

---

① 马承源主编：《商周青铜器铭文选》(三)，《文物》2014年第1期，第309页。

② 《簋中之王——胡簋》，记者师念，2022年2月10日《陕西日报》。

一件下属拒服兵役的事件，“师旂众仆不从王征于方雷”，意思是：师旂的部下众仆集体拒绝参加讨伐“方雷”的王命。师旂向伯懋父报告，伯懋父令曰：“義施，厥不从厥右征，今毋，其又内于师旂。”①意思是，伯懋父下令说：施以德義，本应依法放逐他们，现在免了，只在军中处以罚款。让师旂回去记录下来以谢王恩。于是师旂铸造此鼎铭记这件事。铭文中的“義”表示“德義、开恩”之意。

此外，西周时期的青铜器虢叔旅钟上刻有铭文“皇考威義”等字，再如蔡侯盘的铭文中有“威義游游”之语，徐王的沇儿钟铭文记有“淑于威仪”。战国时期的中山王鼎铭文中有“人臣之義”“不義之邦”，中山王方壶铭文中有“不辨大義”“唯義可长”之语。据研究者统计，西周至春秋时期的钟镈铭文中有多处“肃肃義政”“淑于威義”等形容语，其中的“義”字表示“美善”的意思。②

由此可见西周至春秋时期，金文中的“義”字已运用于表达美善道德。但还比较简略仅表示美善、威仪、适宜之意。除战国秦汉时期之外，目前已知的春秋以前的甲骨文与金文中尚未出现表示“仁义”“道义”的“義”字。

四、简帛考原

简帛，指称中国古代简牍书籍与帛书文献。简牍是古代书写文字专用的竹简、木片。简，指书写用的竹简。牍，指书写用的木片。合指古代书写的载体。如《艺文类聚》引谢承《后汉书》曰：“王充于宅内门户垳

---

① http：//flgj. cupl. edu. cn/info/1072/1958. htm《西周 · 师旂鼎》，中国政法大学法律古籍整理研究所 2019 年 7 月 14 日。

② 武振玉等：《两周青铜乐器铭文的内容及语言特点》，《吉林省教育学院学报》2020 年第 12 期。

柱各置笔砚简牍，见事而作。”①今言竹简或竹书，往往指古代书写在竹简上的书籍文献。帛书，又名缯书，指古代书写在绢帛上的文书。如《墨子》言：“书之竹帛，镂之金石。”②近数十年来出土的简帛文献，以事实荡除了疑古派否定中国先秦历史的假说。例如郭店出土的楚竹简保存有战国中期的《老子》文本和多种珍贵文献，确证了《老子》一书和其他古籍并非汉代以后的伪造，让我们对中国古代战国时期的学术文化有了新的也是更切合实际的认识。

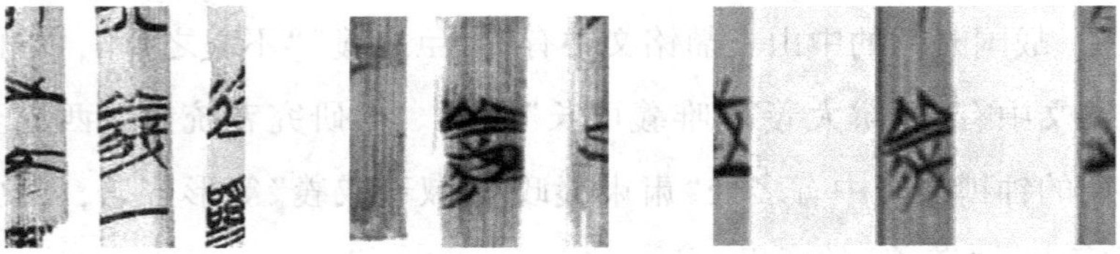

楚简中的“義”字

这里仅关注出土的先秦简帛文献中的“義”字。仅以郭店楚简与长沙出土的帛书为例追溯“義”字的渊源。

关键词“義(义)”字，已频频见于先秦简牍文献。例如，1993 年 10 月在湖北郭店出土的楚墓竹简之上，清晰可见两千多年前战国时代笔墨书写的“義”字。据初步统计，郭店楚简中“義”字出现了 30 多次。

据文物出版社《郭店楚墓竹简》一书，③这批出土竹简有 800 多枚，书写文字的竹简有 730 枚，写有约 1.3 万字，确证为公元前 4 世纪中期至前 3 世纪初即战国时代保存至今的楚简，简称郭店楚简。其中有多种先秦文化典籍，主要属于儒家文献与道家文献，证实了《老子》一书和《礼记》中《缁衣》等古籍文献在战国时期已经存在，事实破除了所谓汉

① 欧阳询：《艺文类聚》(上)，卷五十八“杂文部·笔”，上海古籍出版社 1982 年版，第 1054 页。

② 《墨子·非命下》，《百子全书》第三册，岳麓书社 1993 年版，第 2442 页。

③ 荆门市博物馆编：《郭店楚墓竹简》，文物出版社 1998 年版。

代以后作伪的假说。郭店楚简中的《尊德義》《老子(甲、乙、丙)》等13种古籍已入选《国家珍贵古籍名录》。其中的儒家文献，上承孔子与《周易》《周礼》《春秋左传》的道德观念，下启《孟子》《荀子》，研究者认为这些儒家文献出自子思学派，补充了孔子与孟子之间学术思想延续链条的重要“一环”。①这些文献的表述与西汉时期写定的儒家经典有所相似又有所不同。

譬如“義”字在郭店楚简上出现有数十次之多，主要见于儒家文献，例如，《尊德義》篇的“義”字，《六德》篇中“仁、義也”的“義”字，《性自命出》篇中“義之方”的“義”字，《五行》篇中“義形于内”的“義”字，《唐虞之道》篇中“義之至”的“義”字，《忠信之道》篇中“義之期”的“義”字，等等。这些“義”字所表达的内涵意与特点，可以从如下几点来理解。

第一，“義”字在楚简《尊德義》《五行》《六德》等儒家文献中显然属于关键词。这些文献的作者传者都显然把“義”视为重要的人伦道德元素。譬如，《六德》篇尊奉“義”为“六德”之一，即以“圣、智，仁、義，忠、信”为“六德”。与儒家经书《周礼·大司徒》所载“六德”：“知、仁、圣、義、忠、和。”基本相同，仅一项有别。再如楚简《五行》篇所言“五行”即为“仁、义、礼、智、圣”。与汉代董仲舒将“仁、義、礼、智、信”合称“五常”也基本相同，也只是一项有别。在这些文献所列举的道德项目中都有“義”。可见“义”在儒家人伦道德观念中的重要性。

第二，“義”的含义在于“尊贤”，以贤者为尊。楚简《尊德義》开篇即曰：“尊德義，明乎人伦，可以为君。”意为：尊崇道德正义，认清人伦关系，是作为国君的条件。楚简《五行》篇“经”云：“贵贵，其等尊贤，義也。”其“说”解释说：“贵贵者，贵众贵也。贤贤，长长，亲亲，爵爵，选贵者无私焉。”就是说，以贵为贵，以贤为尊。“尊贤者，言等

---

① 庞朴：《孔孟之间：郭店楚简的思想史地位》，《中国社会科学》1998年第5期。

贤者也，言选贤者也。”①为君，应当无私，应当选拔与任用贤才。因此，楚简《唐虞之道》提出：“禅，義之至也。”即认为，禅让就是最崇高的义的表现。“尊德乐義”亦见于《孟子·尽心上》，“贵贵、尊贤，其義一也。”也见于《孟子·万章下》。尊贤之義，基本一致。

第三，“義”为“群善之蕝”，是美德善行的表征。楚简《性自命出》简 13 载有：“義也者，群善之蕝也。”②蕝，在此为“标志、表征”的意思。此句以善德解说“義”，有概括总结之意，意为，“義”是群善之极，至善之征，是各种美德的集中表征。③楚简《语丛三》也录有多条解说“義”的语句，除了“義，宜也”之外，还有：“義，德之进也。”“義，善之方也。”《性自命出》篇也说：“義，敬之方也。”方，意为“标准”“体现”。都是基于善德进一步补充阐述“义”的含义，都是对其肯定性价值的认同。

再看出土的帛书，亦有“義”字。

40 年代长沙子弹库出土的楚帛书中“義”字仅见二次：“去不義”与“戮不義”。皆表示否定不义之行。“20 世纪 70 年代，湖南长沙马王堆汉墓出土了《马王堆帛书周易经传》，这些帛书是战国后期到西汉初年写定，反映了战国中后期儒家的《易》学思想。”④此说代表当今学术界的看法。马王堆帛书早于董仲舒及后来的经学家，保存有原始儒家的信息。其中的《帛书系辞》《易之義》《二三子》《要》等篇就保存有孔子及其弟子关于《易》的一些看法。“義”在这些文献中出现多次，至少有如下几点值得关注。

其一，是孔子的“观其德義”说。帛书《要》篇记载了孔子的一段话：

---

① 李零：《郭店楚简校读记》，《道家文化研究》第十七辑，生活·读书·新知三联书店 1999 年版。

② 荆门市博物馆编：《郭店楚墓竹简》，文物出版社 1998 年版，第 179 页。

③ 郭沂：《性自命出校释》，《管子学刊》2014 年第 4 期。

④ 朱金发：《由君子“恒德”到“观其德义”——〈易传〉和〈帛书易传〉的心性观比较》，《哲学研究》2015 年第 7 期。

“《易》，我后其祝卜矣！我观其德義耳也。幽赞而达乎数，明数而达乎德，有仁守者而義行之耳。”又说：“吾求其德而已，吾与史巫同途而殊归者也。君子德行焉求福，故祭祀而寡也；仁義焉求吉，故卜筮而希也。”孔子明确表示不同于祝巫卜筮，他“老而好《易》”，是观其人伦德义。帛书《易之義》篇也说：“赞以德而占以義。”①经过孔子及其弟子的阐释，《周易》不再局限于卜筮，而转变为阐释人伦道德与世间哲理的经书。

其二，是将“義”与“仁”“德”连用并称，倡言“仁義”“德義”等合词来表达儒学主张。这种用法在《论语》中还没有，过去以为是孟子所创，从新发现的楚简与帛书来看，还是孔子首创。并且将“義行”与“仁守”对举：“有仁守者而義行之耳。”意为，“仁”重在守，“義”重在行。“義行”，即践行道义。故言：“行義，则人不惑。”强调“德義无小”，“言大人之广德而施教于民也”，“德義广大”，“言大人之广德而下接民也”。对“尊德義”与“行義”予以高度肯定。

其三，是运用“義”表示多方面的含义。在《易之義》篇中，如“天之義”“地之義”“万物之義”“大人之義”“武之義”“文之義”等，这些“義”字已不限于表示“威仪”“适宜”“正直”“合理”的意思，而是更抽象地更广义地表示含义、意义。这种用法在《论语》及春秋时期的儒家著作中也还没有。显然属于战国时期乃至汉初文人的创造发展。并且，其他的关键词“仁”“礼”“信”都没有这种用法，足见“義”字的弹性与广泛适用性。

五、典籍考原

文化典籍的考原，由萌生“義”的观念，创造“義”字，著录文本伊

---

① 引自丁四新等：《论马王堆帛书〈要〉篇“观其德义”的易学内涵》，《武汉大学学报》2015 年第 1 期。

始；从现存文献来看，主要可以研讨的是春秋战国时期。春秋战国是中国文化百家争鸣的时期，参照现代西方学术著作《历史的起源与目标》的说法，正值世界的轴心时代。

德国学者卡尔·雅斯贝尔斯提出，世界历史存在一个“轴心时代”。即指公元前800年至公元前200年，尤其是公元前600年至前300年这段时期，在北纬30度左右的地区，也就是中国、印度、欧洲各自独立地完成了文明的重大突破，开创了文化发展的新起点。这一时期，上述地区奇迹似地大致同时出现了孔子、孟子、老子，释迦牟尼，苏格拉底、柏拉图、亚里士多德等关系到人类文明发展进程的先行者，形成了公认的三大轴心文明，即中国先秦文明、古希腊文明、古印度文明，其学说理论对当今社会文化思想仍然具有重要而深刻的影响。由此称这段时期为人类文明的“轴心时代”。其说见于雅斯贝尔斯的《历史的起源与目标》一书。①

春秋战国正是在公元前770—前221年，处于北纬30度左右的长江流域到黄河流域正是当时东周与诸侯各国以及战国七雄活动的地区。由此，且将文化典籍关于“義”的考原，分为三个阶段，以便考述。

一是远古至西周，在上古祭祀活动萌生初始的“義”的观念，创造“義”字。可称“義”价值观的萌生与早期记录阶段。

二是春秋时期，“義”字表示美德道义，逐渐形成伦理关键词，可称“義”价值观的奠基阶段。

三是战国时期，“義”字含义丰富深化，发展成熟为文化关键词，可称“義”价值观的基本形成阶段。

1. “義”价值观的萌生与早期记录阶段

这一阶段已见上述，经过考察可知，“義”字的来源，无论从祭祀活动来追索，还是从文字学来考释，其甲骨文、金文、篆文都有着共同

---

① ［德］卡尔·雅斯贝尔斯：《历史的起源与目标》，李夏菲译，漓江出版社2019年版，第9页。

点，一是字形都由“羊”和“我”两个字符合成，二是各种会意解读大多具有肯定性价值。如上所举“義”字的甲骨文、金文、篆文，历经殷商、周代，其字形一脉相承又适当变化定型，其含义长足发展。“義”观念的萌生到文字记录经过了漫长的阶段，由“祭祀考原”与“金文考原”关于甲骨文、金文的梳理，尚为只言片语，我们可以推想，先民早已萌生“義”的观念，但是没有文字记录无法论证。真正形成“義”的价值观还是在古代典籍之中。中华民族具有丰富厚实的文化典籍，值得我们去探究与整理。这里仅举代表典籍略作说明。

现存书籍中一致公认最为古老可信的文化典籍是《周易》的经文、《诗经》“国风”和《春秋》经文。可惜这三种古老典籍中都未见“義”字。说明“義”字的产生晚于表示日常生活的用字，这也很正常。《尚书》所记虞夏殷商的文件应该是最古老的，但是学界尚无定论。目前的考古材料尚不能确证尧舜禹的传说，而应当有可能经过古代士人口耳相传，文字记载，代代继承下来。《尚书》的文件中，“義”字仅见如下：

其一是《尚书·虞书》的《皋陶谟》篇记载：皋陶曰：“都！亦行有九德。亦言其人有德，乃言曰：载采采。”禹曰：“何？”皋陶曰：“宽而栗，柔而立，愿而恭，乱而敬，扰而毅，直而温，简而廉，刚而塞，强而义；彰厥有常，吉哉。”彰厥有常吉哉！“日宣三德，夙夜浚明有家；日严祗敬六德，亮采有邦。翕受敷施，九德咸事，俊乂在官。”①

“谟”是为君主谋划的一种文体。皋陶是虞舜时掌管刑法的大臣。上面这段话的大意是，皋陶说：“啊！考察人的行为有九种美德。要说某人有美德，就要把他做的事一件一件列出来。”大禹问：“什么是九德呢？”皋陶说：“宽宏而又严谨，柔韧而又自主，谦虚而又庄重，能干而又认真，兼听而又刚毅，正直而又温和，简捷而又清廉，果敢而又务实，坚强而又合宜。办事有这九种美德，那就吉利啊！如果每天达到三

---

① 《皋陶谟》，《尚书正义》，《十三经注疏》上册，中华书局 1980 年版，第 138 页。

德，早晚恭敬地实行，就可以协助卿大夫。如果每天严谨地达到六德，就可以辅助诸侯。如果能综合这九种美德全面践行，那么官员们都是俊才贤士了。”

皋陶提出，人的品行应有“九德”，以此作为选拔官员的条件。这九项品德是：“宽而栗，柔而立，愿而恭，乱而敬，扰而毅，直而温，简而廉，刚而塞，强而義。”其中包括“義”。这应当是最早表示道德观念的“義”。尧舜、皋陶是四千年前的贤君良臣，尚待文物验证；而《尚书》文本已流传至今，在一定程度上体现了文化的取向。此篇虽将“義”列入“九德”却排在末位。也有注释将此“義”字释为“道德”。这样表述九项道德品行的说法，显然和后来儒家的仁义观有一些距离。

其二是《尚书·商书》中的《高宗肜日》。“高宗”即商王武丁，祭祀的第二天再祭，称为“肜日”。“祖己”是武丁的长子。这一天忽然有一只孔雀飞到鼎耳上鸣叫，高宗有点担心。祖己开导父亲说：“惟天监下民，典厥義。”①意为：这是上天在监视天下的人，称赞他们行为合宜。句中的“義”也可以讲为“道德”。

其三，“義”字还见于《尚书·周书》的《洪范》篇。“洪”意为“大”，“范”意为“法”。《洪范》旧传为西周初年箕子所陈述天地大法。其中说：“无偏无陂，遵王之義。”②意思是：不偏不倚，要遵循王道公平的法则。

再看最早的一部诗歌总集《诗经》，其中有两首诗用到“義”字。

其一是《大雅·文王》篇：“宣昭義问。有虞殷自天。”③意为传播显扬美好的名声。来自天意。段玉裁《说文解字注》说：“義之本训谓礼容各得其宜。礼容得宜则善矣。故《文王》《我将》毛传皆曰：義、善也。

---

① 《高宗肜日》，《尚书正义》，《十三经注疏》上册，中华书局1980年版，第176页。

② 《洪范》，《尚书正义》，《十三经注疏》上册，中华书局1980年版，第190页。

③ 朱熹集注：《诗集传》，上海古籍出版社1980年版，第176页。

引申之训也。”故而“从羊者，与善美同意”。其中，《文王》指《诗经》的《大雅·文王》篇，《我将》指《周颂·我将》篇。《大雅·文王》篇中“宣昭義问”的“義”就是美善的意思。

其二是《大雅·荡》借古讽今，以周文王的口气批评商纣王：“文王曰咨，咨女殷商。而秉義类，彊御多怼。”意为：文王叹息，你这殷商纣王，你应任用善良人才，却让贪暴引起众怨。接着吟唱：“天不湎尔以酒，不義从式。”①意为：上天并不让你酗酒，不应干那些不应当的事。

周代之前和西周的文献，再加上商周的甲骨文、金文，大致可以显现三千年前中华先民所崇尚的文化价值。“義”字已由祭祀活动的初意引申为表示道德合宜之意，尽管经过历代传承转录，依然具有古奥朴实的痕迹，体现“義”价值观初始萌生与早期记录阶段的特点。

2.“義”价值观的奠基阶段

第二阶段是春秋时期(公元前770—前476年)，主要代表文献典籍是《论语》、春秋三传(《春秋左传》《春秋公羊传》《春秋穀梁传》)等。“義”字多用来表示美德道义，从中可见“義”价值观初步形成。

《左传》即《春秋左传》，是春秋时期一部编年体史书，记载了公元前722年到公元前468年，周王朝及诸侯各国的历史事件，以补充诠释《春秋》，作者为鲁国史官左丘明，所记史事按鲁国国君次序编年。常称为“春秋三传”之一、《十三经》之一。譬如，《左传》将《春秋》经所载“隐公元年”(公元前722年)的一句话“郑伯克段于鄢”扩展为一篇文章。描写郑庄公的胞弟共叔段在其母亲的宠爱纵容下扩充势力图谋袭郑取代国君。庄公曰：“多行不義，必自毙。子姑待之。”又说：“不義不暱，厚将崩。”②意为郑庄公说：“做多了不道德的事，必然会自己垮台。你们等着瞧吧。”又说：“不合道义，不合亲情，太过分了就会崩溃。”

① 朱熹集注：《诗集传》，上海古籍出版社1980年版，第203页。

② 《左传·郑伯克段于鄢》，《古代散文选》上册，人民教育出版社1963年版，第1页。

可见庄公指责其弟叔段，在等待时机，庄公最终伺机出兵击溃叔段于鄢地。

此篇中的“義”，是较早出现的表示道义德行之例。尽管是以否定句式出现。《左传》中的“義”字就有一百次之多。“多行不義必自毙”，这句话比较有名，演化为成语，一直流行至今。此段文章以《郑伯克段于鄢》为题被编入《古文观止》一书，近世以来多入选语文教材，为大众熟悉。“不義”即不合理道義、不道德；“義”就是正义合理。已成为人们所共识。

再如，《左传》“文公十八年”记载：“使布五教于四方：父義，母慈，兄友，弟恭、子孝，内平外成。”①这段话是追叙五帝时代的“五教”，当时的贤人在四方百姓中传播教化，进行五种道德规范基础教育，就是：父亲讲道義，母亲有慈爱，兄长当友爱，弟弟宜恭敬，子女应孝顺。家庭内和邻里之间都和睦相处。“五教”其实出自《尚书·舜典》：“帝曰：契，百姓不亲，五品不逊，汝作司徒，敬敷五教，在宽。”②意为舜帝说：契，百姓不相亲睦，父子兄弟一家人都不和顺。你做司徒吧，好好地进行家庭尊爱五常教育，意在宽容。此五教，是最原始最基本的人伦道德，是中国老百姓家家都有的传统。但从《尚书》和《左传》的记载看，家庭五教，并不是天生的，也是经过了文明教化过程而来的。“義”在其中居首位，起着关键的引领作用。

《春秋公羊传》，作者公羊高，据说是孔子弟子子夏的学生，战国时齐国人。西汉初年，其玄孙公羊寿著于竹帛。《春秋公羊传》“宣公六年”，晋史书记载“晋赵盾弑其君夷皋。赵盾曰：天乎！无辜。吾不弑君，谁谓吾弑君者乎？史曰：尔为仁为義，人弑尔君，而复国不讨贼，此非弑君如何？”③赵盾是春秋时期中叶晋国正卿、权臣。由于君臣矛

① 《春秋左传正义》，《十三经注疏》下册，中华书局1980年版，第1862页。

② 《尚书正义》，《十三经注疏》上册，中华书局1980年版，第130页。

③ 《春秋公羊传注疏》，《十三经注疏》下册，中华书局1980年版，第2279页。

盾，晋灵公派卫士伏击赵盾，赵盾逃走。赵盾的堂弟赵穿杀了晋灵公。太史董狐在史书上写道："赵盾弑其君。"《春秋公羊传》记载赵盾喊冤枉，声明他没有弑君。而史官驳斥说，不讨伐弑君者就等于弑君。

"赵盾弑其君"亦见于《春秋》经和《左传》记载。《春秋》"宣公二年"经文："晋赵盾弑其君夷皋。"《左传》"宣公二年"也有记载，并且说明原委，称："晋灵公不君。"意思是不像一位国君。晋灵公派钼麑刺杀赵盾，钼麑被赵盾的恭敬所感动，触槐而死。晋灵公又伏下甲兵准备攻杀赵盾，还唤獒犬来撕咬。赵盾的护卫提弥明为了保护赵盾而牺牲。赵盾终于在他曾经救过的一名饿汉灵辄的掩护下逃离。晋灵公被杀，《左传》写道："太史书曰：'赵盾弑其君。'以示于朝。宣子曰：'不然。'对曰：'子为正卿，亡不越竟，反不讨贼，非子而谁?'宣子曰：'乌呼，我之怀矣，自诒伊戚，其我之谓矣!'孔子曰：'董孤，古之良史也，书法不隐。赵宣子，古之良大夫也，为法受恶。惜也，越竟乃免。'"杜预注："越竟，则君臣之義绝，可以不讨贼。"①文中"宣子"就是赵盾。杜预，西晋学者，作《春秋左传注》，收入《春秋左传正义》。

春秋史官，孔子，还有杜预，对这段历史的记述和评论很值得关注。他们一方面批评晋灵公"不君"，一方面又批评赵盾"弑君"；一方面称赞书写赵盾"弑君"的董狐为"良史"，一方面又称赞赵盾为"良大夫"。此例很难用"仁"来解释，关键在于杜预所点的一个"義"字。由于赵盾有"義"，故感动他的护卫甚至对方的刺客为"義"而献身，赵盾行"義"救过的饿汉又为报答"義"而救了赵盾。孔子既赞"良史"又赞"良大夫"，正是基于"義"。可见"義"价值观形成于春秋时期的史实中。

《春秋穀梁传》，作者穀梁赤，据说也是孔子弟子子夏的学生，战国时"为经作传"，其子孙在西汉初年记录整理为《春秋穀梁传》。例如其中"隐公元年"记载："《春秋》成人之美，不成人之恶。"又说："《春秋》贵義而不贵惠，信道而不信邪。孝子扬父之美，不扬父之恶。""兄

---

① 《春秋左传正义》，《十三经注疏》下册，中华书局 1980 年版，第 1867 页。

弟，天伦也。”①意为：《春秋》重视礼義而不看重小恩小惠，相信天道而不信邪念。

上面所举春秋三传言及的“義”字，已具有表达仁义道德的基本涵意。说明春秋时期“義”字已大量用于表示人伦道德的美善合宜之意，初步形成了“義”的价值观。

首先明确提倡以“義”作为君子道德标识的是孔子。《论语》记载孔子多次谈论“义”，屡屡称颂“义”。譬如，子曰：“君子義以为质。”(《卫灵公》)子曰：“君子義以为上。”(《阳货》)意思是，道德君子处事以“義”为本质原则，以“義”为最崇尚的品德。

再如孔子说：“行義以达其道。”(《季氏》)意为，依“義”而行来实现道德理想。孔子曰：“质直而好義。”(《颜渊》)，意为，品质正直，爱好“義”。孔子还说：“见利思義。”(《宪问》)“见得思義。”(《季氏》)这两句的意思是，在利益面前首先要考虑是否合乎“義”。反过来说，孔子鄙弃“不义”的行为。譬如：“见義不为，无勇也。”(《为政》)“不義而富且贵，于我如浮云。”(《述而》)②

从这些语句来看，孔子认为“義”是高尚的、美好的、正直无私的、克己奉公的品行，是值得褒扬肯定的道德价值，明确了“義”的高尚价值与道德取向，树立了儒家视“義”高尚道德的起点。

3.“義”价值观的基本形成阶段

第三阶段是战国时期(公元前476—前221年)，“義”字含义丰富深化。战国群雄并起，纵横捭阖，诸子百家，竞相争鸣，形成了尚“義”的价值观。战国时期的大量著作对“義”字作了多方面的解说阐释。

这里仅以《易传》《礼记》《孟子》为代表简略说明。

《周易》包括《易经》和《易传》两部分，《易传》是解说《易经》之作，

---

① 《春秋穀梁传注疏》，《十三经注疏》下册，中华书局1980年版，第2365页。

② 杨伯峻译注：《论语译注》，中华书局1980年版，第166页、第190页、第177页、第130页、第149页、第177页、第22页、第71页。

包括《彖传》《象传》《文言传》《系辞传》等十篇，称为“十翼”，旧说为孔子所作，近代一般认为由孔门再传弟子所作，成书于战国时期。但其中包括孔子语句，尚待进一步研究。

譬如，《易传·文言》说：“直，其正也，方，其義也。君子敬以直内，義以方外，敬義立而德不孤。”意思是：“直”是指心存正直，“方”是指行为合乎道义。君子恭敬谨慎来端正自己的思想，用道义的原则来规范行为。恭敬而合乎道义的精神树立起来，这样的德行就会产生广泛影响。

再如《易传·系辞》说：“理财正辞，禁民为非曰義。”①意为：治理钱财要言正名顺，禁止有人做不正当的事，就合于道義。

《礼记》，是记述古代礼制的一部经典，儒家“三礼”（《周礼》《仪礼》《礼记》）之一。作为“礼经”的代表列入“五经”。相传为孔子的弟子及后学所作，西汉戴圣所编，曾称为《小戴礼记》。《礼记》中言及“義”字200多次，不仅讲到“仁义”“礼义”，还言及“阴阳之义”“刚柔之义”（《礼记·郊特牲》）、“父子之义”（《礼记·文王世子》）、“君臣之义”（《礼记·王制》）等。

再如《礼记》中的《祭義》篇曰：“義者，宜此者也。”又如《表记》篇说：“義者，天下之制也。”意为：“義”是裁决天下事物的准则。②

《孟子》在儒家经书之列。孟子名轲，是战国时期儒家代表人物，其著作《孟子》反复论述“義”的重要性，孟子提倡“舍生取義”，将“義”与“仁”并称，列为最重要的道德品目。孟子指出：“義，路也。”（《孟子·万章下》）又说：“義，人路也。”（《孟子·告子上》）进而曰：“義，

---

① 《周易正义》，《十三经注疏》上册，中华书局1980年版，第19页、第86页。

② 《礼记正义》，《十三经注疏》下册，中华书局1980年版，第1598页、第1639页。

人之正路也。”(《孟子·离娄上》)”①孟子认为，“義”，是人生之路；是人生最正确的道路。经过《孟子》的论述与弘扬，“義”显然成为成熟的关键词。

战国时期诸子百家慷慨论“義”辨“義”，促使“義”的价值观基本形成。诸子有关论说则见于下面章节。“義”尽管丰富多义，但其基本义表述肯定性价值，显然是中国文化不可或缺的关键词。

① 朱熹注：《孟子》，上海古籍出版社 1987 年版，第 82 页、第 89 页、第 55 页。

第三章 “义”之德

天地有“道义”，人间尚“义德”。

中国文化崇尚道德，“德”，或称“道德”，是中国人良好品质的通称。“义”作为传统文化的关键词，表示特有的高尚道德，蕴涵丰富，在道德的品类中“义”有着重要位置。“崇德”为义，“义者，宜也。”①“厉性者，义也”，“尊德义”，“义也者，群善之蕝也。”②

李建中先生在《中国阐释学的兼性主体与话语》中提出“兼性话语”：“一字多义，一字而通多字，一字而通多义，兼性于斯生焉。”③关键词“义”就是这样一种典型的“兼性话语”。“义”字兼性通变，既通多字，又通多义。随着道德史与价值观的演进，从“德”的视觉来看，既见演化滋生，又有本义贯通，更有助于理解，在中国文化里，“义”是一种源远流长、根深叶茂的基本元素。

一、“义”入德目

在中国古代很早就萌生了道德观念。出现了众多的道德品目。

---

① 《礼记·中庸》，《十三经注疏》下册，阮元校刻，中华书局 1980 年版，第 1629 页。

② 郭沂：《〈性自命出〉校释》，《管子学刊》2014 年第 4 期。

③ 李建中：《中国阐释学的兼性主体与话语》，《中国社会科学》2024 年第 2 期。

1.“德”与“道”

至少在三千年以前，中华先民就创造了甲骨文“德”字和“道”字，并逐步演进为金文、篆书、隶书、楷书。有意思的是，“道”和“德”这两个字都包含表示四面通行之路的字符“行”。从《汉语大字典》中选录如下①：

甲骨文“德”字

金文“德”字

篆书“德”字

“德”字，据许慎《说文解字》曰：“德，升也。从彳，悳声。”升，即登。许慎认为“德”字的本义指：上升，登高，向高处行走攀登。《说文解字》另列“德”的异体字“悳”。解说：“外得于人，内得于己也。从直，从心。”②可见“德”早已视为人伦的概念。

“德”的甲骨文由“直”与“行”两个字符合成。“行”指四面通行之路，“直”以一只眼睛和垂直的绳表示直视，颇像目光凝注于悬垂直线，以目视绳取直。其组合会意为：大道直视而行。由此，“德”的造字本义就是：看得直，行得正。③ 就像《诗经·小雅》的《大东》篇所写：“周道如砥。其直如矢。”④金文的“德”字不仅包括“行”与“看”，又添上字符“心”，将“行”简化为偏旁“彳”。再演进为篆书。“德”字由直行、登高的本义引申而指德行、品德、德才、道德、品行等，常从正面表示在人生之路上正道直行，“德”成为表示人伦品行的概念，并且常常关联到“义”字。

再看“道”字。“道”的甲骨文由“行”与“人”两个字符合成，会意：

---

① 《汉语大字典》缩印本，湖北辞书出版社 1992 年版，第 1305 页。
② 许慎：《说文解字》，中华书局 1963 年版，第 43 页、第 217 页。
③ 程邦雄：《“德”字形义溯源》，《殷都学刊》2010 年第 1 期。
④ 朱熹集注：《诗集传》，上海古籍出版社 1980 年版，第 147 页。

人在路上行走。金文用“首”代替“人”，有的还加上“止”(足)表示走路。篆书用“辵”即常言“走之”代替“行”。许慎《说文解字》曰：“道，所行道也。从辵，从首。一达谓之道。”①意为，“道”就是人所行走的路，一直通达就是道。“道”的本义就是道路。或以为“道”字从“首”，意为：首领引导走适合的路，有引领、导向之意。“道”由本义“道路”引申为表达道理、伦理、思想、方法、规律、原则、学说方面的术语，如“道德”“道理”“得道”“失道”等，自然与“义”字关联。例如，《易传·说卦》云：“和顺于道德而理于义。”②

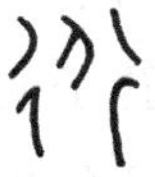
甲骨文“道”字

金文“道”字

篆书“道”字

有学者论述“德”的观念产生发展经历了几个演进阶段：殷商之德得于上天和祖先；西周之德由天德祖德进而为宗法礼制之德；春秋战国时期演进为表示个人品行之德。③“义”德也随之演进。先秦以来，“德”字与“道”字已用于表示人伦道德品行，“义”也在其中。“德”字与“道”字常与“义”字连用。

譬如，上古文献《尚书》中已有“义德”一语：“不敢替厥义德，率惟谋从容德。”④(《周书·立政》篇)意为：不敢抛弃周文王的义善美德，唯望继承周文王的宽容厚德。

---

① 许慎：《说文解字》，中华书局1963年版，第42页。

② 《易传·说卦》，《周易正义》，《十三经注疏》上册，中华书局1980年版，第93页。

③ 晁福林：《先秦时期“德”观念的起源及其发展》，《中国社会科学》2005年第4期。

④ 《周书·立政》，《尚书正义》，《十三经注疏》上册，中华书局1980年版，第232页。

再如，《左传》“僖公二十四年”言及“德义”，曰：“心不则德义之经为顽。”①意为：内心不遵从道德信义准则就是顽劣。

《周易·系辞》中连用“道义”，说：“成性存存，道义之门。”②意为，成就本性，生生不息，乃是进入道义的门径。

2. “仁”与“义”

“仁与义”是以儒家为代表的传统伦理文化最重视的两项道德元素。如孟子曰：“亦有仁义而已矣。”(《孟子·梁惠王上》)③

《周易·说卦传》说：“是以立天之道曰：阴与阳，立地之道曰：柔与刚，立人之道曰：仁与义。”④此说从哲学视野立论，认为“人道”与“天道”“地道”并立；创立“人之道”的核心元素是“仁”与“义”。《周易》包括《易经》和《易传》两部分，《易传》被认为是孔子或孔子后学所作，属于儒家经典。儒家认为“仁、义”就是立人之道的根本，是人间正道的核心元素。

3. “三德”

据《春秋穀梁传》“桓公十八年”记载：“知者虑，义者行，仁者守。”⑤意为：智者善谋虑，义士可实行，仁人能守成。具备了“智”“义”“仁”三德，才可以出行与会。相当于提出了人伦处事的三项德行。“智、义、仁”确实是最重要的道德元素，这三项后来都列入儒家“五常”之中。《春秋穀梁传》是战国时期穀梁赤所撰著作，与《春秋左传》《春秋公羊传》并称解说《春秋》的“三传”。

《国语》则将“义，祥，仁”称为“三德”。其中《周语》记述：“夫义

---

① 《春秋左传正义》，《十三经注疏》下册，中华书局 1980 年版，第 1818 页。

② 《周易·系辞》，《周易正义》，《十三经注疏》上册，中华书局 1980 年版，第 79 页。

③ 朱熹注：《孟子》，上海古籍出版社 1987 年版，第 1 页。

④ 《周易·说卦》，《周易正义》，《十三经注疏》上册，中华书局 1980 年版，第 94 页。

⑤ 《春秋穀梁传注疏》，《十三经注疏》下册，中华书局 1980 年版，第 2378 页。

所以生利也，祥所以事神也，仁所以保民也。"①意为，"生利"即为"义"，"事神"即为"祥"，"保民"即为"仁"，合称"三德"。认识到"仁义"的重要性，还保留有古代神祇崇拜的风习。

另有其他版本的"三德"说，诸如《尚书·洪范》："正直、刚克、柔克"三德，《周礼·地官》："至德、敏德、孝德"三德，《礼记·中庸》："智、仁、勇"三德等。从各个角度的种种列举表明古代文献对道德伦理的重视。

4. "四端""四维""四德"

孟子提出"四端"说，认为"仁、义、礼、智"生于人心"四端"。《孟子·公孙丑》上篇说："恻隐之心，仁之端也；羞恶之心，义之端也；辞让之心，礼之端也；是非之心，智之端也。"意为：同情心是仁的发端；羞耻心是义的发端；谦让心是礼的发端；是非心是智的发端。《说文解字》："端，直也。"②端，意为发端，萌芽，初生，开始。孟子认为人性本生的道德基因有"恻隐、羞恶、辞让、是非"四种情感心理，分别是"仁、义、礼、智"的萌芽，故称"四端"。"仁、义、礼、智"再添上"信"，就是后来董仲舒提到的"五常"。

《礼记》将"仁、义、礼、知(智)"称为"人道"。论述说："恩者仁也，理者义也，节者礼也，权者知也。仁、义、礼、知：人道具矣。"③见于《礼记·丧服四制》篇。人道，即人伦之道德。

"四维"指"礼、义、廉、耻"。管仲学派的《管子》一书提出"国有四维"说。"何谓四维？一曰礼，二曰义，三曰廉，四曰耻。礼不逾节，义不自进，廉不蔽恶，耻不从枉。"见于《管子·牧民》篇，其中警示说："四维不张，国乃灭亡。"④《管子》托名管仲，管仲是春秋时期五霸之首

---

① 《国语·周语》，《国语集解》，徐元诰集解，中华书局 2002 年版，第 45 页。

② 许慎：《说文解字》，中华书局 1963 年版，第 216 页。

③ 《礼记正义》，《十三经注疏》下册，中华书局 1980 年版，第 1694 页。

④ 《管子·牧民》，《百子全书》第二册，岳麓书社 1993 年版，第 1259 页。

齐国桓公时的名相，一般认为《管子》是管仲后学编著。四维，指国家的四条纲纪：“礼、义、廉、耻。”“义”就是维系国家的一条重要纲纪。“义不自进”指百姓有了正义感，就不会投机取巧；“不自进，则民无巧诈”，都不兴投机取巧，人们就不会去钻营诈骗。此说为各家各派吸收，成为民间道德常言。“礼义廉耻”也化为常用的成语。

《左传》言及“四德”。其中“僖公十四年”记载：晋国大夫庆郑曰：“背施无亲，幸灾不仁，贪爱不祥，怒邻不义。四德皆失，何以守国？”①即以“亲、仁、祥、义”为“四德”，将这四项道德视为守护国家的根本。

《国语·周语》所言“四德”则是“忠、信、仁、义”。据记载，内史兴曾奉命到晋国观察“奉礼义成”的礼仪，返回报告周襄王曰：“且礼所以观忠、信、仁、义也。忠所以分也，仁所以行也，信所以守也，义所以节也。”所见晋侯“义节则度”，②故内史兴预言晋文公必霸。足见道德的力量功效。

5.“五行”“五德”“五常”

中国文化讲究人伦与自然相合的“五行”。“五行说”出自《尚书·洪范》：“五行：一曰水，二曰火，三曰木，四曰金，五曰土。”③此乃上古先民认识大自然的五行元素说，其影响深远广泛，及于人伦社会，道德之说也冠以“五行”。郭店出土的楚简和马王堆出土的帛书都有《五行篇》。如郭店楚简《五行篇》记载：“仁形于内谓之德之行，不形于内谓之行。义形于内谓之德之行，不形于内谓之行。礼形于内谓之德之行，不形于内谓之行。智形于内谓之德之行，不形于内谓之行。圣形于内谓

---

① 《春秋左传正义》，《十三经注疏》下册，中华书局 1980 年版，第 1803 页。

② 《国语·周语》，《国语集解》，徐元诰集解，中华书局 2002 年版，第 41 页。

③ 《尚书正义》，《十三经注疏》上册，中华书局 1980 年版，第 188 页。

之德之行，不形于内谓之行。”①开篇就论及“仁、义、礼、智、圣”五项道德元素，与后来的“五常”仅一字之别。

上古《尚书》还载有“五教”名目，亦称“五德”。其《舜典》篇记述舜帝委任契主持道德教育，说：“汝作司徒，敬敷五教，在宽。”②其文古奥简约，没有说“五教”包括哪五种。而后《左传》有所解释，其“文公十八年”记述：大舜“举八元，使布五教于四方，父义、母慈、兄友、弟共、子孝，内平外成”。③ 可知“敬敷五教”指恭谨地实施“父义，母慈，兄友，弟恭，子孝”五项人伦道德教育。

西汉时，董仲舒将“仁、义、礼、智、信”合称为“五常”。其《举贤良对策一》曰：“夫仁、义、礼、知、信，五常之道。”④常，意为永恒不变，将“仁、义、礼、智、信”五项道德元素视为宇宙间永恒不变的真理，成为儒家代表性的观点。南北朝南朝梁代学者皇侃《论语义疏》解释说：“人禀此五常而生，则备有仁、义、礼、智、信之性也，人有博爱之德谓之仁，有严断之德为义，有明辨尊卑敬让之德为礼，有言不虚妄之德为信，有照了之德为智，此五者是人性之恒，不可暂舍，故谓‘五常’也。”此“五常”亦称“五德”，是儒家所称不可舍弃的永恒人性之根本，“义”在五常中位居前列，有严格明断特征，为不可缺的道德元素。经儒家理学弘扬，影响深远。

6.“六德”“九德”等德目

古代文献中还列举有“六德”“七德”“八德”“九德”“十义”等多种关于道德品目之说。

“六德”见于《周礼》中《地官·大司徒》篇：“以乡三物教万民而宾

---

① 《五行》篇、《六德》篇均见于《郭店楚墓竹简》，荆门市博物馆编，文物出版社 1998 年版。

② 《尚书正义》，《十三经注疏》上册，中华书局 1980 年版，第 130 页。

③ 《春秋左传正义》，《十三经注疏》下册，中华书局 1980 年版，1862 页。

④ 《汉书·董仲舒传》，《二十五史》第一册，上海古籍出版社 1986 年版，第 599 页。

兴之。一曰六德：知、仁、圣、义、忠、和；二曰六行：孝、友、睦、姻、任、恤；三曰六艺：礼、乐、射、御、书、数。”周代司徒之职负责教化，六德、六行、六艺，合称“乡三物”。东汉郑玄注：“乡里教以道义”。①从礼教典章看，十分重视“义”德之教，以“知、仁、圣、义、忠、和”六项道德教育四方万民。

楚简《六德》篇与郭店楚简《五行》篇同时出土，其中提出“六德”并说明之：“何谓六德？圣、智也，仁、义也，忠、信也。”此“六德”已包含“五常”。且与《周礼》所载“六德”仅一字之别。

《左传》记有“六顺”之说。其“隐公三年”记载卫大夫石碏之言：“且夫贱妨贵，少陵长，远间亲，新间旧，小加大，淫破义，所谓六逆也。君义、臣行、父慈、子孝、兄爱、弟敬，所谓六顺也。”②石碏所言“六顺”是正面的人伦道德，如“君义”指国君合乎道义；而“六逆”是六项违背道德的恶劣行径，如“淫破义”就是淫乱而丧失道义。这段话通过正反两面对比，强调了“义”德等人伦道德的重要性。

“七德”见于《荀子·法行》篇，以玉比喻君子，列举有“仁、知、义、行、勇、情、辞”七德，例如“坚刚而不屈，义也”。③

相传儒学八德指“孝、悌、忠、信、礼、义、廉、耻”，是宋代理学家朱熹根据《论语》中孔子语总结的做人的基本道德所概括，世称“朱子八德”。宋代朱熹所举“八德”，明代王阳明所录：“孝弟忠信礼义廉耻”之《训蒙大意》，见于《王文成公全书》。

关于“九德”的说法更多。早在《尚书》中就载有“九德”说：“宽而栗，柔而立，愿而恭，乱而敬，扰而毅，直而温，简而廉，刚而塞，强而义。”④古代以“九”表示多，九德，即多种德行，包含“义”德。

---

① 《周礼·地官》，《十三经注疏》上册，中华书局 1980 年版，第 707 页。

② 《春秋左传正义》，《十三经注疏》下册，中华书局 1980 年版，第 1724 页。

③ 《荀子》，《百子全书》第一册，岳麓书社 1993 年版，第 233 页。

④ 《皋陶谟》，《尚书正义》，《十三经注疏》上册，中华书局 1980 年版，第 138 页。

《左传》“昭公二十八年”则载有“九德”的另一版本：“心能制义曰度，德正应和曰莫，照临四方曰明，勤施无私曰类，教诲不倦曰长，赏庆刑威曰君，慈和遍服曰顺，择善而从之曰比，经纬天地曰文。”①

再如《逸周书·文政解》所说“九行”指的是“一仁，二行，三让，四信，五固，六始，七义，八意，九勇”②，“九行”也就是“九德”。《逸周书》是先秦时期一部记言性文献的汇编。

《礼记》则概括十种人伦道德，说：“何谓人义？父慈、子孝、兄良、弟悌、夫义、妇听、长惠、幼顺、君仁、臣忠。十者谓之人义。”③即人伦之义，以“义”为通称，合称“十义”。见于《礼记·礼运》篇。

《国语》一书还说到十一种德行：“敬、忠、信、仁、义、智、勇、教、孝、惠、让。”见于《周语下》④。类似的说法不胜枚举。

以上关于道德品目的种种说法，或称之为“德目”。⑤观其德目，可以看出，自古以来中国文化讲究人伦道德，不仅儒家，诸子各家都看重道德；然而众说纷纭，瑕瑜互见，多有精华之论，也难免带入杂芜之言，尚待系统整理。而“义”字已频频见于历代文献的“德目”之中，足以说明“义”作为道德元素的重要性，确实当为中国文化的一个关键词。

二、“崇德”为义

作为表征中国文化的关键词之一，“义”字所包含的道德伦理意蕴丰富深刻，时空纵横，多样兼通，可称为“群善之蕝”。就其主要特征，可从以下三个方面讨论：崇德之美、厉性之真、多方之善。先说崇德之美。

---

① 《春秋左传正义》，《十三经注疏》下册，中华书局 1980 年版，第 2119 页。

② 黄怀信集注：《逸周书·文政解》，《逸周书汇校集注》，上海古籍出版社 2007 年版，第 396 页。

③ 《礼记正义》，《十三经注疏》下册，中华书局 1980 年版，第 1422 页。

④ 《国语·周语》，《国语集解》徐元诰集解，中华书局 2002 年版，第 98 页。

⑤ 陈来：《古代思想文化的世界》，生活·读书·新知三联书店 2009 年版，第 340-341 页。

"崇德"为"义"，意在道德崇高，正道直行。

如《论语》所载孔子言："主忠信，徙义，崇德也。"(《颜渊》篇)孔子说：自主忠诚信用，践行道义，这就是崇尚美德。亦如《郭店楚简》"尊德义"，"义为可尊也。"即尊义崇德。又如《论语》，子曰："斯民也，三代之所以直道而行也。"(《卫灵公》篇)在孔子看来，夏商周三代的人们都能正道直行。应该说是三代的仁人义士正道直行。故曰"君子义以为上。"(《论语・阳货》篇)即以义道直行为上，"义"是最可尊贵的，含有崇高之美。

"尊德""崇德""直道"就是"义"。"义"就是正直，正当，正义，高尚，是正确的值得肯定的首要价值。就像西方学者认为："正义是社会制度的首要价值，正像真理是思想体系的首要价值一样。"①在中国先贤的运用中，"德"字"直行"之意转由"义"字承担。"义"表达的是人道正义，正道直行。

《孟子》说："尊德乐义，则可以嚣嚣矣。故士穷不失义，达不离道。"(《尽心上》)又说："贵贵、尊贤，其义一也。"(《万章下》)孟子高扬人生取义之正道。说："居天下之广居，立天下之正位，行天下之大道。"(《滕文公下》)意思是：有品格的人，应该住在天下最宏阔的精神空间，站在天下最正当的伦理位置，行走在天下最宽广的人生路上。也就是"居仁由义"的境界："仁，人之安宅也；义，人之正路也。"(《离娄上》)"仁"就是人的精神安居的空间；"义"就是人生正道直行之路。从而提出"舍生而取义"：

> 鱼，我所欲也。熊掌，亦我所欲也。二者不可得兼，舍鱼而取熊掌者也。生亦我所欲也。义，亦我所欲也。二者不可得兼，舍生而取义者也。生亦我所欲，所欲有甚于生者，故不为苟得也。死亦

---

① [美]约翰・罗尔斯：《正义论》，何怀宏等译，中国社会科学出版社1988年版，第3页。

我所恶，所恶有甚于死者，故患有所不辟也。”

意为：“鱼是我喜欢吃的，熊掌也是我喜欢吃的。如果不能同时得到两样，我就舍弃鱼而吃熊掌。生命是我想拥有的，正义也是我想拥有的；如果不能两样都拥有，我就舍弃生命而坚持正义。生命是我想拥有的，但是还有比生命更使我想拥有的，所以我不愿意苟且偷生。死亡是我厌恶的，但是还有比死亡更使我厌恶的，所以我不愿意贪生怕死而避祸。(《告子上》)①舍生而取义，这是一个多么崇高而且具有圣洁美的道德命题！

先秦诸子善于设喻说理，借美玉比喻“义”之美，见于《荀子·法行》，借孔子回答子贡之问，以美玉赞颂君子七德：“夫玉者，君子比德焉。温润而泽，仁也；栗而理，知也；坚刚而不屈，义也；廉而不刿，行也；折而不挠，勇也；瑕适并见，情也；扣之，其声清扬而远闻，其止辍然，辞也。”又见于《管子·水地》“九德”说：“夫玉所贵者，九德出焉。夫玉温润以泽，仁也；邻以理者，知也；坚而不蹙，义也；廉而不刿，行也；鲜而不垢，洁也；折而不挠，勇也；瑕适皆见，精也；茂华光泽，并通而不相陵，容也；叩之，其音清搏彻远，纯而不杀，辞也；是以人主贵之。”②

在《礼记·聘义》篇则扩展为十一德：“君子比德于玉焉：温润而泽，仁也；缜密以栗，知也；廉而不刿，义也；垂之如队，礼也；叩之其声清越以长，其终诎然，乐也；瑕不掩瑜、瑜不掩瑕，忠也；孚尹旁达，信也；气如白虹，天也；精神见于山川，地也；圭璋特达，德也；天下莫不贵者，道也。”③孔颖达注疏《诗经》时引《聘义》仅选其中五项。即“古谓玉有仁、智、义、礼、信五德。”《诗经·秦风·小戎》：“言念

① 《孟子》，朱熹注，上海古籍出版社1987年版，第102页、第79页、第44页、第55页、第89页。

② 《管子·水地》篇，《百子全书》第二册，岳麓书社1993年版，第1358页。

③ 《礼记正义》，《十三经注疏》下册，中华书局1980年版，第1694页。

君子，温其如玉。”汉郑玄笺：“玉有五德。”孔颖达《正义》云：“君子比德于玉焉；温润而泽，仁也；缜密以栗，知也；廉而不刿，义也；垂之如坠，礼也；孚尹旁达，信也。”①其中称赞“义”德，或为“坚刚而不屈”，或为“廉而不刿”，或为“坚而不蹙”，都是说有坚刚棱角而不伤人，以喻君子之“义”德。

墨家《墨子》在肯定“义”的正当性之上与儒家相一致。《墨子》说：“义者，正也。何以知义之为正也？天下有义则治，无义则乱。我以此知义之为正也。”(《天志下》篇)②意为，“义”就是人间正义。怎么知道“义”是人间正义呢？天下有“义”就能治理好，无“义”则混乱不堪。我们由此就可以明白“义”就是人间正义了。

追根溯源，“义”的崇高与神圣来自远古祭祀仪式。就像仪仗队高举祭品或旗帜、迈着正步履行典礼之时，在场的人都会情不自禁，一种严肃恭敬崇高感油然而生。特别是当整个部族、国家遭遇灾难之时，需要牺牲，需要献身，此时有人勇敢地站出来，甘愿舍己而利众利他，危亡之际敢于牺牲，这就叫“义”，舍生取义，表现出崇高的神圣的美德。所以《礼记》上说：“故国有患，君死社稷谓之义。”③(《礼记·礼运》篇)当国家遭遇灾祸，国君牺牲而殉国就称为“义”。《说文解字》：“义，己之威仪。”慷慨就义。方显威仪。“义”有利他之举，舍己之德，而不需要任何前提条件。在五常九德中，唯有“义”称得上崇高。

尽管“春秋无义战”(《孟子·尽心下》)，但是春秋时期的士人平民自有义勇献身之行。例如，孔子的弟子子路本着“利其禄，必救其患”之义，在卫国的一次动乱中挺身救援，见义勇为，临危不惧，“结缨而

① 《毛诗正义》,《十三经注疏》上册，中华书局1980年版，第370页。

② 《墨子·天志下》,《百子全书》第三册，岳麓书社1993年版，第2423页。

③ 《礼运》,《礼记正义》,《十三经注疏》下册，中华书局1980年版，第1422页。

死"。[①]（《左传》）闻此噩耗，"孔子哭子路于中庭，有人吊者，而夫子拜之"，悲痛而"覆醢"，倒掉家中的肉酱而不忍餐食。（《礼记·檀弓上》）[②]

孔子的另一位弟子冉有投身于保卫鲁国之战，持长矛英勇地抵抗入侵的齐军，《左传》记述说："冉有用矛于齐师，故能入其军。孔子曰：'义也。'"孔子称赞冉有之"义"，执干戈以卫社稷。（《左传·哀公十一年》）再如，晋襄公时晋国有位勇士狼瞫在战场上率众冲向敌军，甘愿为国牺牲，留下"死而不义，非勇也"的豪言。《左传》"文公二年"评价说："君子谓：狼瞫于是乎君子。《诗》曰，'君子如怒，乱庶遄沮。'"[③]意为，狼瞫这样的义行可以称得上是君子了。《诗经》有云："君子如果发怒，动乱就可以阻止。"

从"舍生取义"来读孔子之语："君子义以为质，"（《论语·卫灵公》）"行义以达其道。"（《论语·季氏》）可以加深我们对"义"的认识。高尚之义，就是君子的本质。践行大义，就是君子的理想。"行义""取义"，就是人生崇高境界。道德高尚的人，为了"义"可以舍弃生命、舍弃功名利禄、舍弃自己，成为中华民族仁人义士的做人原则。

正如宋代民族英雄文天祥以身殉国，英勇就义，崇高人格，光耀史册，是为正道直行，舍生取义的典范。

文天祥（1236—1283年），史书写他："体貌丰伟，美皙如玉，秀眉而长目，顾盼烨然。"年二十举进士，点为状元。因正直不阿，在官场受排挤。于南宋危亡之时，文天祥准备以身殉国，奉献家财为军费，招

---

① 《春秋左传正义》"哀公十五年"，《十三经注疏》下册，中华书局1980年版，第2175页。

② 《礼记·檀弓上》，《礼记正义》，《十三经注疏》上册，中华书局1980年版，第1275页。

③ 《春秋左传正义》，《十三经注疏》下册，中华书局1980年版，第2166页、第1838页。

募义师勤王，上疏言“奋发刚断之义”，期望“庶天下忠臣义士将有闻风而起者，义胜者谋立，人众者功济，如此则社稷犹可保也”。①在元军兵临临安之际，文天祥被任命为右丞相，奉命出使议和，却遭到横蛮扣押。文天祥不惧威胁，宁死不屈服，也不为厚禄利诱所动，而想方设法逃脱，联络各地义军坚持抗御元兵，以图兴复；可惜不幸被俘被囚。元朝皇帝宰相多次劝降，许以高官，而文天祥严词拒绝，绝不投降，只愿以死报国。如他在《过零丁洋》诗所写：“人生自古谁无死，留取丹心照汗青。”文天祥在监狱中所作《正气歌》，道出义士真言：

> 天地有正气，杂然赋流形。下则为河岳，上则为日星。于人曰浩然，沛乎塞苍冥。皇路当清夷，含和吐明庭。时穷节乃见，一一垂丹青。在齐太史简，在晋董狐笔。在秦张良椎，在汉苏武节。为严将军头，为嵇侍中血。为张睢阳齿，为颜常山舌。或为辽东帽，清操厉冰雪。或为出师表，鬼神泣壮烈。或为渡江楫，慷慨吞胡羯。或为击贼笏，逆竖头破裂。是气所磅礴，凛烈万古存。当其贯日月，生死安足论。地维赖以立，天柱赖以尊。三纲实系命，道义为之根。嗟予遘阳九，隶也实不力。楚囚缨其冠，传车送穷北。鼎镬甘如饴，求之不可得。阴房阒鬼火，春院閟天黑。牛骥同一皂，鸡栖凤凰食。一朝蒙雾露，分作沟中瘠。如此再寒暑，百沴自辟易。嗟哉沮洳场，为我安乐国。岂有他缪巧，阴阳不能贼。顾此耿耿在，仰视浮云白。悠悠我心悲，苍天曷有极。哲人日已远，典刑在夙昔。风檐展书读，古道照颜色。②

诗中列举齐国太史，晋国董狐，楚囚钟仪，汉代张良、苏武、管

---

① 《宋史·文天祥传》，《二十五史》第八册，上海古籍出版社 1986 年版，第 6592 页。

② 文天祥：《正气歌》，《中国历代文学作品选》朱东润主编，上海古籍出版社 2008 年版，第 300 页。

宁、诸葛亮、严颜，晋代嵇绍、祖逖，唐朝张巡、颜杲卿、段秀实等义士及文天祥本人之巍然正气，令人感奋。

《宋史·文天祥传》记载，文天祥临刑之时从容不迫，视死如归，衣带中有绝笔诗云：“孔曰成仁，孟曰取义，惟其义尽，所以仁至。读圣贤书，所学何事，而今而后，庶几无愧。”表明文天祥身心皆入“成仁取义”的人生境界。史书评赞他：“信大义于天下，不以成败利钝动其心，君子命之曰仁，以其合天理之正，即人心之安尔。”“求仁而得仁。”①文天祥胸怀正气、舍生取义的崇高人格彪炳史册，“丹心照汗青”，成为中华民族精神的代表，高山仰止，景行行止。

三、“循理”“历性”

再说历性循理之真。“历性者，义也。”②(郭店楚简《性自命出》篇)就是说：磨砺性情，砥砺、提高，才能达于“义”。《荀子》：“义者，循理。”对“义德”的肯定，就是对不义的否定，对恶的否定，就是“恶恶”。“循理”禁恶，“历性”尊义。

因此，“义”不仅表征崇高的美德，还表示禁恶历性的公平，公正。子曰：“君子义以为上。君子有勇而无义为乱；小人有勇而无义为盗。”(《论语·阳货》篇)孔子不仅肯定“义”的崇高至上，而且指出“无义”则可能沦为“乱”与“盗”。因此需要否定不义。“义”是善的，好的，是合理合法，是公认的肯定的价值；同时也是罚恶，对恶的惩罚。亦如《国语·晋语》记言：“以其善行，以其恶戒，可谓德义矣。”韦昭注：“善善为德，恶恶为义。”戒恶除害就是“义”。“义”具有其他道德术语未有的杀伐之意。

---

① 《宋史·文天祥传》，《二十五史》第八册，上海古籍出版社 1986 年版，第 6593 页。

② 《尊德义》《性自命出》，《郭店楚墓竹简》，荆门市博物馆编，文物出版社 1998 年版。

如《周易・系辞》说：“禁民为非曰义。”孔颖达《正义》曰：“禁约其民为非僻之事，勿使行恶，是谓之‘义’。‘义’，宜也，言以此行之，而得宜也。”①禁止为恶就是义，就是适宜。

《荀子》指出“义者循理”和“限禁人之为恶与奸”的道理，值得重视。《荀子》是战国后期儒家代表荀况的著作。“义”字在《荀子》中出现有300次以上。荀子将“义”视为人类与非人类的区别。《荀子》写道：“水火有气而无生，草木有生而无知，禽兽有知而无义，人有气、有生、有知，亦且有义，故最为天下贵也。”并分析其缘由：“人能群，彼不能群也。人何以能群？曰：分。分何以能行？曰：义。”(《王制》)荀子还进而指出“义”在人类社会的功能，“夫义者，所以限禁人之为恶与奸者也。”(《强国》)荀子认为，“义”就是禁止有人干坏事为非作歹的道理，是对“恶与奸”的否定。并且分析说：“彼仁者爱人，爱人，故恶人之害之也；义者循理，循理，故恶人之乱之也。彼兵者，所以禁暴除害也。”(《议兵》)其意在于，正因为仁者施爱于人，所以就憎恶别人危害自己；正因为义者遵循道理，所以就憎恶别人扰乱秩序。因此，需要用征伐之兵平息暴乱，消除祸害。循理“恶恶”，不是口头上说说而已，往往是用武力维护正义。同时，“夫义者，内节于人而外节于万物者也。”(《强国》)因此提倡“隆礼贵义”(《议兵》)。期望达到儒家理想的伦理和谐：“贵贵、尊尊、贤贤、老老、长长，义之伦也。”如此，“义，理也，故行。”(《大略》)②

“厉性者，义也。”厉，通“砺”。《荀子》说：“金就砺则利。”(《劝学》)主张磨砺以成人伦之义。“以公义胜私欲”(《修身》)则需要法治。如同亚当・斯密所说，“还有一种美德，对它的尊奉并不取决于我们自己的意愿，它可以用压力强迫人民遵守，谁违背它就会招致愤恨，从而

① 《周易正义》，《十三经注疏》上册，中华书局1980年版，第86页。

② 《荀子》，《百子全书》第一册，岳麓书社1993年版，第152页、第187页、第181页、第223页。

受到惩罚。这种美德就是正义，违背它就是伤害。”①

《管子》说：“至平而止，义也。”②(《水地》篇)公平，才是正义。因而“义”往往涉及法治的公平正义。“恶恶”除害，涉及执法的公平公正，合理合法。

相传我国第一位著名的法官就是虞舜时代的皋陶。他提出选拔官员的“九德”，见于《尚书·皋陶谟》记载，其中包含“强而义”。用九项道德品行选任法官，首先表明皋陶自身公正合义。传说皋陶善理狱讼，遇上疑案，就让独角神羊“獬豸”来决狱，獬豸能分辨曲直是非，以角触不直者，据说从来无误。有意思的是，神羊断案的传说与“义(義)”和“善”字密切相关。繁体“義”和“善”的字形都是羊在上，来源于上古崇尚羊的祭祀文化。

春秋时期晋国大夫叔向，即羊舌肸，就是公平正义的一位清官。《左传》“昭公十四年”记载，叔向曾引用“皋陶之刑”来断案。由于叔向的兄弟叔鱼在处理邢侯与雍子争田的案子时收受了贿赂，惹怒邢侯而导致邢侯擅自杀了叔鱼与雍子。主政的韩宣子询问叔向该怎么治罪？叔向回答：“三人同罪。施生戮死可也。”依据是“《夏书》曰：‘昏、墨、贼，杀。’皋陶之刑也。”于是依法处死邢侯，将三人陈尸示众。史官在此记录了孔子的一段话评论叔向之“义”：

> 仲尼曰：叔向，古之遗直也。治国制刑，不隐于亲。三数叔鱼之恶，不为末减。曰义也夫，可谓直矣。平丘之会，数其贿也。以宽卫国，晋不为暴。归鲁季孙，称其诈也。以宽鲁国，晋不为虐。邢侯之狱，言其贪也。以正刑书，晋不为颇。三言而除三恶，加三利，杀亲益荣，犹义也夫。

---

① [英]亚当·斯密：《道德情操论》，蒋自强等译，商务印书馆2009年版，第98页。

② 《管子·水地》篇，《百子全书》第二册，岳麓书社1993年版，第1358页。

孔子称赞说：叔向的公正保持有古代正义的遗风。他对待亲兄弟叔鱼一视同刑，这就是大义灭亲，秉公无私，这就是真正的“义”啊。

《左传》还记载卫国的老臣石碏大义灭亲的事例。他的儿子石厚跟随公子州吁犯下谋害国君之罪，老父亲石碏劝阻不住，最后只得参与捕杀州吁和石厚，舍弃亲儿子而成其大义。史官评赞说：“君子曰：石碏，纯臣也。恶州吁而厚与焉。大义灭亲，其是之谓乎！”①意为：石碏，真是纯粹的忠臣。憎恶州吁，而不惜舍弃自己的儿子石厚，大义而灭亲，说的就是他啊！（《左传·隐公四年》）

古代“大义灭亲”之例还有墨家钜子腹䵍，钜子是民间墨家的首领。墨家主张以公正除去私怨而符合道义：“举公义，辟私怨。”②(《尚贤》上)《吕氏春秋》记载：“墨者有钜子腹䵍，居秦。其子杀人。秦惠王曰：先生之年长矣，非有它子也。寡人已令吏弗诛矣。”然而腹䵍弗许。对曰：“墨者之法曰：杀人者死，伤人者刑，此所以禁杀伤人也。夫禁杀伤人者，天下之大义也。”《吕氏春秋》之《孟春纪·去私》评论说：“子，人之所私也。忍所私以行大义。钜子可谓公矣。”③

汉初《素书》传为黄石公所授张良之书。其中有言：“义者，人之所宜，赏善罚恶，以立功立事。”④宋代张商英注解说：理之所在，谓之义；顺理决断，所以行义。赏善罚恶，公平公正，因此“义足以得众”。英国学者所著《剑桥中国秦汉史》认为：“义，此词与欧洲公平的概念最为接近。”⑤这是因为，人们认同“义”，就在于处事公平，合乎道理。

在中国老百姓心目中，铁面无私的包公，就是公平正义的化身。包公，名拯，是宋仁宗时的进士，曾知开封府，任监察御史、大理寺卿。

---

① 《春秋左传正义》，《十三经注疏》下册，中华书局 1980 年版，第 2076 页，第 1726 页。

② 《墨子·尚贤上》，《百子全书》第三册，岳麓书社 1993 年版，第 2375 页。

③ 《吕氏春秋集释》卷一，“孟春纪·去私”，中国书店 1985 年版，第 20 页。

④ 《素书》，《百子全书》第二册，岳麓书社 1993 年版，第 1178 页。

⑤ ［英］崔瑞德、鲁惟一著，费正清主编：《剑桥中国秦汉史》，中国社会科学出版社 1992 年版，第 753 页。

包拯为官清正廉洁，刚正不阿，性不苟合，从不以伪辞悦人，生平无私心人情，居家简约，在盛产端砚的端州任知州“不持一砚归”，被誉为“包青天”。《宋史·包拯传》卷316载：“拯立朝刚毅，贵戚宦官为之敛手，闻者皆惮之。人以包拯笑比黄河清，童稚妇女，亦知其名，呼曰包待制。京师为之语曰：‘关节不到，有阎罗包老。’”①宋代民间就开始流传包公断案的故事，元杂剧中已见《包待制三勘蝴蝶梦》《灰阑记》等包公戏，宋元话本有《合同文字记》《三现身包龙图断冤》等说书故事，以后又出现《打龙袍》《铡美案》等戏剧和《三侠五义》等描写包公断案的小说。千百年来，民间传奇戏剧小说不断传播包公的故事，维护公平，伸张正义，不附权贵，表达了平民百姓的善良愿望。在民间戏曲故事中传播流行着，一个红脸的关公，一个黑脸的包公，都是正义的化身。这的确是文化传播中的一种现象，值得关注。

然而历史上不公平、不义的现象太多，人们往往期望上天神灵来主持世间公平正义。如《墨子》所言“义果自天出”②，如《国语》所记载“民神之义”，借助上天神灵崇拜来否定君权无道。《国语·周语》有“太子晋谏灵王壅谷水”一节，曾提出不同于周王之义的“民神之义”。事出自周灵王二十二年，即公元前550年，洛水暴涨，将要淹毁王宫，周灵王下令堵截水流，太子晋劝谏说：“不可。”太子晋以往古“共、鲧之败”的历史教训指出：“唯不帅天地之度，不顺四时之序，不度民神之义，不仪生物之则，以殄灭无胤。”大意为：“由于不遵循天地的法度，不顺应四季的时序，不领会民神的义旨，不取法生物的规则，所以绝灭无后。”太子晋主张厘举嘉义，“度于天地而顺于时动，和于民神而仪于物则”。③意思是秉遗训，行大义，只有效法天地，顺应时序，和悦民神义旨，依照生物法则，方能复兴夏禹之功。然而在君王至上的古代社会，

---

① 《宋史·包拯传》卷316，《二十五史》第八册，上海古籍出版社1986年版，第6334页。

② 《墨子·天志中》，《百子全书》第三册，岳麓书社1993年版，第2419页。

③ 《国语·周语》，《国语》，上海古籍出版社2015年版，第66页。

一切以君王意志为取舍，像太子晋这样体贴民心尊奉民神者不过凤毛麟角。周灵王一怒，将他废为庶人。不久抑郁而终。太子晋，字子乔，又称王子乔。得民心者，老百姓尊奉为神仙。民间传说，王子乔乘白鹤成仙而去。可见平民之义不同于君王之义。

四、“义者，宜也”

“义”还有多方之善。“义，宜也。”拥有纵横时空的广泛与久远，“义”常常解释为适宜、适合、适当，人的行为合乎情理，合适恰当，指处理人际关系的法则、方式得当。

《论语·里仁》篇记述孔子语：“君子之于天下也，无适也，无莫也，义之与比。”意思是：君子对于天下的人和事，没有固定的模式，不限于厚薄亲疏，只是按照适当的理义去交往，通权达变，唯义是从。由此亦可理解“义”就是适宜、通变与妥当。《学而》篇记载，“有子曰：信近于义，言可复也。”意为守信之言符合义，说的话就能兑现。

《周易·文言》曰：“利者，义之和也。”接着说：“利物，足以和义。”这是《易传》对《周易》“四德”“元亨利贞”的解说。孔颖达“正义”曰：“利者义之和者，言天能利益庶物，使物各得其宜，而和同也。”“利物足以和义者，言君子利益万物，使物各得其宜，足以和合于义，法天之利也。”①即以“各得其宜”来解释“义”。

《礼记·中庸》的诠释简捷明确：“义者，宜也。尊贤为大。”②释意为，“义”就是适宜得当，最重要的是尊敬贤德。与郭店楚简“尊德义”之说一致。郭店楚简《语丛三》记载：“义，宜也。”又说：“义，德之进也。”“义，善之方也。”都以适宜来解说“义”，并且都不忘把它放在道德语境中来诠释，关注到“贤”的尊崇、“德”的引领、“善”的法则。

---

① 《周易正义》，《十三经注疏》上册，中华书局1980年版，第15页。

② 《礼记正义》，《十三经注疏》下册，中华书局1980年版，第1629页。

如《后汉书·种岱传》记载：“仁义兴则道德昌，道德昌则政化明。”①亦如古希腊亚里士多德所说：“一切德性通过习惯而生成，通过习惯而毁灭，人们通过相应的现实活动而具有某种品质。”②又如东汉学者刘熙的训诂学著作《释名》解释：“义，宜也。制裁事物使合宜也。”认为“义”就是适宜，处理各种事物合适得宜。《晋书·熊远传》也道：“人心所归，惟道与义。”③

于是，“义”字常组合为义士、义举、义师、义务、正义、起义、结义、就义、情义、恩义、道义、德义、义正辞严、义不容辞、义重恩深、大义凛然、见义勇为、成仁取义、侠肝义胆、仗义执言等数以百计的词语和成语。历来都称言“义”是值得肯定的道德价值，体现着美善之德，群善之蕝。

春秋时期的政治家常论及“义”德。例如《左传》“成公十六年”记录楚国贤臣申叔时之语，将“德”与“义”并列，说：“德、刑、祥、义、礼、信：战之器也。德以施惠，刑以正邪，详以事神，义以建利，礼以顺时，信以守物。”申叔时认为“德行、刑法、吉祥、道义、礼制、信用”这六项是战争取胜的必要条件。其中“德以施惠”，德行是看能否施予恩惠；“义以建利”，道义是看能否达成利益。④这段话是申叔时对子反之问的回答，分析了当时楚军的不利条件，反映楚国政治所体现的道德状况。申叔时劝阻楚军主将司马子反。而子反不听，果然战败。

还有《管子》一书也以“适宜”论“义”。其《心术》篇说：“义者，谓各处其宜也。”意为：所谓义，说的是各行其宜。其中多处论述到“义”。前面已说到《管子》的“礼、义、廉、耻”四维说，以及“至平”的观点。

---

① 《后汉书》卷八十六，《二十五史》第二册，上海古籍出版社 1986 年版，第 963 页。

② 亚里士多德：《尼各马科伦理学》，苗力田译，中国社会科学出版社 1992 年版，第 25 页。

③ 《晋书》卷七十一，《二十五史》第二册，上海古籍出版社 1986 年版，第 1464 页。

④ 《春秋左传正义》，《十三经注疏》下册，中华书局 1980 年版，第 1917 页。

《管子》曾赞美：“德义者，行之美者也。”(《形势解》篇)并且用七组八言描述“义”的重要性：“义有七体，七体者何？曰：孝悌慈惠，以养亲戚。恭敬忠信，以事君上。中正比宜，以行礼节。整齐撙诎，以辟刑僇。纤啬省用，以备饥馑。敦懞纯固，以备祸乱。和协辑睦，以备寇戎。凡此七者，义之体也。”《管子》认为：“夫民必知义然后中正，中正然后和调，和调乃能处安，处安然后动威，动威乃可以战胜而守固，故曰义不可不行也。”(《管子·五辅》)①

春秋时期的名相还有郑国的子产，是一位善于适宜为政，有德有义的贤才。

孔子曾多次称赞子产，如《论语·宪问》篇记载，孔子评价子产为“惠人也。”即有义有德之人。孔子还称赞子产是写文章的“润色”高手。子曰：“为命，裨谌草创之，世叔讨论之，行人子羽修饰之，东里子产润色之。”(《宪问》篇)再如《公冶长》篇记载，孔子曾称赞子产“有君子之道四焉：其行己也恭，其事上也敬，其养民也惠，其使民也义”。孔子认为，子产合于君子之道有四个方面：一是处事行为恭谨，二是尊敬国君，三是让老百姓生活得到实惠，四是用人适当，合乎理义。

据《左传》“襄公十年”记载，年轻时的子产就显示出有德义有才干。公元前563年(郑简公三年)，郑国发生叛乱，“子产闻盗，为门者，庀群司，闭府库，慎闭藏，完守备。成列而后出兵，车十七乘。尸而攻盗于北宫”。②意为，当时子产听说有叛乱，就赶紧设置守门警卫，配齐所有的官员，关闭档案库，慎重收藏，在完成防守准备之后，让士兵排成行列再出动，调动了战车17辆。先收殓他父亲的尸骨，再攻打北宫的叛乱者而平叛。面对国难家祸，子产不慌不忙，有条有理地参与平叛，展示出义勇与才干。

十多年后，子产在郑国执政，力行改革，三年即见效，老百姓作歌

---

① 《管子》，《百子全书》第二册，岳麓书社1993年版，第1353页、第1397页、第1284页。

② 《春秋左传正义》，《十三经注疏》下册，中华书局1980年版，第1948页。

唱道：“我有子弟，子产诲之；我有田畴，子产殖之。子产而死，谁其嗣之？”（《左传》“襄公三十年”）意为：“我家的子弟，有子产教育好；我家的农田，靠子产栽种好；子产如果不在，谁能够继续？”又如《左传》“襄公三十一年”记载“子产不毁乡校”，孔子闻之，曰：“以是观之，人谓子产不仁，吾不信也。”

当时的郑国处于晋、楚两大国之间，子产在郑国执政采取亲晋、和楚的方略，并且在与晋、楚两大国交往时能够不卑不亢，尽力维护本国利益。譬如晋国称霸，郑国则苦于“币重”，贡品重。为了减少郑国的赋贡，公元前549年，子产专门写了一封书信给晋国执政者范宣子，赞美道：“夫令名，德之舆也。德，国家之基也。”且“有德则乐，乐则能久”。就是说，美好的名声是德行的车舆；德行是国家的基础。有德行才能快乐，快乐才能持久。从而劝导晋国贵“令名”而减“重币”。书信“子产告范宣子轻币”果然产生效果，“宣子悦，乃轻币”。（《左传》“襄公二十四年”）

多年后，即公元前529年，晋国主持平丘会盟，子产一面称赞“诸侯靖兵，好以为事”，一面为进贡物品的轻重次序与晋国交涉，“自日中以争，至于昏。晋人许之”，即从中午争论至晚上，终于再次得以为郑国减轻赋贡。（《左传》昭公十三年）“子产于是行也，足以为国基矣。”就是说，子产足以成为国家的栋梁柱石了。七年后，子产去世。孔子闻而“出涕曰：古之遗爱也。”（《左传》“昭公二十年”）

春秋时期与子产并称的贤臣还有齐国的上大夫晏婴，即晏子。《左传》“昭公十年”记述有晏子语：“利不可强，思义为愈。义，利之本也。”意为：利益是不能强要的，时时想着道义才能超过别人。道义，才是利益的根本。”①

今存《晏子春秋》一书，记录晏子言行。其中《内篇谏下》有“景公冬

---

① 《春秋左传正义》，《十三经注疏》下册，中华书局1980年版，第2014页、第2016页、第1979页、第2073页、第2095页、第2059页。

起大台之役晏子谏”一则，写道：“景公使国人起大台之役，岁寒不已，冻馁之者乡有焉。国人望晏子。”晏子出使归国，向齐景公汇报之后，景公赐酒乐。晏子作歌曰：“庶民之言曰：‘冻水洗我，若之何！太上靡散我，若之何！’歌终，喟然叹而流涕。公就止之曰：‘夫子曷为至此？殆为大台之役夫？寡人将速罢之。’”而晏子到大台执鞭落得“助天为虐”之骂名。君令罢役。“仲尼闻之，喟然叹曰：‘古之善为人臣者，声名归之君，祸灾归之身，入则切磋其君之不善，出则高誉其君之德义，是以虽事惰君，能使垂衣裳，朝诸侯，不敢伐其功。当此道者，其晏子是耶！”在儒家看来，不正面批评君主，而委婉地向君主传达民生疾苦乃是适宜之“义”。《晏子春秋·内篇谏上》又记述晏子劝导国君：“导之以义而勿湛于利。长少行其道，宗孽得其伦。”①亦以适宜为“义”。

战国后期成书的《吕氏春秋》为吕不韦集门客所编，被称为杂家著作，其中存有一些可贵的见解。譬如：“义也者，万事之纪也。”②可以说，“义”是万事万物的法则。

以上三个部分，从“义”所具有的崇高尊德之美、厉性“恶恶”之真、多方适宜之善，展开探讨，现在再来简要概括一下。

“义”，首先是崇德、尊贤，是正直，正当，正确，正义，道德高尚，正道直行，能舍生取义，具有崇高之美。

其次，“义”是循理，厉性，公平，公正，合理，合法，“义”是对不义的否定，具有禁恶除害之真。

同时，“义”为适宜、适合、适当，义之和，德之进，善之方，合乎情理，适得其宜，具有多方之善。

“义”的真善美的含意是交相兼通的。既有正直崇高之义，又有公平合理之善，也包含适宜得当之美，是值得肯定的道德价值。“义”就

---

① 吴则虞编：《晏子春秋集释》上册，中华书局 1962 年版，第 111 页、第 39 页。

② 《吕氏春秋集释》卷八，《仲秋纪·论威》，中国书店 1985 年版，第 4 页。

是一种美善之德，群善之蕝。郭店楚简《性自命出》说：“君子美其情，贵其义，善其节，好其容，乐其道，悦其教，是以敬焉。”既以“义”为贵，故曰：“义也者，群善之蕝也。”①“群善”当指各种道德规范和行为准则的总和。据《说文解字》：“蕝，朝会束茅表位曰蕝。从艹，绝声。春秋《国语》曰：致茅蕝表坐。”②蕝，有“标志、表征”的意思。此句以群善美德解说“义”，有概括总结之意，可以说，“义”是群善之极，至善之征，是各种美德善行的集中表征。

五、另眼看“义”

本章所论“义”德，主要参照儒家经典，而春秋战国时代百家争鸣，亦有不同声音、不同眼光。司马迁《史记·太史公自序》引其父司马谈《论六家之要指》提到“阴阳、儒、墨、名、法、道德”六家。班固《汉书·艺文志》则列举到“儒家、道家、阴阳家、法家、名家、墨家、纵横家、杂家”等各家著作。各家各派学说不一，但都认定“义”的重要价值与运用广泛性，当为中华文化最有代表性的关键词之一。这里仅简介几条有关道家、墨家、法家、纵横家以及后来的佛家看待“义”的不同观点，略述如次。

1. 道家评论“义”

道家是先秦重要学派之一，以《老子》(《道德经》)、《庄子》为经典。先秦老聃的《老子》和庄周的《庄子》被列为子书，但道家视为经典，称为《道德经》《南华经》。曾有疑古派学者猜测《老子》是汉代以后的伪作，然而战国时期楚简《老子》的出土证实了先秦道家文本的存在。道家之学以“道”为关键词，因与儒家相对，常批评儒家，认为不需要“仁义”。例如老聃《老子》第十八章说：“大道废，有仁义。”意为，崇高的

① 郭沂：《〈性自命出〉校释》，《管子学刊》2014年第4期。

② 许慎：《说文解字》，中华书局1963年版，第24页。

道被废弛了，才有“仁”和“义”。再如第十九章说：“绝仁弃义，民复孝慈。”认为弃绝“仁义”会更好，主张回到无所谓仁义的原始时代。第三十八章又说：“失道而后德，失德而后仁，失仁而后义。”①认为丧失了“道、德”，才出现“仁、义”。细观《老子》的批评，可见并没有完全否定“仁义”，而是为了弘扬道家的“道”，就说“仁、义”次于“道、德”而已。

而《庄子》常常讽刺儒家的“仁义”，其《骈拇》篇嘲笑儒家迂腐地“奔命于仁义”，假仁假义，“以仁义易其性与”？“仁义其非人情乎！”其《去箧》篇一针见血地指出社会的不公正：“彼窃钩者诛，窃国者为诸侯，诸侯之门而仁义存焉。”其《庚桑楚》篇借南荣趎揭示“仁义”所处的矛盾：“不仁则害人，仁则反愁我身；不义则伤彼，义则反愁我己。”其《天地》篇主张复归无所谓“仁”与“义”的原始时代。其《马蹄》篇批评儒家“毁道德以行仁义，圣人之过也。”将“仁义”和“道德”对立起来。然而《庄子》也不完全排斥“义”，有时也自然用到一般性的“义”字。例如《庄子·至乐》篇说：“名止于实，义设于适，是之谓条达而福持。”意思是，名声符合实际，义理得当适宜，方能条理通达而有福。《庄子·齐物论》提到宇宙间本来就“有左，有右，有伦，有义，有分，有辩，有竞，有争，此之谓八德。”②

2. 墨子“事鬼神”而“贵义”

墨家是战国时期影响深广的显学之一，《韩非子》说：“世之显学，儒、墨也。”墨家创始人墨子即墨翟，代表作《墨子》一书传为墨家弟子记录墨子事迹与学说的著作。

墨子提倡“兼爱”，《兼爱》篇反对“强之劫弱”，“贵之傲贱”，《非儒》篇批评孔子“羸饱伪行以自饰”。墨子“贵义”，《墨子》书中有一篇

---

① 任继愈译：《老子新译》，上海古籍出版社 1985 年版，第 98 页、第 99 页、第 142 页。

② 《庄子》，《庄子解》，王夫之解，中华书局 1964 年版，依次见于第 79 页、第 87 页、第 200 页、第 83 页、第 152 页、第 23 页。

就题为《贵义》，提出：“万事莫贵于义。”认为世间万事万物没有比“义”更可贵的。然而墨子的“义”与儒家之“义”并不完全相同。墨子主张“利于天、鬼、百姓者为之”，批评“世之君子欲其义成而助之修其身则愠。”(《贵义》篇)而《墨子·天志》篇说：“义者，正也。”《墨子·经上》篇又说：“义，利也。”墨子的“义”是对天下做有益的事，其《耕柱》篇说：“义可以利人，故曰：义，天下之良宝也。”墨子认定“天为贵，天为知”“义果自天出”(《天志中》)，认“义，志以天下为芬，而能能利之。”(《经说上》篇)。因而墨子主张“兴利除害”，“一同天下之义”：“是以率天下之万民，斋戒沐浴，洁为酒醴粢盛，以祭祀天、鬼。其事鬼神也。”如是“天、鬼之福可得也。”①墨子将达成“义”之“正”与“利”的愿望寄托于对上天与鬼神的崇拜，带有原始宗教倾向。

3. 法家批评“义”

这里仅以法家代表人物韩非的著作《韩非子》为例，简述法家对“义”的批评。

战国后期韩非子专为君王出谋献策，认为“仁人”“君子”不利于集权统治。其《五蠹》篇批评“儒以文乱法”。其《八说》篇竟然提出“明君之道，贱德义，贵法术。”《韩非子》举宋襄公与楚军作战之例批评“仁义之祸”，当时宋国的将军主张乘楚军渡河半涉之际发动攻击，但是宋襄公“为义”而不许，曰：“不推人于险，不迫人于阨，不鼓不成列。今楚未济而击之，害义。”结果兵败身死。韩非子评论说：此乃“仁义之祸”。(《外储说左上》篇)韩非子认为“美仁义之名而不察其实，是以大者国亡身死，小者地削主卑。”因此，“吾以是明仁义爱惠之不足用，而严刑重罚之可以治国也。”(《奸劫弑臣》篇)

然而《韩非子》也没有完全否定“义”。韩非肯定“公义”“信义”，他批评的是私义：“私义行则乱，公义行则治。”以“明法制，去私恩”为

---

① 《墨子》，《百子全书》第三册，岳麓书社 1993 年版，第 2379 页、第 2448 页、第 2475 页、第 2423 页、第 2449 页、第 2471 页、第 2419 页、第 2452 页、第 2386 页。

“人主之公义”。(《饰邪》篇)他还批评“倒义而逆德”，说：“倒义，则事之所以败也；逆德，则怨之所以聚也。”(《难四》篇)《韩非子》说“信义，则近亲劝勉而远者归之矣。”(《外储说左上》篇)又说：“古之听清徵者，皆有德义之君也。”(《十过》篇)其中不免前后自相矛盾。《韩非子》说：“义者，谓其宜也，宜而为之。”(《解老》篇)认为“义”，就是处事适宜，适宜的事才去做。但同时又说“臣事君宜，下怀上宜，子事父宜。”①说到底，韩非表达的是只为君王而谈义论法的价值取向。

4. 战国策士“市义”

据《战国策》所记，战国策士曾有“市义”一说。《战国策》是辑录战国时期纵横家及策士的言谈、策略与事迹的一部史书。《战国策》中的《齐策》有《冯谖客孟尝君》一篇，讲述了一个“市义”的故事。在战国时期的策士看来，可以“市义”，“义”是可以买的。

孟尝君田文是战国时期以养士著称的“四公子”之一，“其食客三千人”。曾歌唱“长铗归来”的门客冯谖自告奋勇，替孟尝君到其封地薛邑去收债。冯谖临行时问道：“责毕收，以何市而反?”就是问“债款收齐了，用它买些什么回来?”孟尝君回答：“视吾家所寡有者。”意为“看我家缺少什么就买什么。”于是，冯谖去收债之时用孟尝君名义把债款送给了老百姓，因而很快就回来了。孟尝君问他买了什么回来了?

冯谖答道：“君云‘视吾家所寡有者’。臣窃计，君宫中积珍宝，狗马实外厩，美人充下陈。君家所寡有者，以义耳！窃以为君市义。”我“窃矫君命，以责赐诸民，因烧其券，民称万岁。乃臣所以为君市义也。”

冯谖回答孟尝君的话大意是：您说，看我家缺少什么就买什么。我私下看，您的宫中多的是珠宝，多的是家畜，多的是美女。您家里缺少的就只是“恩义”罢。于是我用债款给您买了“恩义”。我私自用您的名

---

① 《韩非子》，《百子全书》第二册，岳麓书社 1993 年版，依次见于第 1790 页、第 1782 页、第 1729 页、第 1668 页、第 1677 页、第 1766 页、第 1730 页、第 1653 页、第 1678 页。

义，把债款送给了欠债的百姓，当着他们烧了那些借契。老百姓都高呼万岁，这就是我给您买的“恩义”啊。

孟尝君当时不高兴，然而当他退休后回到封地薛邑。老百姓感恩戴德，“扶老携幼，迎君道中。”孟尝君此时才明白“市义”的好处，最终称赞冯谖说：“先生所为文市义者，乃今日见之。”①意为：先生您当年为我买的“义”，今天终于看到了。

冯谖所谓“市义”，是指用钱财收买人心，不过是纵横家之言，并不合正统观念。“义”是比生命更重要的正义，岂能买到？故此例乃演变中的另类特例而已。

5. 佛禅译经之“义”

佛教自东汉传入中国之后，翻译了大量佛经。译经中常用到“义”字，且滋生了佛义、教义、三句义、五义、第一义、了义、不了义、义谛等众多专门术语。用于译经，亦见于中国化的佛学著作中。

例如东晋时期的高僧、鸠摩罗什的弟子僧肇所著《肇论》曰：“本无、实相、法性、性空、缘会，一义耳。”(《肇论·宗本义》)又说：“欲言其有，有非真生；欲言其无，事象既形。象形不即无，非真非实有。然则不真空义，显于兹矣。”(《肇论·不真空论》)鸠摩罗什称许僧肇道：“秦人解空第一者，僧肇其人也。”②

传说慧能创立禅宗南宗，即中国化的佛教禅宗。慧能被称为“六祖”，其弟子法海集记慧能语录的《坛经》一书堪称中国化的佛教经典。其中也用到“义”来讲经：“何名‘波罗蜜’？此是西国梵音，唐言彼岸到，解义离生灭。”又如：“能善分别相，第一义不动，但作如此见，即

---

① 《冯谖客孟尝君》，《古代散文选》上册，人民教育出版社1963年版，第40页。

② 石峻等编：《中国佛教思想资料选编》第一卷，中华书局1981年版，第141页、第146页、第140页。

是真如用。”①所谓“第一义”，亦称“真谛”，乃佛教所指彻底圆满的真理，真实的道理与意义。认为由圣智自觉了悟，非妄想可得。

宋代普济所编《五灯会元》中所用“义”较多，达400多次。例如，其中记六祖慧能禅师早年闻尼无尽藏者读《涅槃经》，“师暂听之，即为解说其义，尼遂执卷问字。祖曰：“字即不识，义即请问。”尼曰：“字尚不识，曷能会义？”祖曰：“诸佛妙理，非关文字。”（《五灯会元·卷一》）再如《五灯会元》卷二记载唐代保唐寺无住禅师答相国杜鸿渐问。杜问：“何名第一义？第一义者，从何次第得入？”师曰：“第一义无有次第，亦无出入。世谛一切有，第一义即无。诸法无性性，说名第一义。佛言有法名俗谛，无性第一义。”②（《五灯会元·卷二》）

佛教经典义理与中国上古传统文化思想显然不同，却能借用中国传统的“义”字译经，解说佛教经义，也表明“义”字的灵活性、兼通性。

---

① 慧能著，郭朋校释：《坛经校释》，中华书局1983年版，第51页、第101页。

② 普济著，苏渊雷点校：《五灯会元》上册，中华书局1984年版，第53页、第82页。

第四章 “义”与“仁”

一千二百多年前，唐代韩愈的《原道》就开宗明义：“博爱之谓仁，行而宜之之谓义。由是而之焉之谓道，足乎已无待于外之谓德。”①简明扼要地指出“仁”与“义”的关系。在二千一百多年前，汉代贾谊的《过秦论》批评秦亡于“仁义不施”。一语中的。给我们留下了深广的讨论空间。

或言孔子之学就是“仁学”，或称儒家孔孟之道为“仁义之道”，“仁”与“义”乃是中国古代道德文化的关键词。我们讨论“义”就必须“依于仁”，深入领会“仁”心，更能阐明“义”理。

一、开创仁学

在世界的轴心时代创立学说，开启学派，一直影响至今的文化伟人，排在首位的就是中国的孔子。孔子的学说被称为儒学、仁学，甚至被称为孔教，并非宗教而似宗教。孔子学说的核心范畴是“仁”，或者说是“仁”与“义”，以及“礼”“知”“信”等关键词，首要的关键词是“仁”。

1. 仁字考原

“仁”是一个古老的汉字。据许慎《说文解字》：“仁，亲也。从人，从二。忎，古文仁从千心。𡰥，古文仁，或从尸。”②

---

① 《原道》，《韩愈文选》，人民文学出版社 1980 年版，第 216 页。

② 许慎：《说文解字》，中华书局 1963 年版，第 161 页。

中山王鼎“仁”字

古文“仁”字

篆书“仁”字

60 年代出版的《甲骨文编》和 80 年代初出版的《甲骨文合集》，已收录了甲骨文“仁”字。①然而学术界颇有不同意见，郭沫若曾说：“我们在春秋以前的真正古书里面找不出这个字，在金文和甲骨文里也找不出这个字。”②此后，70 年代出土的“中山王鼎”上面发现有金文“仁”字，其铭文曰：“亡不率仁，敬顺天德。”③属孔子之后，战国时期的作品。

90 年代出土的郭店楚简，其上发现“大约有将近 70 个‘仁’字”④，大多写为上身下心的字形结构，如“忎”，属于战国时期的文献。

如今写作单人旁的“仁”字，古文为上千下心“忎”字，学者们认为“忎”就是“仁”，乃是上身下心字形的省变⑤。如下面字形。

郭店楚简“仁”字

《说文》古文“仁”字

---

① 中国社会科学院考古研究所编：《甲骨文编》，中华书局 1965 年版，第 339 页。中国社会科学院历史研究所编：《甲骨文合集》，中华书局 1978—1982 年版，第 303 页。

② 郭沫若：《十批判书》，人民出版社 1954 年版，第 75 页。

③ 《河北省平山县战国时期中山国墓葬发掘简报》，《文物》1979 年第 1 期。

④ 庞朴：《“仁”字臆断》，《寻根》2001 年第 1 期。

⑤ 白奚：《“仁”字古文考辨》，《中国哲学史》2000 年第 3 期。

再看传世古籍，春秋时期以前“仁”字出现极少。清代经学家阮元说：“仁字不见于虞夏商周《书》及《诗》三《颂》《易》卦爻辞之内，似周初有此言而尚无此字。”①诚然，在早期文献《周易》经文、《春秋》经文中都没有“仁”字，仅《诗经》出现“仁”字 2 次，《尚书》与《周礼》各出现 1 次。

《诗经》咏及“仁”，意为仁爱。一是《郑风·叔于田》的赞美辞：“不如叔也，洵美且仁。”句中“仁”意为仁爱。诗句说：谁都比不上阿叔啊，实在是俊美又仁爱。二是《齐风·卢令》中的“卢令令，其人美且仁”，② 意为：猎犬铃铛响，猎人又帅又仁爱。

亦如马克斯·韦伯所说：“我们愈往上溯，愈能发现中国人及中国文化与西方的种种相似之处。”③这种相似之一就是对人的赞美。

在较可信的今文《尚书》中，只有《周书·金滕》一篇记载周公祈祷辞用到“仁”字。曰：“予仁若考，能多材多艺，能事鬼神。”郑注：“仁能顺父。”④“仁”乃“顺从父辈”之意。此句是说，周公仁爱孝顺，又多才多艺，能够奉事鬼神。

另外，古文《尚书》的《商书·仲虺之诰》可见“克宽克仁”，《商书·太甲下》可见“怀于有仁”，《周书·武成》可见“既获仁人”，《周书·泰誓中》可见“虽有周亲不如仁人”，但这四处提到的“仁”字尚不能确证为商周时期之作。

篇幅繁多的《周礼》仅在《地官·司徒》中出现 1 次“仁”字：“一曰六德：知、仁、圣、义、忠、和。”⑤如此寥寥偶见。还来不及阐释论说。

---

① 阮元：《论语论仁论》，《研经室集》，中华书局 1993 年版，第 179 页。

② 《诗经》，《诗集传》，上海古籍出版社 1980 年版，第 48 页、第 61 页。

③ [德]马克斯·韦伯：《儒教与道教》，康乐、简惠美译，广西师范大学出版社 2004 年版，第 314 页。

④ 《尚书正义》，《十三经注疏》上册，中华书局 1980 年版，第 196 页。

⑤ 《周礼注疏》，《十三经注疏》上册，中华书局 1980 年版，第 707 页。

人的道德品行早已为中华前贤所关注，但早期还没有运用"仁"字来表示。例如《尚书·皋陶谟》所载"九德"："宽而栗，柔而立，愿而恭，乱而敬，扰而毅，直而温，简而廉，刚而塞，强而义。"尚无"仁"字。另有《逸周书·宝典解》"九德"："孝、悌、慈惠、忠恕、中正、恭逊、宽弘、温直、谦武。"以及《逸周书·常训解》所言："九德：忠、信、敬、刚、柔、和、固、贞、顺。"①都还没有用到"仁"字。

从传世古籍的记载和出土文献的考察，都可知"仁"字在孔子之前极为少见，还没有引起足够重视，或者说还没有运用"仁"作为关键词来表达需要高度肯定的文化道德观念。

2. 孔子创"仁学"

从不够重视"仁"字，到高度重视"仁"字的转折点正是孔子。记录孔子言行的《论语》只有一万多字就出现100多次"仁"字。而春秋时期其他古籍中的"仁"字寥寥少见。从统计数字的比较来看，就可见"仁"是表达孔子思想的关键词。

孔子(公元前551—前479年)，名丘，字仲尼，生活在春秋晚期。在孔子之前，中华文明经过了蒙昧蒿莱，筚路蓝缕，数千年的历程，虞、夏、商、周一代一代更迭的社会变迁，已生发道德观念和社会建构，但还没有系统的学术思想与独立的学派学说。集大成而创立系统学说的历史使命降临到轴心时代的孔子等一批先知身上。孟子称颂孔子说："孔子之谓集大成，集大成也者，金声而玉振之也。"②(《孟子·万章下》)"集大成"就是赞颂孔子汇集了此前文化的精华，创立以"仁"与"义"为核心关键词的儒家学说，即如金钟玉磬和鸣的宏伟音乐一般的伟业。

孔子"集大成"，首先体现于将"仁"德提升为人生首要的德行。在春秋战国时代，诸侯纷争，私欲泛滥。孔子感到社会心理危机，提倡以

---

① 《逸周书汇校集注》，上海古籍出版社1995年版，第302页、第56页。

② 朱熹注：《孟子》，上海古籍出版社1987年版，第76页。

“仁”为中心的学说。他指出人生不仅仅是一种物质存在，也是一种精神存在；人生在世，需要特别关注的是品质健康。

正是孔子高度集中提炼前人所言美德因素，提出以“仁”为核心的学说，将“仁”德提升为人生首要的德行，论及“求仁”“志于仁”“安仁”“处仁”“亲仁”“里仁为美”“天下归仁”等一系列创新的观点，不仅给理想的道德品质定向，而且具有给理想的社会治理定向的意义，是之谓“集大成”。

其次，孔子集大成，是将商代“亲亲”与周代“尊尊”融合起来，集殷商与周代伦理之大成，倡导以“仁”为核心的伦理制度，贯通仁德与仁政，期望建立既遵从礼教又讲亲情之爱的理想社会。“亲亲、尊尊”之语见于《礼记》：“亲亲也，尊尊也，长长也。”①(《礼记·大传》)意为：亲近亲人，遵从上级，敬重年长者。又见于《淮南子·齐俗训》：“昔太公望、周公旦受封而相见，太公问周公曰：‘何以治鲁？’周公曰：‘尊尊、亲亲。’”②班固《汉书·地理志》也有记载：“周公始封，太公问‘何以治鲁？’周公曰：‘尊尊而亲亲。’”③

据《史记·梁孝王世家》记载：汉景帝时封其弟为梁王，母亲窦太后对景帝说：“吾闻殷道亲亲，周道尊尊，其义一也。”景帝闻言后另召袁盎等大臣通经术者咨询。袁盎等曰：“殷道亲亲者，立弟。周道尊尊者，立子。殷道质，质者法天，亲其所亲，故立弟。周道文，文者法地，尊者敬也，敬其本始，故立长子。”④

就是说，殷商的王位继承以骨肉亲情放在第一位，实行“兄终弟及”制，君王去世，常由兄弟继承王位，故曰“殷道亲亲”。而帝王的儿

---

① 《礼记正义》，《十三经注疏》下册，中华书局1980年版，第1506页。

② 《淮南子·齐俗训》，《淮南鸿烈集解》，中华书局1989年版，第346页。

③ 班固：《汉书·地理志》，《二十五史》第一册，上海古籍出版社1986年版，第523页。

④ 《史记·梁孝王世家》第六册，司马迁《史记》，中华书局1959年版，第2091页。

子多，为避免兄弟子侄争夺王位的矛盾，周朝改变为嫡长子继承制，将本家族的长治久安放在第一位，故曰“周道尊尊”。汉景帝时窦太后宠爱幼子，希望恢复殷商“兄终弟及”制，让梁孝王继承景帝皇位，被“通经术”的学者否定，实际上周秦以后的王朝实行的都是嫡长子继承制。

孔子显然肯定周代“尊尊”继承制而又期望融入殷商“亲亲”的内涵。《论语》记载，子曰：“殷因于夏礼，所损益，可知也；周因于殷礼，所损益，可知也。”(《为政》篇)孔子又说：“周监于二代，郁郁乎文哉，吾从周。”(《八佾》篇)孔子主张“从周”“继周”，即遵从周代以祖宗嫡长为尊的礼制，又吸收以殷商以血缘亲族为亲的传统。“君子笃于亲，则民兴于仁。”(《泰伯》篇)按照孔子的主张，“尊尊”又“亲亲”，注重人与亲人、人与他人、人与群体的和睦关系，“泛爱众，而亲仁”(《学而》篇)，形成良好的社会伦理，建立既遵从礼教又讲亲情之爱的理想社会。

再次，孔子集大成，体现于孔子倡导“成仁”，颂扬“仁”德君子的人格美，由此归纳为“仁”道，并提出：“克己复礼为仁。”(《颜渊》篇)“克己复礼”，即以个人服从群体来树立人伦规范，协调人与人的关系以实现社会和睦；人与人和谐相处，结合成有伦有序的群体；结成符合人伦关系的群体，每个人确认自己的社会身份，承担自己的社会职责，“老者安之，朋友信之，少者怀之”(《公冶长》篇)①；从而树立人伦规范，实现群体和睦；如此集大成，即能实现“天下归仁”。

3. “仁”的内涵

孔子主张以追求“仁”的境界为人生目标。“仁”是道德的核心，也是人生的归宿。《论语·卫灵公》篇述说：“志士仁人，无求生以害仁，有杀身以成仁。”他将“仁”视为理想的境界与归宿。《论语·述而》篇记载孔子说：“求仁而得仁，又何怨。”他反复肯定终身追求“仁”的精神价

---

① 杨伯峻译注：《论语译注》，中华书局1980年版，第22页、第28页、第78页、第5页、第123页、第52页。

值。那么，究竟什么是“仁”呢？孔子认为“仁”就是关爱，“仁”就是美。

《论语·里仁》篇首章记载：子曰：“里仁为美。择不处仁，焉得知？”

“里”，意为居住；“知”，就是智。孔子认为：居于“仁”是为美；选择“仁”的处世方向，是最明智的人生。居于“仁”是指精神的安居，孔子借居住生态来给精神价值定向，认为追求“仁”的境界才叫做美，才是人生最有价值的选择。综观《里仁》全篇和《论语》全书，孔子谈到“仁”，主要指一种理想的精神境界。孔子说：“仁者安仁”，又说：“苟志于仁矣，无恶也。”(《里仁》篇)恶，是美的反义词，在《论语》中常见“美”与“恶”对举，孔子认为“志于仁”则不至于“恶”，也就是合于美。

孔子认为“仁”就是关爱人。其说见于《论语》所载孔子与其弟子樊迟的对话：“樊迟问‘仁’。子曰：爱人。”(《颜渊》篇)

这里“爱”的意思是博爱、关爱。“仁”就是以博爱之心待人，真诚地爱一切人，达到人与人相亲相爱的境界。在《论语》中谈到“仁”涉及各个方面，都围绕仁爱之心展开。孔子的学说被称为“仁学”，仁的境界是孔子一生孜孜以求的理想境界。“仁”的内涵价值有三个层面：仁的根本是“人”，仁的基础是“亲”，仁的力量是“爱”。

“仁”的根本是人自身。孔子仁爱思想的出发点是人，目标是“成人”。离开了人，一切毫无意义。与西方宗教文化以神为本全然不同，中国文化的最大特点是以人为本。从“仁”的本字来看，无论从“人”旁，或从“心”，都是以人为本。从郭店出土的楚简看，其中数十个“仁”字均从“身”“心”，明显是以人为本。《孟子》反复强调说：“仁，人也。”(《梁惠王下》篇)“仁，人心也。”(《告子上》篇)“仁也者，人也。”(《尽心下》篇)认为“仁”就是从人的现实存在出发，从关怀人的精神生命出发。《礼记·中庸》也说：“仁者，人也。”这种以人为本的思想成为中国文化定位的准则和目标。

“仁”的基础是血缘亲族。孔子说：“君子笃于亲，则民兴于仁。”

亲，指血缘亲族；是“仁”的基础。人不可能单独生存，必须结成群体；中国社会自古以血缘为纽带结成亲族群体。血缘亲族即宗族，是个人的出身和依托。得到亲族的认可，才能得到社会认可；形成以血缘为基础的生态网。《说文解字》说：“仁，亲也。”正是以亲族亲情解释“仁”。孟子指出：“亲亲，仁也。”即认为笃爱亲人是仁的基本条件。有的学者认为：“《说文》以‘相人偶’解释‘仁’字即含有‘社会中之人’的意义。”①所言不够明确。其实，“相人偶”见于《礼记》和《仪礼》郑注。如《礼记·中庸》：“仁者，人也。亲亲为大。”郑玄注云：“人也，读如相人偶之人，以人意相存问之言。”孔颖达《正义》曰：“仁谓仁爱，相亲偶也。言行仁之法，在于亲偶，欲亲偶疏人，先亲己亲，然后比亲及疏。”②所谓“相人偶”指相亲相敬之意，彼此亲密之辞。《说文》以“亲”释“仁”，正是道出关键所在，“仁”就是人与人之间的相亲相爱。是孔子立论的基础。

“仁”的精神力量是爱，是同情，也是自尊。孔子以“爱”与“亲”解说“仁”，不仅在樊迟问仁时回答说：“爱人”；孔子还说过：“君子学道则爱人。”(《论语·阳货》篇)“泛爱众，而亲仁。”(《论语·学而》篇)孔子长于宣讲博爱精神，“为仁由己”，“己欲立而立人，己欲达而达人。”(《论语·雍也》篇)仁爱，就是博爱，“博爱之谓仁”，指推己及人、由亲及众的同情心。孟子秉承孔子的观点说：“仁者，爱人。”又说：“恻隐之心，仁也。”“仁者无不爱也。”恻隐之心，就是同情心、爱心。仁，就是具有普遍的爱心。诚如此，就能实现人伦的和睦与精神的和悦。这种“民胞物与”的爱，是“诗意的栖居”，是孔子仁学的出发点，是人与人亲和的无尽的精神力量。

孔子思想的特点，是将人伦、自然与文化融入日常人生之中，使作为主体的人感受到精神上的悦乐。诚如《论语·述而》篇所述孔子曰：

---

① 杜维明：《人性与自我修养》，中国和平出版社 1988 年版，第 16 页。

② 《中庸》，《礼记正义》，《十三经注疏》下册，中华书局 1980 年版，第 1629 页。

“饭疏食，饮水，曲肱而枕之，乐亦在其中矣。”孔子这种在清贫的生活中自得其乐的形象，往往被历代文人寒士引为精神关怀的偶像。尽管他因政治抱负无从施展而处于人生进退的矛盾痛苦中，但是孔子对于理想的生态境界与仁智之乐的执著追求令人起敬。他始终以“忧道不忧贫”自勉，不患贫而患不安，自称“贫而乐”，并坦然地自我画像为：“发愤忘食，乐以忘忧。”这正是在求仁得仁中超越世俗，获得精神上的最大愉悦。

二、弘扬仁义

“仁、义”作为儒家思想的核心理念，在《孟子》一书中得到高度弘扬。

孟子(约公元前372—前289)名轲，是孔子之孙子思的再传弟子。孟子是继孔子之后儒家思想的代表人物。在他生活的战国时代，“天下方务于合从连衡”①，儒学被认为迂阔而不用。故当时孟子实际上处于边缘地位。他面对列国纷争的恶劣的生存环境，毅然继承发展了孔子的学说，高扬仁义，为建立以“仁义”为核心的儒家思想体系作出贡献。其说见于《孟子》一书，被后人称为儒家经典，列入十三经，孟子则被称为“亚圣”。儒学常被称为孔孟之道。

诚如美国学者史华慈所言：“中国是个诠释学的文明，是个传统和现代之间没有绝对断裂的文明，但这并非说中国思想发展就没有新意。”②可以说，《孟子》就是孔子学说的诠释，是对孔子学说最好的诠释。《孟子》一书多有精辟的见解与创造性的开拓。这些见解和孟子讨

---

① 《孟子荀卿列传》，司马迁《史记》第七册，中华书局1959年版，第2343页。

② [美]本杰明·史华慈：《研究中国思想史的一些方法问题》，引自王中江编：《思想的跨度与张力——中国思想史论集》，中州古籍出版社2009年版，第21页。

论社会人生问题所显示的仁义精神融为一体，其中最有光彩的部分是他的人格意识和伦理生态观。孟子高扬士人平民的“浩然之气”，宣称“万物皆备于我”，提倡“充实之谓美”的理想人格。孟子学说以“仁义”为中心，提出“仁民爱物”“居仁由义”和“仁义礼智”之四端的观点，孟子弘扬正气，关注人生，表现出鲜明的人文思想和独立自主的人格。《孟子》全书充溢着令人荡气回肠的精神力量，创造了文化史上的一个奇迹。

1.“亲亲”“仁民”“爱物”

孟子仁义思想基础是“亲亲”“仁民”“爱物”的生命观，其核心是“亲亲”。孟子将孔子的仁爱思想推及万物；但他认为对万物的爱护与对民众的仁爱是有区别的，对民众的仁爱与对亲人的亲爱又是有区别的。《孟子·尽心上》说道：

> 君子之于物也，爱之而弗仁；于民也，仁之而弗亲。亲亲而仁民，仁民而爱物。

这段话概括了孟子仁爱观的三级模式：“亲亲”“仁民”“爱物”。“亲亲”即亲爱自己的亲人，上文已述，这是以血缘关系维系的对亲人的亲爱；“仁民”是指对广大民众的仁爱；“爱物”即爱护万物。孟子继承孔子“泛爱众而亲仁”的思想而有发挥，他认为“亲亲”是核心，由“亲亲”推及“仁民”，再由“仁民”推及“爱物”，构成孟子伦理模式的三级圈。就是说，孟子主张爱护自然万物的生态，是因为自然万物是人们的生存环境；孟子标举“仁义”和“民为贵”，是由于民众是自己与亲族的社会生存环境。这种主张道出了中国古代社会的实际状况，代表了中国文化的传统观念。以这种三级模式为基础，形成了孟子的仁义观。因此孟子论诗以“亲亲”为重。他评价《诗经·小弁》就是一例。《孟子·告子下》记述：

公孙丑问曰："高子曰：《小弁》，小人之诗也。"孟子曰："何以言之？"曰："怨。"曰："固哉，高叟之为诗也！有人于此，越人关弓而射之，则已谈笑而道之，无他，疏之也。其兄关弓而射之，则已垂涕泣而道之，无他，戚之也。《小弁》之怨，亲亲也。亲亲，仁也。固矣夫，高叟之为诗也！"

这是孟子和他的学生公孙丑讨论诗的一段对话。《小弁》诗中有"何辜于天，我罪伊何？心之忧矣，云如之何"等怨愤之语。公孙丑问老师，高叟批评《小弁》为"小人之诗"，是否恰当。孟子告诉学生：高叟评诗太僵化。《小弁》的怨愤，是对亲人亲爱之情的表现。这种亲情，就是仁爱的根基。由此可见，孟子论诗依据他的"亲亲而仁民"思想。

孟子充满自信地说："万物皆备于我"(《孟子·尽心上》)，他提出"仁民而爱物"，表明在人与自然的关系上，以人为本位。他主张有限制地利用自然：不违农时，斧斤以时入山林，"谷与鱼鳖不可胜食，材木不可胜用，是使民养生丧死无憾也。"(《孟子·梁惠王上》)限制乱砍滥捕其目的是"使民养生"。孟子懂得，"民非水火不生活"，他又清醒地意识到，违背自然本性就会危害生命，破坏生态。其著名寓言"揠苗助长"说明违背自然生长规律而适得其反的道理："助之长者，揠苗者也，非徒无益，而又害之。"(《孟子·公孙丑上》)孟子还从自然本性和审美的角度指出破坏山林植被造成生态灾难。《孟子·告子上》举例说："牛山之木尝美矣，以其郊于大国也，斧斤伐之，可以为美乎？是其日夜之所息，雨露之所润，非无萌蘖之生焉，牛羊又从而牧之，是以若彼濯濯也。"濯濯，指光秃秃的样子。天地雨露自然使牛山草木丰茂，而过度砍伐与放牧却毁掉了山上的草木，破坏了良好生态。孟子借此说明，人本能的"仁义之心"也会因环境的破坏而丧失，同时表现出对自然与伦理生态遭受厄运的忧虑，从反面论证了"仁民爱物"的主题。

2. “居仁由义”

对人性、人格和人文精神的高度关注是孟子学说的主要特点。孟子以性善论为哲学基础，高扬自主人格，提出“居仁由义”说：

> 居恶在？仁是也。路恶在？义是也。居仁由义，大人之事备矣。①(《孟子·尽心上》)

这里，“恶”是疑问词，同“何”。自然万物构成人类的生存空间，而人生的归宿是成仁，人生的道路是取义。依仁行义，敞开自己真诚的心灵，是最大的快乐。孟子还说：“察于人伦，由仁义行。”(《孟子·离娄下》)设若“吾身不能居仁由义，谓之自弃也。仁，人之安宅也；义，人之正路也。”(《孟子·离娄上》)孟子主张“性善”论，以人为本，取向于仁，“反身而诚，乐莫大焉。强恕而行，求仁莫近焉。”(《孟子·尽心上》)表现出以“兼善天下”为己任的抱负和自信心。

孟子故提出“人皆可以为尧舜”和“圣人与我同类”的口号，认为每个人在人格上都可以成为尧舜一样的圣人。他将孔子提出的“成仁”目标推向圣贤的高度，同时又将圣贤人格平民化。其理由是人皆与圣人“同美”。《孟子·告子上》说：“目之于色也，有同美焉；至于心，独无所同然乎？心之所同然者何也？谓理也，义也。”他认为，人类有“同美”之心，就像对于美色的认同一样。圣人之所以成为圣人，只不过先知先觉，先发现自己心中与人共同的善良本性而已。从理性上说，只要能发现自己的善良本性并实行之，每个人都可以成为圣人；从感性上说，重新认识自己与圣人“同美”之心，确实是一种莫大的快乐。孟子所谓心中“同美”的理义，是指合乎“仁义礼智”的伦理精神；它既然本由人心产生，又复归于本心，自然使人快乐无比。儒家认为人性是与生俱来的。

---

① 朱熹注：《孟子》，上海古籍出版社1987年版，第94页、第107页。

孔子说："性相近也，习相远也。"又将人性划分为上下不同的等级："唯上知与下愚不移。"(《论语·阳货》篇)孟子则认为每个人都有同样善良的本性，理由是"人皆有不忍人之心"，例如"今人乍见孺子将入于井，皆有怵惕恻隐之心"。(《孟子·公孙丑上》)这种同情心足以说明人人都与圣人"心之所同"，具有善良的本性。在这一点上他超越了孔子。孟子还创造了"良心""良知""良能"等一系列表述性善的概念。

孟子说："人之所不学而能者，其良能也；所不虑而知者，其良知也。"并以"孩提之童无不知爱其亲"来说明(《孟子·尽心上》)。这也就是人们常说的童心、赤子之心。孟子认为，人性本来是善良的，只要能够找回自己善良的本性，"人皆可以为尧舜"。这种发现具有完善自我人格的价值。

"性善"与"同美"论的提出，实际上针对着现实人间的种种丑恶现象。为什么人性本善，然而人间泛滥着丑恶呢？孟子认为，这是由于人性的丧失。他注意到环境对于人性的影响，分析了"蔽于物"而"陷溺其心"的现象，人在恶劣的环境面前，受到外物的蒙蔽或诱惑，就可能丧失善良的本性。孟子始终坚持人性本善，但又清醒地看到失去本性的危险。因此孟子提出"自求""自得""反求诸己"(《孟子·离娄上》)，即提倡人格自主。孟子宣称与圣人"同美"，"当今之世舍我其谁"，实际上是一种反权力的话语。既然不存在谁比谁高贵，也就无须行使霸权。孟子的可贵在于，他试图为平民寻找人格平等的权益。在恶劣的现实面前，他反对消极地顺从环境，主张积极入世追求理想，达到一定程度，就会如同大舜，"闻一善言，见一善行，若决江河，沛然莫之能御也"(《孟子·尽心上》)，从而实现人格的自我完善，表现出以"兼善天下"为己任的自主精神。

3."四端"与"浩然之气"

上文已述，孟子提出"四端"说，认为"仁、义、礼、智"生于人心"四端"。其说依据是孟子的"性善"论。孟子认为，人本来就具有善良的本性。"人之性善也，犹水之就下也。"(《孟子·告子上》)因此，

“仁、义、礼、智，非由外铄我也，我固有之也，弗思耳矣。故曰：求则得之，舍则失之。”(《孟子·告子上》)就是说，“仁、义、礼、智”种种善良道德都产生于人之本性具有的自然情感，但若舍弃，就会丧失。由此提出“四端”说，《孟子》一书两次论及“四端”①。

一是《孟子·公孙丑》上篇说：“无恻隐之心，非人也；无羞恶之心，非人也；无辞让之心，非人也；无是非之心，非人也。恻隐之心，仁之端也；羞恶之心，义之端也；辞让之心，礼之端也；是非之心，智之端也。人之有是四端也，犹其有四体也。”这段话意为：没有同情心，简直不是人；没有羞耻心，简直不是人；没有谦让心，简直不是人；没有是非心，简直不是人。同情心是仁的发端；羞耻心是义的发端；谦让心是礼的发端；是非心是智的发端。人有这四端，就像有四肢一样。

这里“端”，指开端、起点、萌芽。孟子认为“人皆有不忍人之心”，人性本生的道德基因有“恻隐、羞恶、辞让、是非”四种情感心理，分别是“仁、义、礼、智”的萌芽，故称“四端”。如果谁没有人性本生的恻隐、羞恶、辞让和是非之心，那就不能称为人，不是有道德的人。譬如，“羞恶之心”是指因自己的不善而羞耻惭愧，见到他人的不善而产生厌恶心理。这种道德基因正是“义”的发端。孟子指出，“仁、义、礼、智”这四种道德元素分别产生于人性的四种道德基因，“义”的萌芽，正是由道德基因“羞恶之心”而自然发生的。

二是《孟子·告子》上篇再次强调说：“恻隐之心，人皆有之；羞恶之心，人皆有之；恭敬之心，人皆有之；是非之心，人皆有之。恻隐之心，仁也；羞恶之心，义也；恭敬之心，礼也；是非之心，智也。仁义礼智，非由外铄我也，我固有之也，弗思耳矣。”意为：同情心，人人都有；羞耻心，人人都有；恭敬心，人人都有；是非心，人人都有。同情心属于仁；羞耻心属于义；恭敬心属于礼；是非心属于智。“仁、

---

① 朱熹注：《孟子·公孙丑上》，《孟子·告子上》，《孟子》，上海古籍出版社1987年版，第25页、第86页。

义、礼、智”，都不是由外在的东西输入加给我的，而是我本身内心自有的，并不需要有意去考虑，只不过平时没有去想它而不觉得罢了。

“四端”的核心是“仁义”说。《孟子·尽心下》云：“人皆有所不忍，达之于其所忍，仁也；人皆有所不为，达之于其所为，义也。”其说显然与他的“性善”说以及“充实之谓美”“浩然之气”密切相关。

孟子意识到，人生不仅是一种物质存在，也是一种精神存在。他提出“善养吾浩然之气”的人格命题和人格境界论。浩然之气的“气”，导源于中国传统文化的生命元气说，认为天地自然的元气和人的精神相通，孟子的特殊贡献，是将生命本元的“气”赋予人格意义，化为表示精神气质与文化活力的话语，称之为“浩然之气”，是对崇高人格精神的颂扬。《孟子·公孙丑上》记述孟子与学生公孙丑的对话：

> 曰：“我知言，我善养吾浩然之气。”“敢问何谓浩然之气？”曰：“难言也。其为气也，至大至刚，以直养而无害，则塞于天地之间。其为气也，配义与道，无是，馁也。是集义所生者，非义袭而取之也。”

这段话或被概括为“养气”说，其价值首先在于孟子对“浩然之气”作了人格意义的解释。孟子慨然宣称“我善养吾浩然之气”，他认为这种“浩然之气”，就是充满天地间的具有崇高人格美的正气，一种正义宏伟、光明磊落、至大至刚的精神力量。其说基于仁义之道，又超出一般伦理说教与神秘观念。与西方诗学相比，孟子的“浩然之气”有点类似于德国美学家黑格尔所说的“自身内的力”，“一种把能吸引和被吸引的东西的差别都消融在自身内的力”。①所谓“富贵不能淫，贫贱不能移，威武不能屈”（《孟子·滕文公下》），就是凭着浩然之气将各种压力与诱惑消融在自身内，体现出“至大至刚”的崇高人格。孟子在人格意

---

① 黑格尔：《精神现象学》上卷，商务印书馆 1996 年版，第 95 页。

义上扩展了孔子以仁爱之心为美的思想，使崇高人格美的自我培养成为人生的目标，完成了自主人格的建构。

注重人格修养是孟子“仁义”说与“养气”说的又一内涵。“浩然之气”由“集义所生”，它不可能偶然取得，必须在合乎仁义之道的环境中长期修养才能形成，以完善自主人格。孟子看重精神上的“养气”与“养性”。处在平民地位的孟子以自我调养的崇高人格鄙视贵族，《孟子·公孙丑下》记述，他引述曾子的话表明自己的胸襟说：“彼以其富，我以吾仁；彼以其爵，我以吾义。吾何谦乎哉？”又说：“夫仁，天之尊爵也，人之安宅也。”(《公孙丑上》)以“仁义”为天下最尊贵的爵位。由此，孟子显示了精神上的富足尊贵，有仁义充实内心世界，还有什么欠缺呢！相反，那些贵族与富商缺乏仁义，才是空虚丑陋。

孟子“仁义”说与“养气”说的价值还在于指向“至大至刚”的人格境界。孟子将人格境界分为六个层次：善、信、美、大、圣、神。其《尽心下》篇记述说：“可欲之谓善，有诸已之谓信，充实之谓美，充实而有光辉之谓大，大而化之之谓圣，圣而不可知之之谓神。”在这段话里，孟子借回答浩生不害所问而对人格境界作出了独特的解释。他认为，人之“可欲”是为善，也就是说，以同情心满足他人的需要，即通常所说的能做好事，就是善。汉代赵岐注：“已之可欲，乃使人欲之，是为善人。”这是人格最基本的要求。所谓“信”，就是真诚待人，有所承诺，取信于人。赵岐注：“有之于已，乃谓人有之，是为信人。”说明守信用是人格的又一基本要求。孟子认识到，美、善、信，都是重要的人格因素，并将它们区别开来，而且认为“美”的层次更高，由此提出“充实之谓美”的人格命题。历来注家认识到，所谓充实，并不是指物质的富足，但他们的认识局限于道德善行方面，如赵岐注：“充实善、信使之不虚，是为美人，美德之人也。”①

---

① 赵岐注：《孟子注疏》，《十三经注疏》下册，中华书局1980年版，第2775页。

其实孟子以精神世界的充实来解释美，既是对以外貌取人的矫正，也是对前面所说“善”与“信”的超越。一般地行善事，一般地守信用，还不能达到美的高度。孟子将“美”指向人的内心，认为经过调养健康的自我人格，使精神生活丰富实在，才叫做美。接着，孟子还指出，更高层次的人格境界是“大”“圣”与“神”。所谓“大”，即“大美”，指人格伟大、光彩照人的美；所谓“圣”，是指德行化人、泽被后世的人格境界；所谓“神”，是指浑然天成的美，理想人格的最高境界。孟子依次列举“善、信、美、大、圣、神”，提出人格境界的六层次说，通过调养“浩然之气”来充实自己的身心，以消解人世间霸权的禁锢，高扬独立自主的人格精神，其影响深远。

历来为民请命、舍生报国而光耀史册的仁人义士，无不具有一腔浩然之气，由此成为中国文化的优秀传统而不断得到弘扬。继宋代民族英烈文天祥之后，明代末年的抗清英雄史可法也以成仁取义的浩然之气彰显了崇高的民族气节。他在国家危亡之际毅然守城，抵抗敌兵，两袖清风，一腔热血，舍生殉国，宁死不屈，从容就义。《明史》列传评赞曰：“史可法悯国步多艰，忠义奋发，提兵江浒，力图兴复。”而“志决身歼，亦可悲矣。”①后有全祖望作《梅花岭记》缅怀史可法壮烈事迹，赞颂说：“忠义者圣贤家法，其气浩然，常留天地之间。”②确乎其言！文天祥、史可法等前贤的浩然之气长存于天地之间，是为中华民族仁义精神的光辉典范。

诚如孟子所言“仁义”美德之人，以天下为己任，“故天将降大任于是人也，必先苦其心志，劳其筋骨，饿其体肤，空乏其身，行拂乱其所为，所以动心忍性，曾益其所不能。”(《孟子·告子下》)由此，能够不屈从于任何权力；在各种威胁与诱惑面前保持人格的自主，终于成一家

---

① 《明史》卷二百七十四，《二十五史》第十册，上海古籍出版社 1986 年版，第 8593 页。

② 全祖望：《梅花岭记》，《古代散文选》下册，人民教育出版社 1980 年版，第 372 页。

之言，给中华民族留下“仰不愧于天，俯不怍于人”的自豪感和自信力，留下“舍生取义”的大丈夫精神，一种浩然之气，一种阳刚之美，一种启迪来者的学说。

三、仁义之说

从传世文献检索，在孔子所处的春秋时代和孟子生活的战国时期，“仁”字“义”字逐渐大量出现在经史文献与诸子文集各种书籍之中，且有论辩丛生，一时蔚为大观。仅摘录其中有代表性的语句分列如次。

1. 春秋史书文献所言“仁义”

古代史传秉笔直书，践行仁义，是中国文化非常可贵的传统。据《春秋》“宣公二年”，晋国史官董狐不畏权臣而直书：“晋赵盾弑其君。”赵盾自称无辜，《春秋公羊传》记载史官驳斥说：“尔为仁为义，人弑尔君，而复国不讨贼，此非弑君如何？”①表明正直的史官以“仁义”为道德标识来判断重大行为。又据《春秋》“襄公二十五年”，齐国的史官为记录“齐崔杼弑其君”献出生命，前仆后继，践行仁义。史载：“大史书曰：‘崔杼弑其君。’崔子杀之。其弟嗣书而死者，二人。其弟又书。”(《左传》“襄公二十五年”)因而文天祥《正气歌》称颂：“在齐太史简，在晋董狐笔。”史家如实记录史实而奉献生命，践行仁义的传统可歌可泣。

在主要记录春秋时期史料的《左传》《公羊传》《穀梁传》《国语》以及上古《逸周书》等文献中已出现关于“仁”“义”的论述与记载。

据统计，“义”字在《左传》中出现100多次，“仁”字在《左传》中出现30多次。例如《左传》“隐公六年”记载陈国五父(陈佗)语：“亲仁善邻，国之宝也。”以“仁”为国家之宝。再如《左传》“襄公十一年”记载魏

① 《春秋公羊传注疏》,《十三经注疏》下册，中华书局1980年版，第2279页。

绛语："夫乐以安德，义以处之，礼以行之，信以守之，仁以厉之。"讲到礼乐与道德的关系，"仁""义"是道德的重要标识。再如《左传》"昭公六年"记录晋国叔向语："是故闲之以义，纠之以政，行之以礼，守之以信，奉之以仁。"也讲到"仁"与"义"的治国功用，"义"在于防范，"仁"在于尊奉。《左传》还记述孔子多次言仁义，如"成公二年"记载"仲尼闻之曰：'礼以行义，义以生利，利以平民。'"再如"襄公三十一年"记载孔子曰："以是观之，人谓子产不仁，吾不信也。"又如"昭公十二年"记载"仲尼曰：古也有志：'克己复礼，仁也'。信善哉！"《左传》"哀公十六年"记有叶公语："周仁之谓信，率义之谓勇。"可见在春秋时期，"仁"字"义"字已成为评价道德品质的常用词语，或单独用，或联系起来用，都具有肯定性价值。

春秋时期为争夺君位，屡见兄弟父子自相残杀，不仁不义。而吴国公子季札却多次放弃君位，让国不受，因而被史家称赞为仁义可嘉。譬如《春秋公羊传》"襄公二十九年"记载，吴季子再次不受国君之位，而"去之延陵，终身不入吴国。故君子以其不受为义，以其不杀为仁。"①

再如《春秋穀梁传》"桓公十八年"载有史家评语曰："知者虑，义者行，仁者守，有此三者备，然后可以会矣。"《春秋穀梁传》"昭公八年"又记录史家评论："是以知古之贵仁义而贱勇力也。"②可见"仁义"已为春秋史书崇尚共识。

《国语》是春秋时期一部国别体史书，记述自公元前990年至公元前453年，周王朝及诸侯各国朝聘、宴飨、讽谏、辩说之语辞，包括《周语》《晋语》等部分，相传也是左丘明所作。"义"字在《国语》中出现了90多次，"仁"字在《国语》中出现20次以上。例如，《国语·周语上》记载周内史兴之语："且礼所以观忠、信、仁、义也。"已将"仁、

① 《春秋公羊传注疏》，《十三经注疏》下册，中华书局1980年版，第2313页。

② 《春秋穀梁传注疏》，《十三经注疏》下册，中华书局1980年版，第2378页，第2435页。

义”并称。而《国语·周语下》记有单襄公语，列举了“敬”“忠”“信”“仁”“义”等十一种加以称美，其中称赞“仁，文之爱也；义，文之制也”，又说“言仁必及人”。①所言“仁”字“义”字也都是表示具有肯定性价值的道德术语。

《逸周书》是一部周王朝时的历史文献，一度逸失而复现，记载上起周文王，下至周景王年间的事件与相关言辞。所记文王、周公之言是否确为西周初年的原始文献尚存疑，但有一定参考价值。“仁”字“义”字在《逸周书》中出现也有数十次。例如其中的《文政解》列举“九行”以“仁”为第一：“九行：一仁，二行，三让，四言，五固，六始，七义，八意，九勇。”再如《本典解》记周公答武王曰：“与民利者仁也，能收民狱者义也。”又说“仁能亲仁，义能亲义”。又如《文儆解》记述：“利维生痛，痛维生乐，乐维生礼，礼维生义，义维生仁。”《武顺解》云：“辟必明，卿必仁。”而“卿不仁无以集众。”②皆以仁义为尚。

2. 老庄、《墨子》等诸子论“仁义”

诸子百家论及“仁”“义”者多矣，这里仅择其代表性的二、三家窥见一斑。

最早将“仁、义”连起来论说的是《老子》。尽管《老子》从批评角度说：“大道废，有仁义。”(第十八章)但此语将“仁义”合起来指称儒家学说的关键词，不失为有眼光。《老子》说：“天地不仁，以万物为刍狗；圣人不仁，以百姓为刍狗。”(第五章)③刍狗：古代祭祀时用草扎成的狗。此句意思是，老天并不仁慈，把万物不当数，只当作草扎成的狗；圣人也不仁慈，把老百姓不当数，只当作草扎成的狗。但也有学者认为：“老子的仁义思想中的‘仁’是以‘道’为基础的仁思。”所谓“不仁”，实是“大仁”之行为表现。有学者认为“老子就是要人不要因小仁

---

① 《国语》，上海古籍出版社 2015 年版，第 27 页、第 61 页。

② 黄怀信集注：《逸周书》，《逸周书汇校集注》，上海古籍出版社 2007 年版，第 396 页、第 334 页。

③ 任继愈译：《老子新译》，上海古籍出版社 1985 年版，第 98 页、第 70 页。

小义而失其大，也不要造假下的假仁假义”。①

《庄子》更多地批评“仁义”，“仁”字在《庄子》中出现了110多次，“义”字在《庄子》中也出现了110多次。譬如《庄子·齐物论》说：“大仁不仁。”《庄子·人间世》批评：“仁义绳墨之言。”《庄子·天运》篇甚至说：“虎狼，仁也。”“至仁无亲。”《庄子·在宥》篇指责：“昔者黄帝始以仁义撄人之心。”②撄，扰乱。庄子批评帝王用“仁义”扰乱人心。庄子其实是批评战国之世并无仁义，不如回到无所谓仁义的原始时代；但如此多言“仁”“义”，客观上传播了“仁”“义”。

《墨子》一书中“仁”字也出现有110多次，“义”字出现290多次。并且，墨子较早将“仁义”合为一个词语来言说，提到“仁义之道”“仁义之本”。例如，《墨子·所染》篇说：“举天下之仁义显人。”而《天志》又说：“本察仁义之本，天之意不可不慎也。”(《天志中》)墨子主张“兼爱”，并不反对仁义，《经上》篇说：“仁，体爱也。”《兼爱》篇说：“兼即仁矣，义矣。”再如《节葬》篇批评儒家的厚葬久丧“非仁义”，质问“此岂实仁义之道哉？”墨子试图将“仁义”纳入墨家“上利天，中利鬼，下利人”的“兼爱”系统，《天志》篇说道：“是谓天德。故凡从事此者，圣知也，仁义也，忠惠也，慈孝也，是故聚敛天下之善名而加之。是其故何也？则顺天之意也。”③客观上促进了“仁义”的传播。

战国后期编成的《吕氏春秋》被称为杂家，其中颇有一些不同于儒、道、墨、法的观点说法。譬如其《审分览·不二》篇概括道、儒等十家各举一个关键词：“老聃贵柔，孔子贵仁，墨翟贵廉，关尹贵清，列子贵虚，陈骈贵齐，阳生贵己，孙膑贵势，王廖贵先，儿良贵后。”可见当时普遍认为孔子为代表的儒家学说即“仁学”。《吕氏春秋》又有多处

---

① 林国雄：《老子道德经的仁义思想》，《孝感师专学报》1997年第4期。

② 王夫之解：《庄子解》，中华书局1964年版，第23页，第35页，第123页，第93页。

③ 《墨子》，《百子全书》第三册，岳麓书社1993年版，第2365页、第2419页、第2397页、第2415页、第2424页。

将"仁义"并称。譬如其《仲春纪·当染》篇称颂舜、禹、汤、周武王"举天下之仁义显人，必称此四王者"。即以"仁义"并举。再如其《孝行览·慎人》篇借孔子自言提及"仁义之道"，"遭乱世之患"。其《似顺论·有度》篇竟然称"孔墨之弟子徒属充满天下，皆以仁义之术教导于天下"。①可见其作者尚未理解仁义之意，而儒家墨家的影响则不能忽视。

3. 仁义"内外"之辩

有两种"仁内义外"说，一是孟子批驳的告子人性"内外"说，二是讲家庭伦理关系的内外说。不可混为一谈。

郭店出土的楚简《六德》篇写道："仁，内也。义，外也。""门内之治恩掩义，门外之治义斩恩。"就是讲家庭伦理的内外之别。此句亦见于《礼记·丧服四制》："恩者仁也，理者义也，节者礼也，权者知也，仁义礼知，人道具矣。其恩厚者其服重。故为父斩衰三年，以恩制者也。门内之治，恩掩义；门外之治，义断恩。"②"斩衰"：最重的丧服。这段话意思为：恩爱感情，是仁的表现；道理，是义的表现；规矩礼节，是礼的表现；灵活变化，是智的表现。仁、义、礼、智，人伦道德各方面都有表现。亲情深厚，丧服就重，所以父亲去世，要服斩衰，守丧三年，是以亲情关系为依据的。所以说，家庭之内为亲人服丧，亲情重于理义；而为家庭之外的人治丧，理义控制感情。

孟子与告子的仁义"内外"之辩则见于《孟子》一书。

告子是战国时期一位学士。据《孟子·告子上》记载，告子与孟子曾有一场关于人性与仁义的论辩。告子曰："食、色，性也。仁，内也，非外也；义，外也，非内也。"被称为"仁内义外"说。孟子通过驳斥告子，更加明确"仁义"皆内在于人心之中的观点。

告子举例论证说："彼长而我长之，非有长于我也。犹彼白而我白

---

① 《吕氏春秋》之《审分览》《仲春纪》《孝行览》《似顺论》，《吕氏春秋集释》，中国书店出版社 1985 年版，卷十七第 30 页，卷二第 13 页，卷十四第 28 页，卷二十五第 7 页。

② 《礼记正义》，《十三经注疏》下册，中华书局 1980 年版，第 1695 页。

之，从其白于外也，故谓之外也。”告子这段话的意思是：某人年纪长我就尊敬他，并不是有年长者在我心里；这就如同某物是白色的，我就说它是白色的，是因为白色的外物被我见到了，所以说“义”也是外在的。

显然，告子的论辩存在逻辑错误。尊敬长者，并不是一种外在的行为，而是因为有仁义之心，才会产生尊敬长者的心理与行动。

孟子针对告子的逻辑错误，反驳道：“异于白马之白也，无以异于白人之白也。不识长马之长也，无以异于长人之长与？且谓长者义乎？长之者义乎？”意为：白马的白色，和人的皮肤之白色都是白色。然而不能说对老马的怜悯，和对老人的尊敬没有区别。孟子进而反问：尊敬长者之义是在长者本身？还是在尊敬长者的人本身呢？

告子自知理亏，不敢正面回答，却另举一例来反驳：“吾弟则爱之，秦人之弟则不爱也；是以我为悦者也，故谓之内。长楚人之长，亦长吾之长；是以长为悦者也，故谓之外也。”其意为：我会爱护自己的弟弟，而不去爱护秦国人的弟弟；这是由我的亲情决定喜爱，所以说“仁”是内在的。尊敬楚国的长者，也尊敬我自己的长者；这却是由于谁年长才尊敬谁，所以说“义”是外在的。

孟子反驳道：“耆秦人之炙，无以异于耆吾炙。夫物则亦有然者也，然则耆炙亦有外与？”意为：喜欢吃秦人的烤肉，和喜欢吃自家的烤肉没有什么不同。各种事物也都如此。那么，喜欢吃烤肉的心意也是外在的吗？孟子用当时日常生活中的事例为喻，驳斥了告子的所谓“义，外也，非内也”之说。孟子认为“仁义”都根于人的内心：“仁义礼智，非由外铄我也，我固有之也。”(《孟子·告子上》)

宋代朱熹在《孟子注》中简捷明了地概括说：“长马、长人不同，是乃所谓义也。义不在彼之长，而在我长之之心，则义之非外，明矣。”①

战国时期关于“仁内义外”的讨论丰富了“仁义”说的内涵和人们的认识。

---

① 朱熹注：《孟子》，上海古籍出版社1987年版，第85页。

4.《易传》《礼记》等儒家经典论"仁义"

五经之首《周易》包括《易经》和《易传》两部分，《易经》即《周易》卦爻辞，被认为作于西周初年；《易传》十篇称为十翼，旧说孔子所作，现一般认为成书于战国时期。《易经》尚无"仁义"二字，《易传》则多次论及"仁"与"义"。例如，《文言》篇指出："君子体仁，足以长人。"又说："利物，足以和义。"《系辞》上篇有云："安土敦乎仁，故能爱。"《系辞》下篇说："天地之大德曰生，圣人之大宝曰位。何以守位？曰仁。何以聚人？曰财。理财正辞、禁民为非曰义。"《说卦》篇指出："立人之道曰仁与义。"①首次将"仁与义"并称为"人道"根本。与其他文献相比，《易传》所言"仁义"更具有哲学意味。

《礼记》是儒家"三礼"之一，也是"五经"之一，即《小戴礼记》，记述周代社会政教礼仪及相关解说，传为孔子的弟子及后学所作，西汉戴圣所编。据检索，"仁"在《礼记》中出现了120多次，"义"在《礼记》中出现了200多次。例如，《礼记》称赞说："仁亲以为宝。"(《檀弓下》篇)并且认为"仁"是"义"的根本："仁者，义之本也。"(《礼运》篇)常将"仁义"并提连用，如："道德仁义，非礼不成。"(《曲礼》上篇)又如"尊仁安义"(《祭义》篇)。《礼记》从多方面解说"仁"与"义"，例如《表记》篇论述："仁者人也，道者义也。"又说："仁者，天下之表也；义者，天下之制也。"《中庸》上篇说："仁者人也，亲亲为大；义者宜也，尊贤为大。"《乐记》篇说："仁以爱之，义以正之。"《文王世子》则言："纪之以义，终之以仁。"②不仅解释内涵，还说明了二者的关系。

再看战国后期儒家著作《荀子》，"仁"与"义"出现更为频繁，"仁"字在其中出现了130多次，"义"在其中出现了300多次。荀子明确地提出："以仁义为本"，并指出"仁者爱人，义者循理。"(《荀子·议

---

① 《周易正义》，《十三经注疏》上册，中华书局1980年版，第15页、第77页、第86页、第94页。

② 《礼记正义》，《十三经注疏》下册，中华书局1980年版，第1300页、第1426页、第1231页、第1598页、第1639页、第1629页、第1529页、第1411页。

兵》)又说："原先王，本仁义。"(《劝学》篇)主张君子养心致诚，"惟仁之为守，惟义之为行。"(《不苟》篇)荀子认为"仁义德行，常安之术也。"(《荣辱》篇)"圣人也者，本仁义，当是非，齐言行。"(《儒效》篇)因而"致忠信，著仁义，足以竭人矣。"(《荀子·王霸》)荀子还分析说："仁，爱也，故亲。义，理也，故行。"反过来看："推恩而不理，不成仁；遂理而不敢，不成义。"因此，"君子处仁以义，然后仁也；行义以礼，然后义也。"(《荀子·大略》)①《荀子》全书乃在弘扬"仁义"之道。

从20世纪90年代出土的郭店楚简中的儒家文献来看，"仁"与"义"得到高度尊崇，并且多方面展开讨论。例如《尊德义》篇解释说："仁，为可亲也；义，为可尊也。"再如《性自命出》层递式地解说："察，义之方也。义，敬之方也。敬，物之节也。笃，仁之方也。仁，性之方也。"又分析"仁"与"义"的关系说："唯恶不仁为近义。"又说："恶之而不可非者，达于义者也。非之而不可恶者，笃于仁者也。"还有《五行》篇中指出："知而安之，仁也。安而行之，义也。"并进一步解说："'知而安之，仁也。'知君子所道而㛷然安之者，仁气也。'安而行之，义也。'既安之矣，而㩜然行之，义气也。"又说："言礼智生于仁义也。"②这些论述，充分证实在战国时代，"义"与"仁"已成为学者们常用的关键词。

西汉董仲舒不仅标举"仁、义、礼、智、信"为"五常"。而且将"仁义"推崇到至高无上的"天"的高度。其《春秋繁露·王道通》中写道："仁之美者在于天。天，仁也。"其《俞序》篇还说："仁，天心。"其《为人者天》篇进而说："人本于天。""人之血气化天志而仁，人之德行化天理而义。"又有《身之养重于义》篇写道："天之生人也，使人生义与利。

---

① 《荀子》,《百子全书》第一册，岳麓书社1993年版，第181页、第131页、第135页、第138页、第151页、第167页、第223页。

② 荆门市博物馆编：《郭店楚墓竹简》，文物出版社1998年版。

利以养其体，义以养其心。”其《仁义法》篇曰：“所以治人与我者，仁与义也。”①经过董仲舒等人的策划，儒学由江湖走向庙堂，成为帝王统治的两手之一。然而真正的仁义仍然是孔子孟子的原始儒家，依然在民间流行，成为中国文化的宝藏。

四、仁义之境

孔夫子并不是刻板面目的长官，而是善于将仁义学说转为诗化境界的导师。他所倡导的乐山乐水，就是一种诗化的仁义境界。

《论语·先进》篇记述，在孔子引导下，弟子曾皙表述其志：“莫春者，春服既成，冠者五六人，童子六七人，浴乎沂，风乎舞雩，咏而归。”孔子喟然叹曰：“吾与点也!”曾点，就是曾皙。孔子赞同弟子曾皙向往的情境。暮春三月，邀集几位志同道合有情有义的朋友，去江河里游泳，在高台上领略春风，自由自在唱唱歌，人与大自然相融合。这是多么美好的诗化的境界。亦如《论语·雍也》篇所载孔子的概括：

子曰：“知者乐水，仁者乐山。知者动，仁者静。知者乐，仁者寿。”②

这段话里，知，通“智”。前两个“乐”意为喜爱。“知者乐水，仁者乐山”的大意为：智慧之士喜爱水，仁德的人喜爱山。因此山水之乐被称为仁智之乐。孔子自己曾多次登山观水以体验仁智之乐。例如孔子观水，感叹说“逝者如斯夫，不舍昼夜。”(《论语·子罕》)，据《孟子·尽心上》记述：“孔子登东山而小鲁，登泰山而小天下。”面对山水，体现出仁者智者的博大胸怀。在他的教育影响下，孔门弟子也向往着山水游乐的境界。如上所言，曾皙所描述，在暮春之时，“浴乎沂，风乎舞

① 董仲舒：《春秋繁露》，上海古籍出版社 1989 年版，第 67 页、第 36 页、第 64 页、第 54 页、第 51 页。

② 杨伯峻译注：《论语译注》，中华书局 1980 年版，第 119 页、第 62 页。

雩，咏而归”，就是一种自然与人交融的最佳境界。因而得到孔子认同。

为什么自然山水能够化为审美境界呢？这是因为，山水不仅和人们的生活关系密切，而且经过自然的人化，成为人品人格的象征。如《诗经》中有“高山仰止”之语，象征人格的崇高；又有“维水泱泱”之句，赞美君子的洪福。在中国文化之中，水，是生命的源泉，万物的血脉，时间的流逝，智慧的象征；山，是生存的依托，历史的见证，崇高的化身，仁德的象征。宋代朱熹从人格意义上阐释“知者乐水，仁者乐山”说：“知者达于事理，而周流无滞，有似于水，故乐水。”而“仁者安于义理，而厚重不迁，有似于山，故乐山。”①也就是说，山水成为仁人志士的象征，欣赏山水之美成为引人进入仁智境界的途径，形成一种富有诗意的人文生态。一切自然物在孔子的眼里全都“人化”了。譬如山水，在他看来，乃是人格美的一种象征；“乐山乐水”，乃是一种仁智之境，一种以人化的山水呈现的诗的境界。

乐山乐水境界的意义表现在陶情怡志、悦性畅神、感怀动心这样三个层面上。

首先，山水之美能陶情怡志，培养良好的人格风范。人们处在林泉山水之间，往往自然感受到山的博大崇高，多功不言；水的清纯洁净，遍予无私。于是不知不觉忘却了世间的烦恼琐事，摆脱了名缰利锁的羁绊。唐代诗人吕温写道：“忆尔山水韵，起予仁智心。”宋代诗人陆游也说：“身游水精宫”，“江山入胸中。”宏伟壮阔的山水能引导人们景仰高尚的德行，开拓博大的胸怀。人们希望在艰难困苦面前像大山一样毫不动摇，像流水一样奔腾不息。其实，山不在高，水不在深，可贵的是以物“比德”，成为仁人智者的精神寄托。

其次，山水之美能悦性畅神，唤醒自由的生命意识。当人们远离闹市的喧嚣，走进青山碧水的怀抱，就会产生一种爽心之感。或如山荫道

① 朱熹：《论语集注》，商务印书馆 2022 年版，第 152 页。

上，应接不暇；或如兰亭之游，曲水流觞。仰观俯察，游目骋怀之间，会感受到万类生机，宇宙无穷，感受到自由自在的快乐。若在山中看水，则有“飞流直下三千尺”的壮观；若在水中看山，则有“两岸青山相对出”的奇景，其中无不展现出生命的律动。陶渊明自云“性本爱丘山”，他在回归田园，“悠然见南山”的审美观览中得到了精神上的最大自由。欧阳修写道：“醉翁之意不在酒，在乎山水之间。”为什么意在山水？诚如宗炳《画山水序》所言：“畅神而已。”①也就是心旷神怡，实现人的自由本质，进入快乐的生态境界。

再次，山水的美能促使作者感怀动心，引发自觉的审美创造。山水有清音，江山美如画。雄伟秀丽的山水就是天然的艺术杰作，沉浸其中的艺术家必然会感荡心灵，萌发新的艺术创造。就像俞伯牙由成连引导在海上听涛，从而创作出自然和鸣的琴曲《水仙操》，就像苦瓜和尚石涛“搜尽奇峰打草稿”，从而创作出“自有我在”的山水画。古往今来多少艺术家得到“江山之助”而有所创作，铸成美妙的山水画、山水诗、山水音乐、山水游记，汇成丰美的山水艺术。这一切又和山水本身构成中国特有的山水文化生态，沾溉后人，绵亘不绝。

孔子提出的山水自然与人融合的仁义境界在唐代杜甫的诗中得到充分体现，一部杜诗活灵活现地展示了仁义之境。

杜甫(712—770)，字子美，唐代诗人，被誉为“诗圣”，其诗常被称为“诗史”。杜诗中处处吐露出诗人的仁者情怀与忧世义愤。譬如杜甫《过津口》诗写道：“物微限通塞，恻隐仁者心。”又如《陈拾遗故宅》诗咏赞陈子昂：“终古立忠义，感遇有遗篇。”杜诗的仁者情怀与忧世义愤自有多种多样的表现，这里主要从如下三个方面来观看：一是由仁义理念遭遇劫难反差激发的忧生忧世之愤；二是向往仁义“乐土”形成的桃源情结；三是由仁者爱物之心流露的“友于”情怀。

---

① 宗炳：《画山水序》，沈子丞编：《历代论画名著汇编》，文物出版社 1982 年版，第 15 页。

(一)仁人义士的忧生忧世之愤

诗人杜甫身经劫难与长期漂泊，他对帝王不仁不义造成的“网罟之祸”深恶痛绝，在诗中多次愤怒控诉网罟捕杀生物的罪恶。例如他的《朱凤行》一诗描写百鸟被网罗的不幸遭遇：“下愍百鸟在罗网，黄雀最小犹难逃。”《冬狩行》一诗申诉官军围猎屠戮动物的惨状：“草中狐兔尽何益”，“胡为见羁虞罗中”？更有《观打鱼歌》与《又观打鱼》两首杜诗集中地表现了诗人对网罟之祸的批判。《观打鱼歌》写“渔人漾舟沉大网，截江一拥数百鳞”。在捕鱼的大网下，肥美的鲂鱼失去自由而被剖杀，“君不见朝来割素鬐，咫尺波涛永相失”。《又观打鱼》一诗写这场悲剧的继续，展示残忍的网罟之祸并提出强烈控诉：

> 苍江渔子清晨集，设网提纲万鱼急。能者操舟疾若风，撑突波涛挺叉入。小鱼脱漏不可记，半死半生犹戢戢。大鱼伤损皆垂头，屈强泥沙有时立。东津观鱼已再来，主人罢鲙还倾杯。日暮蛟龙改窟穴，山根鳣鲔随云雷。干戈格斗尚未已，凤凰麒麟安在哉？吾徒胡为纵此乐，暴殄天物圣所哀。

杜诗注家评《观打鱼歌》二诗“具见爱物仁心”，“数语可当一篇戒杀文”。①“爱物仁心”评赞得当，然而杜甫并不限于佛教徒的“戒杀”，诗人将这种网罟之祸称为“暴殄天物”，显然是以此批判帝王军阀造成的战乱祸害民生，多少美好自由的生命横遭暴殄，酿成悲剧，值得人们哀叹与警醒。

杜甫的《梦李白二首》挂念诗友李白：“君今在罗网，何以有羽翼？”又有《遣兴五首》写道：“岂无济时策，终竟畏网罟。”愤言连李白等人都遭受网罟之祸。他的《早行》一诗更是直接揭露网罟的祸首正是帝王：

---

① 仇兆鳌注：《杜诗详注》，中华书局1979年版，第918-920页。

“前王作网罟，设法害生成。”据《吕氏春秋》记载：“汤见祝网者，置四面。其祝曰：‘从天坠者，从地出者，从四方来者，皆离吾网。’汤曰：‘嘻，尽之矣。非桀其孰为此也。’”①据说夏桀置四面罗网以捕杀鸟兽，这种一网打尽的霸权危及生物、祸害人间。人祸猛于天灾。人们身陷网罟惨遭虐害。

杜甫的《兵车行》揭露帝王好战造成“千村万落生荆杞”，“边庭流血成海水”的悲剧。著名的“三吏”“三别”描述战争之网对人生的摧残。《征夫》一诗写战乱导致“十室几人在，千山空自多。路衢惟见哭，城市不闻歌。”《述怀》则表现兵荒马乱中的恐惧心理：“比闻同罹祸，杀戮到鸡狗。”他在《自京赴奉先县咏怀五百字》中吟道：“朱门酒肉臭，路有冻死骨。”“多士盈朝廷，仁者宜战慄。”《草堂》诗写道：“义士皆痛愤，纪纲乱相踰。”又在《北征》诗中深沉地叹息：“乾坤含疮痍，忧虞何时毕。”从杜诗所吐露的忧虑可见一种古老民族历经沧桑的忧患意识。

（二）向往仁义“乐土”的桃源情结

仁人义士不满于网罟纵横的现实，往往向往乐土桃源。杜甫亦然。桃源思想被认为以东晋诗人陶渊明的《桃花源记并诗》为代表，其思想渊源十分古老。《诗经》中的《魏风·硕鼠》已表现对远离现实的“乐土”的向往：“逝将去女，适彼乐土。乐土乐土，爰得我所。”所谓“桃源”就是具象化的乐土，是古人向往的栖居归宿。其实，孔子所赞赏的“浴乎沂，风乎舞雩”与“乐山乐水”的境界更是一种诗化的“乐土”。《老子》一书所讲“甘其食，美其服，安其居，乐其俗，邻国相望，鸡犬之声相闻”的影响也及于“桃源”。《桃花源记》所述“有良田美池桑竹之属”，就是一种回避网罟之祸的自然家园。处在丧乱漂泊中的杜甫，一面咏叹生存的困苦，一面寻找可以栖居的家园，盼望着桃源乐土。他不断地扣

① 《吕氏春秋·孟冬纪·异用》卷十，《吕氏春秋集释》，中国书店出版社1985年版，第17页。

问和寻求："何乡为乐土，安敢尚盘桓。"(《垂老别》)"无食问乐土，无衣思南州。"(《发秦州》)"有求彼乐土，南适小长安。"(《别董廷页 》)"柴荆寄乐土，鹏路观翱翔。"(《入衡州》)"如行武陵暮，欲问桃源宿。"(《赤谷西崦人家》)"缅思桃源内，益叹身世拙。"(《北征》)他的《春日江村》五首其一这样写道："农务村村急，春流岸岸深。乾坤万里眼，时序百年心。茅屋还堪赋，桃源自可寻。艰难昧生理，飘泊到如今。"

这种不断寻求"乐土"的思绪使杜甫心胸中形成了一种桃源情结。诚如他在一首《卜居》诗中所写："桃红客若至，定似昔人迷。"杜甫自己终身为桃源着迷。然而他始终未能在现实中找到桃源乐土。他清醒地了悟："桃源无处求。"(《不寐》)但他又从不放弃对桃源的寻求，其实是希望寻找一种自由自在、自适自乐的生态环境。他坦然直言："吾衰未自由，谢尔性所适。"(《石柜阁》)又写道："我生性放诞，雅欲逃自然。嗜酒爱风竹，卜居必林泉。"(《寄题江外草堂》)他有时把这种寻求自然生态环境的性情称作"野趣"，如《重游何氏五首》中说，"真作野人居"，"应耽野趣长"。每当杜甫遇到一处自然生态保持较好的山林或江村，他就欣喜不已。因此，上述《春日江村》咏及"桃源自可寻"，乃是诗人杜甫生态意趣的一种自然流露。

(三)仁爱义行的"友于"情怀

杜甫常以仁爱之心观物，见得自然生机勃勃；以高义情怀处世，故与万物和谐相通。例如杜诗云："一重一掩吾肺腑，山鸟山花吾友于。"(《岳麓山道林二寺行》)，"友于"出自《论语·为政》，指兄弟。杜甫视山间花鸟为兄弟，与大自然共呼吸，这种友于情怀发自仁义之心，十分可贵。也表明中国人从骨子里深信人与动植物的亲密关系，天地万物和谐同一的自然观念。亦如宋代张载所说："民，吾同胞；物，吾与也。"①

---

① 张载：《西铭》，《中国哲学史资料选辑》上册，中华书局 1982 年版，第 142 页。

(《西铭》)人们常以“民胞物与”称美杜甫仁民爱物的情怀。

诗人身经战乱，认识到网罟之祸，不免对历史与神圣产生怀疑。他宁愿同自然界的草木虫鱼为伍，也不再相信屠戮生命的文治武功。于是他倾注爱心于自然生物，特别关心弱小动植物的生命，担心它们可能遭遇的不幸。诗人的恻隐之心及于一花一草、一虫一鸟。在寒冷的风霜中，他每每思及这些可爱的小生命而吟道：“春草何曾歇，寒花亦可怜。”(《秋日夔府咏怀寄郑监李宾客》)他见到一只雁鸟就忍不住要告诫说：“翅在云天终不远，力微矰缴绝须防。”(《官池春雁二首》其二)他甚至还为小小的萤火虫而担忧：“十月清霜重，飘零何处归。”(《萤火》)连一片树叶的零落也引起他的感叹：“病叶多先坠，寒花只暂香。”(《薄游》)这种惺惺相惜的怜悯之情的自然流露令人感慨。他还在《寄题江外草堂》诗中写道：“尚念四小松，蔓草易拘缠。”在一首题为《晓望》的诗中又写道：“荆扉对麋鹿，应共尔为群。”表现出对“全生”鹿群的羡慕之情。他还在一首《独坐》诗中说：“仰羡黄昏鸟，投林羽翮轻。”又写道：“白鸥没浩荡，万里谁能驯。”(《奉赠韦左丞丈》)在诗人笔下的花鸟虫鱼都活泼可爱。譬如：

> 自去自来梁上燕，相亲相近水中鸥。(《江村》)
>
> 流连戏蝶时时舞，自在娇莺恰恰啼。(《江畔独步寻花七绝句》)
>
> 细雨鱼儿出，微风燕子斜。(《水槛遣心》)
>
> 鸬鹚鸂鶒莫漫喜，吾与汝曹俱眼明。(《春水生二绝》)
>
> 人生有情泪沾臆，江水江花岂终极。(《哀江头》)
>
> 江渚翻鸥戏，官桥带柳阴。花飞竞渡日，草见踏青心。已拨形骸累，真为烂漫深。赋诗新句稳，不觉自长吟。(《长吟》)

仁者诗圣笔下的物与之情，确乎天真烂漫。诗人的友于情怀更多地体现在人世交往中，今存杜诗1500多首，几乎有一半以上是送给友人的。这些诗歌自然流露出仁义情怀。譬如他的《寄张十二山人彪》中写道："此邦今尚武，何处且依仁。"再如《晦日寻崔戢李封》一诗咏道："喜结仁里欢"，"徒步觉自由。"又有《壮游》诗云："圣哲体仁恕，宇县复小康。"杜甫在《重送刘十弟》诗中写道："本枝凌岁晚，高义豁穷愁。"诗人晚年还专门为一座学堂题诗称赞："衡山虽小邑，首唱恢大义。"(《题衡山县文宣王庙新学堂呈陆宰》)现实总是充满忧患，诗人清醒地意识到"此生何太劳。"(《王阆州筵奉酬十一舅惜别之作》)但他又总是满怀仁爱地看待人生："自喜遂生理。"(《遣遇》)①这种真挚的关怀人生、热爱自然的仁者胸怀和仗义善行令人感慨不已。故而千家注杜也言说不尽。

杜诗的仁义之境自然渊源于孔子的"仁学"。孔子以"爱众亲仁"为旨归，"义以为上"作旗帜，奠定了仁学的基础，他对于精神境界的开拓使众多的后来者找到了人生的终极关怀，在乐学和诗化的过程中延续着中华文明。

① 杜甫诗均见于《杜诗详注》，中华书局1979年版，仇兆鳌注，第一册、二册、三册、四册、五册。

第五章 “义”与“礼”

在中国文化中，“义”与“礼”相因相成，往往相提并论，是两个不可缺少的关键词。传统文化典籍常言“四维”(礼、义、廉、耻)、“五常”(仁、义、礼、智、信)，郭店楚简之《五行》指“仁、义、礼、智、圣”。都少不了“礼”与“义”。

儒家经典《礼记》高度重视“礼”“义”。其《曲礼上》篇说：“道德仁义，非礼不成。”其《冠义》篇指出：“凡人之所以为人者，礼义也。”①华夏中国自古以来被称为：衣冠上国，礼义之邦。与其他文化相比，中国古代的“礼义”特别讲究，也特别值得人们研讨。

一、义生礼作

孔子孟子之后，战国时代的儒家代表荀子就曾设问：“礼起于何也?”由此问引发，荀子专作一篇《礼论》来探讨，《荀子》还提出“礼义之道”②(《荀子·性恶》)，以弘扬礼义。

从古至今，关于“礼”的起源说法林林总总，或说起源于先王，或说起源于天道，或说起源于原始仪式，或说起源于祭祀，或说起源于巫术，或说起源于宗教，或说起源于父权制，或说起源于风俗，或说起源

① 《礼记正义》，《十三经注疏》下册，中华书局 1980 年版，第 1231 页、第 1679 页。

② 《荀子》之《礼论》《性恶》篇，《百子全书》第一册，岳麓书社 1993 年版，第 196 页、第 212 页。

于饮食，或说起源于交换，或说起源于人情，或引欧美话语起源于阶级，起源于“保特拉吃”（指原始人类的交换与馈赠风俗）①，甚至可以说“礼”起于愚民、起于统治者愚弄老百姓。或综合多元多家说，概括地说“礼”起源于人类社会生活，为适应生产生活中的某种需要，就产生了某种讲究、某种规矩、某种仪式、某种礼节、某种制度，也就称之为“礼”。

借用《礼记》上的一句话来说：“义生，然后礼作。”（《礼记·郊特牲》）可以理解为，有了一定的道义需求，就产生相应的礼制。

1. 旧说“礼”起源于天道及先王

据《礼记》所言：“夫礼，先王以承天之道，以治人之情。”（《礼记·礼运》）②此语代表古代认为“礼”出于“天道”而由先王圣人表述的观念。参阅有关典籍，可知“先王”是指黄帝、虞舜等上古帝王，“礼”创始于黄帝、虞舜时代。

最早出现“礼”字的上古典籍当数《尚书》，其中《尧典》之“舜典”记载：

帝曰：“咨！四岳。有能典朕三礼？”佥曰：“伯夷。”帝曰：“俞，咨！伯。汝作秩宗。夙夜惟寅，直哉惟清。”③

此处“帝”指虞舜。“三礼”按郑玄注，指“天事、地事、人事之礼”。这段话明确提到“礼”，舜帝在挑选和任命执掌三礼的官员。舜帝说：“啊！四方诸侯君长，有谁能替我们主持祭祀天、地、人事的三礼呢？”大家都推荐伯夷，于是舜帝任命伯夷作掌管祭祀的礼官。这是史载第一位礼官，虞舜时代已有礼事活动。

再据《商君书》（《商子》）所载：“神农既没，以强胜弱，以众暴寡。故黄帝作为君臣上下之义、父子兄弟之礼、夫妇妃匹之合，内行刀锯，

---

① 杨向奎：《宗周社会与礼乐文明》，人民出版社1997年版，第235页。

② 《礼记正义》，《十三经注疏》下册，中华书局1980年版，第1456页、第1414页。

③ 《尚书正义》，《十三经注疏》上册，中华书局1980年版，第131页。

外用甲兵。”①则将“义”与“礼”的开创追溯到黄帝时代。

司马迁《史记·五帝本纪》简约记载黄帝“封禅”事。封禅，是帝王祭祀天地的大型典礼，“封”为祭天，“禅”为祭地。接着又述颛顼“载时以象天，依鬼神以制义，治气以教化，絜诚以祭祀。”即已有祭祀之礼。舜帝时“伯夷主礼，上下咸让”。②东汉应劭《风俗通义》说黄帝始作“礼文法度，兴事创业”。王充《论衡·订鬼》有云：“恶害之鬼，执以苇索，而以食虎。于是黄帝乃作礼以时驱之。”③以上司马迁等汉代学者的著作都述及黄帝为首的五帝时代开始“制义”“作礼”。

古代小说家言，礼起于统治者管理或愚弄老百姓。譬如《西游记》所写的“紧箍咒”。孙悟空不听话，唐僧就将观音菩萨送来的“绵布直裰”与“嵌金花帽”哄悟空穿戴，说“这帽子若戴了，不用教经，就会念经；这衣服若穿了，不用演礼，就会行礼。”悟空穿戴之后，唐僧一念咒语悟空就头痛。唐僧问：“你再可无礼了？”行者道：“不敢了。”④在小说家看来，礼制，就像是“紧箍咒”一样专门管理不听话的老百姓。

2.“礼”起源于家庭与个体婚制

其实，中国文化之“礼”扎根于每个家庭之中。有了父母、夫妇、子女，就有了礼。在不知父母夫妇的远古自然无所谓礼。

例如《吕氏春秋》所言：“昔太古尝无君矣，其民聚生群处，知母不知父，无亲戚兄弟夫妻男女之别，无上下长幼之道，无进退揖让之礼。”而民如麋鹿禽兽，由此认为“君臣之义，不可不明也。”⑤

---

① 《商君书·画策》，《百子全书》第二册，岳麓书社 1993 年版，第 1570 页。

② 司马迁：《五帝本纪》，《史记》第一册，中华书局 1982 年版，第 11 页、第 43 页。

③ 王充：《论衡》，上海人民出版社 1974 年版，第 345 页。

④ 吴承恩：《西游记》第十四回“心猿归正，六贼无踪”，人民文学出版社 2020 年版，第 162 页。

⑤ 《吕氏春秋·恃君览》下册，卷二十，《吕氏春秋集释》，中国书店出版社 1985 年版，第 1 页。

《庄子》一书中也描写过远古之世的状况："古者禽兽多而人民少，于是民皆巢居以避之。昼拾橡栗，暮栖木上，故命之曰'有巢氏之民'。古者民不知衣服，夏多积薪，冬则炀之，故命之曰'知生之民'。神农之世，卧则居居，起则于于，民知其母，不知其父，与麋鹿共处。"①那时候还没有婚姻、没有家庭，也无所谓礼。唐朝的司马贞作《三皇本纪》，将"礼"上溯到伏羲(庖牺)时代，认为庖牺氏"始制嫁娶，以俪皮为礼"。尽管尚无确切证据，但是他将"礼"与"嫁娶"联系起来，倒是表达了中国人认为礼来自婚姻与家庭的原初观念。

恩格斯说："个体婚制是文明社会的细胞形态。"②我国有学者认为"中国古籍所说的夫妇有义与恩格斯所说的个体婚制一样，都是文明社会的细胞形态。"③由此认为：礼起源于父权制，礼造端于男女有别"夫妇有义"的婚姻家庭制度。

"夫妇有义"见于《礼记》："礼之大体，而所以成男女之别，而立夫妇之义也。男女有别，而后夫妇有义；夫妇有义，而后父子有亲；父子有亲，而后君臣有正。故曰：昏礼者，礼之本也。"又说"本于昏"，"此礼之大体也。"(《礼记·昏义》篇)此处"昏"即"婚姻"，"昏礼"就是"婚礼"。《礼记》是儒家经典之一，据传为孔门弟子七十子后学所作，西汉戴圣编辑，书中对中国古代先秦至西汉前期的礼制有比较详细的记载与阐述。关于夫妇婚姻家庭与礼义的论述还可见这样几段：

如《礼记·中庸》篇说："君子之道，造端乎夫妇。"《礼记·内则》篇也说："礼始于谨夫妇。为宫室，辨外内。"夫妇有义，正是产生"礼"的标志。

《礼记·礼运》篇指出："今大道既隐，天下为家，各亲其亲，各子

---

① 《庄子·盗跖》，《庄子解》，中华书局1964年版，第259页。

② 恩格斯：《家庭、私有制和国家的起源》，《马克思恩格斯全集》第21卷，人民出版社1965年版，第78页。

③ 金景芳：《谈礼》，《历史研究》1996年第6期。

其子，货力为己，大人世及以为礼，城郭沟池以为固，礼义以为纪，以正君臣，以笃父子，以睦兄弟，以和夫妇，以设制度。”讲到天下之人各自“为家”，就必须“礼义以为纪”①。

古代婚姻礼制中还有“同姓不婚”的原则，如《左传》“僖公二十三年”记载，先民早已发现“男女同姓，其生不蕃”。②为了种族繁衍与社会伦理，实行族外婚。汉代的《白虎通义·嫁娶》有云：“不娶同姓者何，重人伦，防淫佚，耻与禽兽同也。”亦可见“礼”来自人伦之义。

《周易》也论及礼义起源于“夫妇”，其《序卦》传指出：“有天地然后有万物，有万物然后有男女，有男女然后有夫妇，有夫妇然后有父子，有父子然后有君臣，有君臣然后有上下，有上下然后礼义有所措。”(《周易·序卦》)这里“措”就是安排设置，也就是说有了夫妇名分，才有了礼义。所以说，“礼”肇端于婚姻家庭。

3.“礼”起源于饮食分配与制约人欲的需要

饮食是人类生存的基本需求、必要的人欲。回望原初先民，当猎获的食物被他人多吃多占，而自己的基本需要不能满足，就会引发争斗。如《周易·序卦》传云：“需者，饮食之道也。饮食必有讼。”③为了平息纷争，需要分配食物的规矩，也就是最初的“礼”。

于是《礼记·礼运》说：“礼之初，始诸饮食。”又说：“饮食男女，人之大欲存焉。”由此出现礼义源起的“饮食说”。认为最初的“礼”是原始人分配食物的习俗。

其实《荀子》早已从“人生有欲”的角度来论述“礼之所起”：

“礼起于何也？曰：人生而有欲，欲而不得，则不能无求；求而无

---

① 《礼记正义》，《十三经注疏》下册，中华书局 1980 年版，第 1681 页、1626 页、1468 页、1414 页。

② 《春秋左传正义》，《十三经注疏》下册，中华书局 1980 年版，第 1815 页。

③ 《周易正义》，《十三经注疏》上册，中华书局 1980 年版，第 96 页、第 95 页。

度量分界，则不能不争；争则乱，乱则穷。先王恶其乱也，故制礼义以分之，以养人之欲，给人之求，使欲必不穷乎物，物必不屈于欲。两者相持而长，是礼之所起也。”①

战国时期的告子曾提出一个著名的观点：“食、色：性也。”其说保存在《孟子》一书中。饮食的需求、性欲的需求，出自人类本性，属于人生最基本的欲望需要。《礼记·礼运》也说：“饮食男女，人之大欲存焉。”但是人的欲望需求不能没有规矩。正如孟子反驳告子的“生之谓性”而提出反问：“然则犬之性，犹牛之性；牛之性，犹人之性与?”②(《孟子·告子上》)人不是犬、不是牛，不是禽兽；人之所以为人，就是要讲究“礼义”，制礼义“以养人之欲，给人之求”。否则，“舍礼何以治之?”

上面所说“礼”起源于婚姻或起源于饮食，其实都是缘于制约人欲的需要。

4. 礼起源于原始祭祀与神灵崇拜

近百年以来考古发现的成果，使得更多的学者主张“礼”源于原始祭祀。

汉代许慎解说“礼”字就已指出：礼出于“事神”，即祭祀活动。其《说文解字》云：“礼，履也。所以事神致福也。从示，从豊。”③

从甲骨文字形与金文字形来看，“礼(禮)”的本字“豊”，象形，形似祭祀礼器。其中的“豆”，形似高足盘，像一种盛食物的器皿。王国维认为甲骨文的礼字像二玉在器中之形，好像是两串玉器，奉献给神灵的祭品。或以为“豊”的形象是用玉串装饰的贵重大鼓，即古人在鼓乐声中以玉来祭享天地鬼神之状。这两种描述都说明“禮”的字源本义与原始宗教祀神仪式相关，篆书楷书加上示旁强调表示祭祀。

---

① 《荀子·礼论》，《百子全书》第一册，岳麓书社1993年版，第196页。
② 朱熹注：《孟子》，上海古籍出版社1987年版，第84页。
③ 许慎：《说文解字》，中华书局1963年版，第7页。

甲骨文“礼字”

金文“礼”字

篆书“礼”字

上文已述，“义”字字形即来自祭祀礼仪活动，与“礼”字造型同源本具有天然联系。

施密特的《原始宗教与神话》一书认为：祭祀与礼仪产生于“对于至上神的崇拜”。在原始文化部族中，“他们举行这种仪式，以为能获得至上神对自己的家庭、部族及全世界的援助与恩宠”。①中国古代“事神致福”之礼，也就是对于至上神的崇拜，通过祭祀祈祷希望神灵能够致福。

在中国古代典籍中早已有关于祭祀之“礼”的记载：“夫礼之初，始诸饮食。其燔黍捭豚，污尊而抔饮，蒉桴而土鼓，犹若可以致其敬于鬼神。”(《礼记·礼运》篇)②这段话大意为：礼的初起，开始于饮食，先民在岩石上烤熟黍米，掰开烫熟的猪肉，在地上挖池盛酒，掬酒而饮，用野草合泥制成的鼓槌敲打土鼓，也能凭此祭祀，敬献鬼神。可见古人早已将“礼”的萌生与祭祀联系起来。

近代以来的学者更注重礼起源于原始祭祀。如王国维说，祭祀神灵之事“通谓之礼”。王国维通过考释甲骨文，发现甲骨文的礼字“象二玉在器中之形”。由此认为“礼”字最早指以器皿盛两串玉献祭神灵，“又推之而奉神人之事，通谓之礼。”③

考古证实，史前时代的中华大地已出现早期礼仪活动，在仰韶文

---

① [德]施密特：《原始宗教与神话》，萧师毅等译，上海文艺出版社 1987 年版，第 345-352 页。

② 《礼记正义》，《十三经注疏》下册，中华书局 1980 年版，第 1415 页。

③ 王国维：《观堂集林》第 1 册，中华书局影印本 1999 年版，第 291 页。

化、红山文化、龙山文化等文明遗址都发现了多处祭坛遗迹，出土了多种祭器。特别是良渚文化遗址出土了大量精美的玉琮等玉制礼器，三星堆文化遗址出土了多种青铜礼器和饰有黄金的礼器，这些祭坛、祭器，表明当时已有了礼仪活动。考古学者吴汝祚认为："良渚文化时期引人注目的，是在土筑高台墓地内出土的大型墓葬，随葬大量的、精致的成组玉器，表明已有了礼制。"例如"玉琮是一种礼器。礼器是为礼制服务的。"①良渚文化时期距今5000多年，约在传说的虞舜时代之前。玉琮礼器的大量出现，表明当时先民已有祭祀鬼神的礼仪活动，礼制由此发生。亦如美国学者郝大维、安乐哲所指出的："这些'礼'是前人赋予这个世界的'义'的载体。"②"礼"的源起诸说都缘于"义"，故曰：义生，然后礼作。

5. 周公制礼作乐

说到古代制礼，尽管《尚书》记载虞舜"三礼"，《史记》说到黄帝"封禅"，《淮南子·齐俗训》言及"有虞氏之祀"；但这些传说只留下几个名称。孔子说："夏礼，吾能言之"，"殷礼，吾能言之"。(《论语·八佾》)可惜夏、商的礼制已不见全貌，没能传承下来。只有周代的礼制比较详细地保存至今。周礼，一般认为由周公"制礼作乐"而成。

周公，姓姬名旦，文王之子，武王之弟。相传周公辅佐武王、成王，忠厚仁爱，制礼作乐，成为孔子敬佩的圣人之一。

据《礼记·明堂位》："周公相武王以伐纣，武王崩，成王幼弱，周公践天子之位，以治天下。六年，朝诸侯于明堂，制礼作乐，颁度量，而天下大服。七年，致政于成王。"③

---

① 吴汝祚：《良渚文化礼制的形成及其影响》，《杭州师范学院学报》2001年第1期。

② [美]郝大维、安乐哲：《孔子哲学思微》，江苏人民出版社1995年版，第72页。

③ 《礼记·明堂位》，《礼记正义》，《十三经注疏》下册，中华书局1980年版，第1488页。

又据《尚书大传》的《洛诰》篇记载：“周公摄政，一年救乱，二年克殷，三年践奄，四年建侯卫，五年营成周，六年制礼作乐，七年致政成王。”注：克殷，指平定管蔡之乱。其《尚书大传·康诰》篇也说：“周公将作礼乐，优游之。”然后营洛，以观天下之心。周公曰：“示之以力役，且犹至，况导之以礼乐乎!”然后敢作礼乐。①

关于周公制礼的记录还见于《左传》，周公封于鲁，其“文公十八年”记载有周公的后代、鲁国的正卿季文子之语：“先君周公制《周礼》曰：‘则以观德，德以处事，事以度功，功以食民。’”②意思是：我们的先君周公制定《周礼》说：“有礼法才可观察德行，有德行才可处理政务，处理政务才可建立功业，建立功业才可让百姓丰衣足食。”

孔子曾说“殷因于夏礼”，“周因于殷礼。”(《论语·为政》)周礼是在夏代之礼和商代之礼的基础上，以“亲亲”和“尊尊”为基本指导思想，综合本族风俗习惯和周代社会实际需要，而制定的一整套周朝的礼制。周公当为领衔制礼的人物之一。周代的礼制通过《周礼》《仪礼》《礼记》完整详细地保存至今，其中某些礼仪还一直在民间承传。虽其文本中不免附会之言、琐碎之辞，但经过两千多年来学者们考证，多数是可信的，令人感叹，难能可贵，更可贵的是制礼行义的人文精神。

二、礼以行义

古代注重祭祀之礼，常以精美玉器等贵重的物品作为献祭。而《论语》记孔子言：“礼云礼云，玉帛云乎哉？乐云乐云，钟鼓云乎哉?”(《阳货》篇)孔子的意思是，“礼”不能限于形式，不能只是进献玉帛就完事，最重要的是礼义的内涵，要从内心表达敬意，成为有礼有义的人。如《礼记》所言“人之所以为人”，就体现于“礼义”。

---

① 皮锡瑞撰：《尚书大传疏证》，中华书局2022年版，第262页，第246页。

② 《春秋左传正义》，《十三经注疏》下册，中华书局1980年版，第1861页。

所谓“礼”，本义是举行仪式祭神求福。经过周代制礼，儒家崇礼，渐次成为人伦社会的行为准则、道德规范，有了表示敬意的礼仪、礼节、礼貌、致敬、仪式等含义。《论语》记载孔子语：“君子义以为质，礼以行之。”①(《论语·卫灵公篇》)意为：君子以道义作为修身的本质，并依照礼来实行。

再如《礼记·乐记》所言：“礼者，殊事合敬者也。”《礼记·曲礼上》指出：“人有礼则安，无礼则危，故曰：礼者不可不学也。”亦如《左传》“僖公二十八年”所记载；“礼以行义，信以守礼，刑以正邪。”②意为：礼制是为了实行道义，信用是为了遵守礼制，刑法是为了纠正邪恶。

“礼”不是空话，必须体现于“行义”。如《尔雅·释言》解释：“履，礼也”，郭璞注“礼可以履行也。”③中国古代“礼”可以履行、践行的意思与《易经》的卦义相应合。“履卦”为《易经》六十四卦之一。履卦辞云：“履道坦坦”。履，有践行、实践之义，如“履行”“履历”“履善”“践履”。许慎通晓五经包括《易经》，当然熟悉“履卦”。《说文解字》：“禮，履也。”许慎用“履”来解释“礼”显然有其深意。《周易》履卦关系到“礼”。《序卦传》：“物畜然后有礼，故受之以履”，韩康伯注“履者，礼也，礼所以适用也”。④履卦卦象为兑下乾上，《象传》曰“上天下泽，履。君子以辨上下，定民志”。卦象取法自然。君子由此辨上下之分，确定正当的秩序与行为规范。“履”意为践行礼义的规范。

具体来说，当时的礼制，按《周礼》《仪礼》和《礼记》的载录，分为“冠、昏、丧、祭、覲、聘、燕、射、乡”多类。按《礼记·昏义》篇所说：“夫礼始于冠，本于昏，重于丧、祭，尊于朝、聘，和于射、乡，

① 杨伯峻译注：《论语译注》，中华书局1980年版，第185页、第166页。
② 《春秋左传正义》，《十三经注疏》下册，中华书局1980年版，第1827页。
③ 李传书整理：《尔雅注疏》，北京大学出版社2000年版，第74页。
④ 《周易正义》，北京大学出版社2000年版，第394页。

此礼之大体也。”①

梁启超概括道：“礼也者，人类一切行为之轨范也。有人所以成人之礼，若冠礼是；有人与人相接之礼，若士相见礼是；有人对于宗族家族之礼，若昏礼丧礼是；有宗族与宗族间相接之礼，若乡射饮酒诸礼是；有国与国相接之礼，若朝聘燕享诸礼是；有人与神与天相接之礼，则祭礼是。”②这里谨举冠礼、婚礼、士相见礼、祭礼、聘礼五类略述如下。

第一，冠礼。

冠礼，是男子的成年礼，嘉礼的一种。《仪礼》将“士冠礼”放在首篇。中华文化是注重礼义的文化，冠礼就是礼义的起点。男子二十岁行冠礼，“二十而冠，始学礼。”(《礼记·内则》)冠，帽子，古时男子只有成年才能戴冠，冠、冕称为首服。男子加冠，举行冠礼，表示成年了，标志着从少年步入成年；因此举行盛重的仪式，穿礼服，行礼，加冠，听颂祝辞，拜尊长，讲礼义。冠礼之后，才可以婚娶，男子从此作为一个成年人参加各项活动；同时要承担成年人的社会责任。冠礼就是以成人的责任来要求人之为人的礼仪。《礼记·冠义》篇记载“成人之者，将责成人礼焉也。”成人“将责为人子、为人弟、为人臣、为人少者之礼行焉。”父子亲，长幼和，而后礼义立。“孝弟忠顺之行立，而后可以为人。”古者重冠礼，实质上是注重人之“成人”。“敬冠事所以重礼，重礼所以为国本也。”加冠，成人，重礼，行义。“故曰：冠者，礼之始也。”(《礼记·冠义》)注重的是“成人”之义。

第二，婚礼。

《仪礼》和《礼记》所载“昏礼”就是婚礼。婚礼属于嘉礼，是人生大礼，是两个家族的结合。如《礼记》云，“将合二姓之好，上以事宗庙，

---

① 《礼记正义》，《十三经注疏》下册，中华书局1980年版，第1681页。

② 梁启超：《志三代宗教礼学》，《梁启超全集》第6册，北京出版社1999年版，第3597页。

而下以继后世也，故君子重之。”重在“立夫妇之义”，标志着人丁繁衍，宗族延续。“夫妇有义，而后父子有亲，父子有亲，而后君臣有正。故曰：昏礼者，礼之本也。”（《礼记·昏义》）在注重礼仪的周代已形成一套完整的婚姻礼仪，合称“六礼”。在《仪礼》和《礼记》中已列有“六礼”名称：“纳采、问名、纳吉、纳征、请期、亲迎。”从此六礼婚制一直传承至今。

1. 纳采，男方请媒人向女方家提亲，答应议婚后，男方备礼前去求婚。

2. 问名，男方请媒人问女方名字生辰日期，为卜是否适宜，避免近亲婚。

3. 纳吉，将双方生辰八字占卜得吉兆，再通知女方，商定婚姻之事。

4. 纳徵，亦称纳币，男方以聘礼送给女方家以成婚事，故称完聘、过大礼。

5. 请期，择定婚礼佳期，俗称选日子，男方备礼告知女方家，商定迎娶日期。

6. 亲迎，新郎亲自到女方家迎娶新娘，完成婚礼。

如《礼记》记载：“是以昏礼纳采、问名、纳吉、纳征、请期，皆主人筵几于庙，而拜迎于门外，入，揖让而升，听命于庙，所以敬慎重正昏礼也。”（《礼记·昏义》①注重的是夫妇之义所导引的人伦规矩。

第三，士相见礼。

士，是古代男子的美称。“士”是一种身份。所谓“士、农、工、商”，“士”显然不同于农民、工匠和商人，而是有身份的人，有可能接近官方贵族的文人或武士。士人在相见的时候有一系列礼仪程序。“三礼”之一的《仪礼》有《士相见礼》一篇，记叙入仕的士去见职位相近的士

① 《礼记正义》，《十三经注疏》下册，中华书局1980年版，第1471页、第1679页、第1680页。

人的礼节及士人相交的礼仪，通过程式化的礼仪表达内心的诚敬。不同身份、不同对象、不同时机而有不同的程序。如果不知对方是否愿意相见，而贸然闯入对方家中，是无礼的表现；素昧平生的不速之客更是失礼。因此，事先需要让人转达求见之意。求见方得到主人的同意之后去见面，需要带上礼物，一般用雉，取其不受引诱、不惧威慑来隐喻节操。经过通报，见面时行礼，拱手作揖，并说：“某不足以辱命。请终赐见。”主人答礼，“对曰：某不敢为仪，固请吾子之就家也。”①如此等等，细节繁琐。士人相见彼此遣词极为谦恭，往往降低身份委婉言说。《礼记》说：“礼者，自卑而尊人。”(《曲礼上》)即通过自谦的方式来表示对他人的尊敬，才叫有礼。讲究的是敬人之义。

第四，祭礼。

祭礼指祭祀或祭奠的仪式。“礼”本源于古代祭祀，先民特别注重祭礼，视祭祀为国家大事。如《左传》记载：“国之大事，在祀与戎。”(《左传》成公十三年)。《礼记》有《祭法》《祭义》《祭统》三篇专门论述祭祀之礼。例如《祭法》篇列有祭天、祭地、祭神、祭日、祭月、祭寒暑、祭水旱等，“有天下者祭百神”。又见于《礼记·礼运》：“天子祭天地，诸侯祭社稷。”

古代祭祀礼仪特别讲究，气氛严肃，场面宏大，位次严格，程序复杂，参与人员众多，神色庄重。祭祀前必须斋戒，盥洗，奏乐，行礼，就位。正式祭祀分为九个仪程：行四拜礼迎神、奠玉帛、进俎、初献、亚献、终献、饮福受胙、撤馔、送神等。献礼时读祝，奏乐，各个仪程演奏不同的乐章。凡与祭之人，皆受福胙，祭以示敬，宴以尽欢，正是礼之用，和为贵。

《礼记·祭义》说：“天下之礼，致反始也，致鬼神也，致和用也，致义也，致让也。致反始，以厚其本也；致鬼神，以尊上也；致物用，以立民纪也；致义，则上下不悖逆矣；致让，以去争也。合此五者，以

---

① 《仪礼注疏》，《十三经注疏》上册，中华书局1980年版，第975页。

治天下之礼也。”大意是：天下的礼，作用有五个方面：让人不忘初始、缅怀祖宗、开源致用、树立道义、达到谦让。不忘初始，意在思源重本；缅怀祖宗，意在敬老尊上；开源致用，意在保障民生；树立道义，意在顺从有礼；达到谦让，意在消除争斗。这五项作用合起来，就是治理天下的礼，注重的是“义以为质”。

《礼记·祭统》说：“礼有五经，莫重于祭。夫祭者，非物自外至者也，自中出生于心也。心怵而奉之以礼，是故唯贤者能尽祭之义。”①认为各种礼仪中最重要的是祭礼。祭祀，并不是外物强迫你办，而是发自内心深处的自觉行动。心中感怀先人，祭之以礼，只有贤者才能尽心表达祭礼之义。讲究的是敬神之义，“礼以行义”。

第五，聘礼。

这里所说的聘礼，是指古代天子与诸侯以及诸侯之间遣使往来的礼仪。

《周礼·秋官》记载：“大行人”掌相聘大礼，以亲诸侯。“春朝诸侯而图天下之事，秋觐以比邦国之功，夏宗以陈天下之谟，冬遇以协诸侯之虑。”目的是结诸侯之好。“凡诸侯之王事，辨其位，正其等，协其礼，宾而见之。若有大丧，则诏相诸侯之礼。若有四方之大事，则受其币，听其辞。凡诸侯之邦交，岁相问也，殷相聘也，世相朝也。”②

“聘”有访问、慰问之意。《尔雅·释言》解释：“聘，问也。”《说文解字》云：“聘，访也。”③《仪礼》有《聘礼》专篇，《礼记》有《聘义》专篇，对聘问礼仪所记甚详。

据《周礼》《左传》等文献所记西周、春秋时期的使者有很多种，如

---

① 《礼记》之《曲礼上》《祭法》《礼运》《祭义》《祭统》篇，《礼记正义》，《十三经注疏》下册，中华书局 1980 年版，第 1231 页、第 1588 页、第 1417 页、第 1595 页、第 1602 页。

② 《周礼注疏》，《十三经注疏》上册，中华书局 1980 年版，第 890 页、第 893 页。

③ 《尔雅注疏》，《十三经注疏》下册，中华书局 1980 年版，第 2584 页。许慎：《说文解字》，中华书局 1963 年版，第 250 页。

间问之使、归赈之使、贺庆之使、赐命之使、赴告之使等。春秋战国时期是聘问活动最繁盛的时期，已成为诸侯之间主要的交往方式之一。出使要带礼物，入境、离境和迎接使者有一定的礼仪程序，例如到达所聘国的国境，须将旃旗系在车上，立誓不违犯礼仪。聘问的言词要谦逊而和悦。使者代表诸侯国聘访须遵从一定的礼仪，最重要的是表达不辱使命之义。著名的出使之例有晏子使楚、蔺相如使秦等。而作为国君在春秋舞台上“奉礼义成”的高手则是晋文公重耳。《国语·周语》周襄王十六年(公元前636年)载有“内史兴论晋文公必霸”的一段话：

> 襄王使太宰文公及内史兴赐晋文公命，上卿逆于境，晋侯郊劳，馆诸宗庙，馈九牢，设庭燎。及期，命于武宫，设桑主，布几筵，太宰莅之，晋侯端委以入。太宰以王命命冕服，内史赞之，三命而后即冕服。既毕，宾、飨、赠、饯如公命侯伯之礼而加之以宴好。内史兴归，以告王曰：“晋不可不善也，其君必霸。逆王命敬，奉礼义成。敬王命，顺之道也；成礼义，德之则也。则德以导诸侯，诸侯必归之。且礼所以观忠、信、仁、义也，忠所以分也，仁所以行也，信所以守也，义所以节也。忠分则均，仁行则报，信守则固，义节则度。分均无怨，行报无匮，守固不偷，节度不携。若民不怨而财不匮，令不偷而动不携，其何事不济！中能应外，忠也；施三服义，仁也；守节不淫，信也；行礼不疚，义也。臣入晋境，四者不失，臣故曰晋侯其能礼矣。”①

这段话是说：周襄王派遣太宰文公与内史兴向晋文公颁赐诏书，晋国的上大夫在边境迎接，晋文公亲自到郊外迎接慰劳，将他们的住处安排在宗庙，招待以九牢宴席，还在厅堂上点燃照明的火把。接受赐封的那天，晋文公在祖庙武宫举办仪式，设立他父亲晋献公的神主牌位，安

---

① 《国语·周语上》，《国语》，河南大学出版社2008年版，第119页。

排了丰盛的筵席，由太宰莅临主持仪式，晋文公穿戴着隆重的礼服进场。太宰代表周襄王赐给晋文公冕服，内史兴赞唱仪礼之词，晋文公恭谨地三次辞让之后接受了冕服。仪礼结束后，晋文公对太宰和内史的酬谢、飨食、馈赠、郊送等礼仪也都按照诸侯等级进行，而且态度谦和。内史兴返回，向周襄王汇报说：今后不能不善待晋国啊，晋君一定会称霸诸侯。他们恭敬地接受王命，执行礼仪得当。尊敬王命，遵从行为准则；行礼得当，具备德行规范。以德行作为诸侯的表率，其他诸侯定会归附。况且礼仪就是用来观察忠、信、仁、义的。“忠”看如何区分，“仁”看如何施行，“信”看如何守护，“义”看如何节制。以忠去区分才公平，以仁去施行才生效，以信去守护才稳固，以义去节制才适度。区分公平就没有怨恨，施行生效就不会匮乏，守护稳固就不致偷安，节制适度就没有二心。如果民众没有怨恨且财用不匮乏，命令不走样且执行不离心，那还有什么事办不成的呢！表里相应，就是忠；三番辞让才受命，就是仁；守节而不逾越，就是信；礼仪无缺，就是义。微臣这次到晋国，所见以上四项都没有疏失，所以说晋侯显得特别有礼。而后果然称霸于诸侯。

晋侯能礼，亦见于《左传》，其“僖公二十八年”记载，晋军退避三舍而战胜楚军，获得周王嘉奖，而“晋侯三辞，从命，曰重耳敢再拜稽首，奉扬天子之丕显休命。受策以出，出入三觐。”就是说，晋文公有礼地辞谢三次，然后接受，并说：“我重耳恭谨地再拜扣头，奉命宣扬天子的重大赐命。”接受了周王的策命才离开，进出王城朝拜了三次。

擅长于朝聘之礼，助使晋文公成为春秋时期的第二位霸主。

孔子以“知礼”著称，且善于以礼行义，他在鲁国为相之时，曾参与鲁、齐会盟，为鲁国取得了一次外交上的成功，而不辱使命，事迹见于《左传》“定公十年”（即公元前 500 年）记载：

> 十年春，及齐平。夏，公会齐侯于祝其，实夹谷。孔丘相。犁弥言于齐侯曰：“孔丘知礼而无勇，若使莱人以兵劫鲁侯，必得志

> 焉。”齐侯从之。孔丘以公退，曰：“士，兵之！两君合好，而裔夷之俘以兵乱之，非齐君所以命诸侯也。裔不谋夏，夷不乱华，俘不干盟，兵不逼好。于神为不祥，于德为愆义，于人为失礼，君必不然。”齐侯闻之，遽辟之。将盟，齐人加于载书曰：“齐师出竟，而不以甲车三百乘从我者，有如此盟。”孔丘使兹无还揖对曰：“而不反我汶阳之田，吾以共命者，亦如之。”齐侯将享公，孔丘谓梁丘据曰：“齐、鲁之故，吾子何不闻焉？事既成矣，而又享之，是勤执事也。且牺象不出门，嘉乐不野合。飨而既具，是弃礼也。若其不具，用秕稗也。用秕稗，君辱，弃礼，名恶，子盍图之？夫享，所以昭德也。不昭，不如其已也。”乃不果享。齐人来归郓、讙欢、龟阴之田。①

这段话是说：十年春季，鲁国与齐国媾和。夏季，鲁定公在祝其会见齐景公，祝其也就是夹谷。孔丘相礼。犁弥对齐景公说：“孔丘懂得礼而缺乏勇，如果派莱地人用武力劫持鲁侯，一定可以如愿以偿。”齐景公听从。当时，孔子一看形势就领着鲁定公退场，并号召说：“战士们拿起武器攻上去！两国的国君友好会见，而边鄙东夷的俘虏兵却冒出来捣乱。这绝不是齐国国君对待诸侯的态度。边鄙不应图谋中原，东夷不能搅乱华夏，俘虏兵不能侵犯盟会，武力不得强迫友谊。这种行为对于神明就是不吉祥，从德行来说就是丧失道义，从人伦来说就是违反礼仪，国君必定不会这样做。”齐景公听到之后，马上就叫莱地人走开。于是齐鲁两国进行盟誓，齐国一方要求在盟书上加一句话：“如果齐军出境，而鲁国不派三百辆甲车跟随的话，有盟誓为证！”孔丘派鲁国的兹无还作揖且回答说：“如果齐国不归还我们汶阳的田地，让我们用来供应共同的需要，也有盟誓为证！”于是齐景公准备设享礼招待鲁定公。

---

① 《春秋左传正义》，《十三经注疏》下册，中华书局 1980 年版，第 1825-1826 页、第 2148 页。

孔丘对梁丘据说："齐国、鲁国旧有的典礼，您怎么没有听说过呢？事情已经办成了，而又设享礼，这是徒劳的事。而且牺尊、象尊都不可出国门，钟磬不可在野外合奏。如果设享礼而齐备，就不合礼法；如果不齐备，那就像秕子稗子一样不郑重。像秕稗一样，就等于国君受辱。而不合礼法，就坏了名声。您何不考虑一下！享礼，是用来昭示德行的。如果不能昭示，还不如不用。"结果没有设享礼。事后齐国将郓、欢、龟阳的田地归还给鲁国。

在齐国强、鲁国弱的形势下，由于孔子知礼行义，为鲁国取得了难得的外交成功。

三、修礼达义

礼，需要学习；学礼，是为了"达义"。

孔子曾启发自己的亲儿子孔鲤，"学礼乎？"并教导他："不学礼，无以立。"不学礼就无法立身做人。在孔子看来，学礼做人，是第一位的。于是孔鲤"退而学礼"。①(《论语·季氏》篇)据《论语注疏》，"学而时习之"就包含学礼的内容。

《荀子》说："学恶乎始？恶乎终？曰：其数则始乎诵'经'，终乎读'礼'；其义则始乎为士，终乎为圣人。"②(《劝学》)意为：学习应该从哪里起步？终点又在哪里呢？回答是：从学习的途径讲，应当从读经书起步，完成于熟识礼仪；从学习的意义来讲，起点是做一个读书人，终点是成为圣人。实际上是学无止境。

1.《论语》《孟子》所言"礼"与"义"

《论语》记载，孔子多次表示"好礼""好义"，即喜好礼义。譬如《论语·子路》篇说："上好礼，则民莫敢不敬；上好义，则民莫敢不

① 杨伯峻译注：《论语译注》，中华书局1980年版，第178页。

② 《荀子·劝学》，《百子全书》第一册，岳麓书社1993年版，第131页。

服。”《论语·卫灵公》篇记述孔子言：“君子义以为质，礼以行之。”都表明“礼”与“义”在孔子的话语中是具有肯定价值的关键词。因此，“博学于文，约之以礼”(《论语·雍也》篇)，对君子而言非常重要。

上引孔子教导孔鲤说：“不学礼，无以立。”《论语·尧曰》篇又记载孔子说：“不知礼，无以立也。”学礼、知礼，是立身做人的必要条件。故《论语·泰伯》篇记录孔子曰：“兴于诗，立于礼，成于乐。”知礼达义，是做人的必要条件。所以孔子说：“克己复礼为仁。”(《论语·颜渊》篇)具备行义之礼乐，“亦可以为成人矣。”孔子又说：“今之成人者何必然？见利思义，见危授命，久要不忘平生之言，亦可以为成人矣。”(《论语·宪问篇》)孔子特别关注成人，人的成长，合乎礼义的成长。

怎样做到有礼呢？儒家注重修养，孔子讲“修己”，即自我修养。《论语》记述说：

> “子路问君子。子曰：‘修己以敬。’曰：‘如斯而已乎？’曰：‘修己以安人。’曰：‘如斯而已乎？’曰：‘修己以安百姓。’”(《论语·宪问篇》)

这段话是说：子路请教孔子，什么叫君子？孔子回答：“自我修养，待人遇事都能恭敬。”子路再问：“这样就行了吗？”孔子接着说：“自我修养，不妨碍别人。”子路还要问：“这样就行了吗？”于是孔子说：“自我修养，使天下百姓都得到安宁。”孔子所说“安人”“安百姓”就是“达义”，实现道义的理想。

在孔子的教诲下，孔门弟子可称修礼达义之人。《论语·雍也》篇云：颜回“一箪食，一瓢饮，在陋巷，人不堪其忧，回也不改其乐。”孔子称赞说：“贤哉回也！”①

再如孔子的弟子仲由，字子路，天性忠厚，正直勇敢。在担任卫国

① 杨伯峻译注：《论语译注》，中华书局1980年版，第159页、第59页。

大夫孔悝家臣时遭遇卫国内乱，子路临危不惧，为了救出大夫孔悝，子路闯入险境，不幸被叛乱者的戈击中，斩断了他的帽缨。《左传》“哀公十五年”记载，子路说：“君子死，冠不免。”正在他结缨的时刻，被恶敌杀害。①可见子路确乎是“修礼达义”之人，牺牲时也不忘礼义。

孟子继承孔子的知礼尚义学说，继续高扬礼义，并且提出“仁义礼智”四端说。上文已述。其中指出：“羞恶之心，义之端也；辞让之心，礼之端也。”(《孟子·公孙丑上》)又说：“羞恶之心，义也；恭敬之心，礼也。”(《孟子·告子上》)孟子概括说：“仁义礼智根于心。”(《孟子·尽心上》)因此，“言非礼义，谓之自暴也。吾身不能居仁由义，谓之自弃也。”(《孟子·离娄上》)人不能自暴自弃。孟子曰：“非礼之礼，非义之义，大人弗为。”(《孟子·离娄下》)孟子提出：“夫义，路也；礼，门也。惟君子能由是路，出入是门也。”(《孟子·万章下》)②君子的礼义之路就是人生的坦荡大道。

2.《左传》所记“礼”与“义”

“礼”在《左传》中出现500多次，足见春秋时期史家对礼义相当重视，提供了关于礼义的大量资料，这些记述，成为周公制礼作乐延续至孔子倡导仁义学说之间的过渡。《左传》往往批评春秋时期诸侯的“无礼”“非礼”的现象。

例如《左传》“隐公三年”借“君子曰”评论“周、郑交恶”的事件：“信不由中，质无益也。明恕而行，要之以礼，虽无有质，谁能间之？”就是说：如果信用不是出自内心，双方交换人质也没有用。如果能互相谅解而办事，用遵守礼节来约束，就是没有人质，谁又能够离间呢？行之以礼，又焉用质？

《左传》“隐公十一年”引用周朝当时民间谚语说：“山有木，工则度之；宾有礼，主则择之。”意为：山上有树木，工匠就会来衡量；宾客

---

① 《春秋左传正义》，《十三经注疏》下册，中华书局1980年版，第2175页。

② 朱熹注：《孟子》，上海古籍出版社1987年版，第25页、第86页、第104页、第55页、第61页、第82页。

有礼貌，主人就会加以选择。

《左传》“桓公二年”记有师服对晋侯的评论，指出：“义以出礼。”认为由“义”派生出礼节。

《左传》“文公七年”，晋国的郤缺对赵盾建议以德行来治理归顺的臣民，说：“正德、利用、厚生，谓之三事。义而行之，谓之德、礼。”就是说，端正德行、物利其用、关怀民生，称为三件要事。合于道义来实行，就叫有德有礼。“盍使睦者歌吾子乎？”何不使归顺的臣民歌唱您的德行呢？

《左传》“成公十三年”曾记述有刘康公的一段话：“民受天地之中以生，所谓命也。是以有动作礼义威仪之则，以定命也。能者养以之福，不能者败以取祸。是故君子勤礼。”其意为：老百姓得到天地的中和之气因而有生，这就是所谓天命。因此产生行为礼义与威仪典则，从而决定命运。有本事的人据此调养而有福，没有福气的则败落而遭祸。所以君子应当勤于礼法。

《左传》“昭公二年”记录了晋国名臣叔向称赞鲁国使者叔弓聘问知礼的事例。

> 叔弓聘于晋，报宣子也。晋侯使郊劳。辞曰：“寡君使弓来继旧好，固曰：‘女无敢为宾！’彻命于执事，敝邑弘矣。敢辱郊使？请辞。”致馆。辞曰：“寡君命下臣来继旧好，好合使成，臣之禄也。敢辱大馆？”叔向曰：“子叔子知礼哉！吾闻之曰：‘忠信，礼之器也。卑让，礼之宗也。’辞不忘国，忠信也。先国后己，卑让也。《诗》曰：‘敬慎威仪，以近有德。’夫子近德矣。”

这段话意为：鲁国叔弓出使晋国访问，是回报晋国韩宣子的访问。晋侯派人在郊外慰劳。叔弓辞谢说：“我们国君派我前来继续两国友好，并告诫我说：‘你不能作为宾客啊。’只要把意思传达给办事的人，我国就有面子了，哪里敢烦劳郊外慰问。请允许辞谢。”请他住宾馆。

叔弓有辞谢说："我们国君命令小臣前来继续两国友好，表达友好，完成使命，这就是小臣的福气了，岂敢住进这么大的宾馆?"叔向闻言，说："叔弓真是知礼啊！我曾听说：'忠诚守信，是礼的本体；卑辞谦让，是礼的要领。'言辞不忘国家，就是忠诚守信；国家利益先于个人自己，故能卑辞谦让。《诗经·大雅·民劳》云：'敬慎威仪，以近有德。'叔弓就是近于有德的人啊。"

《左传》"昭公四年"则记述郑国名相子产实行改革遇到非议，子产曰："何害？苟利社稷，死生以之。且吾闻为善者不改其度，故能有济也。民不可逞，度不可改。《诗》曰：'礼义不愆，何恤于人言。'吾不迁矣。"据《春秋左传正义》，"礼义不愆"二句，杜预注："逸诗。"不见于今传《诗经》。子产这段话的意思是：有什么妨害！只要有利于国家，生死都由它去。况且我听说行善事的不改变取向，才会有所成就。百姓不能全部满足，法制不能更改。古诗有云："礼义上没有过失，为什么担心别人的闲话!"我不会改变。

再如《左传》记述鲁国的正卿季文子即季孙行父的礼义之行。"文公十八年"记载，莒国发生内乱，被废的太子仆使人弑杀莒纪公，带了许多珍宝投奔鲁国，鲁宣公准备收留他。然而主政的季文子却命令司寇将莒国废太子逐出境，并派太史克向宣公解释：因为莒国废太子无礼于君父，不能收留。陈述如下："先大夫臧文仲教行父事君之礼，行父奉以周旋，弗敢失队。曰：'见有礼于其君者，事之如孝子之养父母也；见无礼于其君者，诛之如鹰鹯之逐鸟雀也。'"这段话意为：已故大夫臧文仲先生教导我侍奉国君之礼，所以我奉礼行事，不敢失去规矩。臧大夫说：见到以礼待君主的人，要像孝子赡养父母那样敬奉他；见到对自己君主无礼的人，要像老鹰驱逐鸟雀那样诛除他。

"还观莒仆，莫可则也。孝敬忠信为吉德，盗贼藏奸为凶德。夫莒仆，则其孝敬，则弑君父矣；则其忠信，则窃宝玉矣。其人，则盗贼也；其器，则奸兆也，保而利之，则主藏也。以训则昏，民无则焉。不度于善，而皆在于凶德，是以去之。"意为：我观察莒仆，确实没有可取之处。孝敬忠信是吉利之德，盗贼藏奸是凶恶之行。这个莒仆，从孝敬来说，他谋杀了君父；从忠信来看，他盗窃了珠宝。此人就是盗贼，其珠宝就是赃物。如果保他还收下他的珍宝，就是窝赃。如果以此来教育百姓，百姓就无可取法了。这都不能算是好事，而属于凶行。所以把他赶走。①

春秋时期无义战，却常见违背礼义之乱事，兄弟父子往往为争夺君位自相残杀。而鲁国的这位季文子是当时少见的“修礼达义”的清廉上卿，他在鲁国主政三十多年，辅佐了三代君主，身居位高，执掌国政，财权兵权在握，自始至终克勤于邦，克俭于家。史载，他的妻子儿女没有一个人穿绸缎衣裳，“家无衣帛之妾，厩无食粟之马，府无金玉。以相三君。君子曰：‘季文子廉忠矣’。”②季文子作为周公的子孙，得周公制礼之真传。

季文子的故事还见于刘向的《说苑》：卫将军文子问子贡曰：“季文子三穷而三通，何也?”子贡曰：“其穷事贤，其通举穷，其富分贫，其贵礼贱。穷而事贤则不悔；通而举穷则忠于朋友，富而分贫则宗族亲之；贵而礼贱则百姓戴之。其得之固道也。”③(《说苑·善说》)

所谓“三穷而三通”就是三次处于困境之中，但三次都成功地走通了。因为，处于困境的时候，他事奉贤人；顺利成功的时候，他帮助那些处于穷困的人；富裕的时候，他把钱财分给穷人；地位尊贵的时候，他能够礼待底层的人。处于困境的时候，事奉贤人而不后悔；顺利成功的时候帮助穷困的人，忠于朋友；富裕的时候把钱财分给穷人，就得到宗族亲敬；地位尊贵的时候，他能够礼待底层的人，就得到百姓的

① 《春秋左传正义》，《十三经注疏》下册，中华书局1980年版，第1723页、第1735页、第1743页、第1864页、第1911页、第2029页、第2036页、第1861页。

② 司马迁：《史记·鲁周公世家》，《史记》第五册，中华书局1982年版，第1538页。

③ 刘向：《说苑》卷十一，上海古籍出版社1990年版，第99页。

爱戴。

季文子有一句名言“三思而后行”，见于《论语·公冶长》。

更值得一提的是，季文子清醒认识到礼义的本质功能。鲁文公十五年，当齐军无礼侵犯之时，季文子毫不畏惧，说：“齐侯其不免乎。己则无礼，而讨于有礼者，曰：‘女何故行礼！’礼以顺天，天之道也，己则反天，而又以讨人，难以免矣。诗曰：‘胡不相畏，不畏于天！’君子之不虐幼贱，畏于天也。在周颂曰：‘畏天之威，于时保之。’不畏于天，将何能保？以乱取国，奉礼以守，犹惧不终，多行无礼，弗能在矣！”①

上面季文子的话，意为：“齐侯恐怕不能免于患难吧？你自己本就无礼，反而讨伐合于礼的国家，说：‘你为什么实行礼？’礼的本质是顺应上天，是上天常道。你自己违反上天，反而又讨伐别人的国家，这就难免有祸难了。《诗》云：‘为什么不互相敬畏？因为不敬畏上天！’君子不虐待幼小微弱，这是由于畏惧上天。《周颂》云：‘敬畏上天的威灵，因而保佑福禄。’不敬畏上天，如何能保得住？若靠动乱窃取国家，就是再奉行礼来保持，还恐怕保不住，多干无礼的行径，就不得善终了。”

季文子批评的是发兵入侵的齐懿侯，就是他非礼非法杀死了齐昭公的儿子夺取君位，如何能善终？季文子如同先知，言中了齐懿侯的命运。因多行不义，遭国人怨恨，三年后，齐懿侯被自己的两位车夫所杀，果然未得善终。“礼以顺天”是中国古代仁人义士的信仰，只有敬畏上天，才能践行礼义。“不畏于天，将何能保？”季文子没有给他的小家留下金钱财宝，却给中华民族大家留下了传承二千多年以致不朽的精神财富。

3.《礼记》所言礼义

《礼记》既曰“礼记”，自然是以记“礼”言“礼”为主。“礼”字在《礼

① 《春秋左传正义》文公十五年，《十三经注疏》下册，中华书局 1980 年版，第 1856 页。

记》中出现有740多次。正如《礼记·礼运》篇归结的论点：“先王能修礼以达义，体信以达顺，故此顺之实也。”乃是概括“礼”的功能：通过礼制修养达于道义，通过诚信来顺应事理，合于礼义诚信，实为太平盛世。《礼运》篇还说：“故人者，天地之心也，五行之端也。”孔颖达“正义”曰：“端，犹首也。万物悉由五行而生，而人最得其妙气，明‘仁义礼智信’为五行之首也。”接着说：“故礼义也者，人之大端也。”故“唯圣人为知礼之不可以已也。”①(《礼记·礼运》)倘若无礼，就会受到鄙视唾弃。

例如《诗经·鄘风》有一首《相鼠》，《礼记·礼运》篇引其诗曰：“相鼠有体，人而无礼。人而无礼，胡不遄死?”②用以斥责无礼的行径，无礼则不配做人。

围绕“修礼以达义”，《礼记》中多次言及修礼、修身、修养。例如：

> 修身践言，谓之善行。行修言道，礼之质也。(《礼记·曲礼》上)
>
> 行之以礼，修之以孝养，纪之以义，终之以仁。(《礼记·文王世子》篇)
>
> 故圣王修义之柄、礼之序，以治人情。(《礼记·礼运》篇)
>
> 欲修其身者，先正其心。且自天子以至于庶人，壹是皆以修身为本。(《礼记·大学》篇)
>
> 修己以敬，行礼修身，修礼达义，方可成为人。凡人之所以为人者，礼义也。(《礼记·冠义》篇)

有无礼义乃是人与禽兽的本质区别。人类有礼，“男女有别，然后父子亲；父子亲，然后义生；义生，然后礼作；礼作，然后万物安。无别无义，禽兽之道也。”(《礼记·郊特牲》篇)无礼乃是禽兽：“夫唯禽

---

① 《礼记正义》，《十三经注疏》下册，中华书局1980年版，第1427页、第1424页、第1426页。

② 《礼记正义》，《十三经注疏》下册，中华书局1980年版，第1415页。

兽无礼，故父子聚麀。是故圣人作，为礼以教人，使人以有礼，知自别于禽兽。”(《曲礼》上)故曰有礼才能成为人。

那么，怎样修身呢？《礼记·礼运》创设了一个巧妙的比喻，把人心人情比喻为田地，“礼义以为器，人情以为田”，修礼，好比耕耘，达义，好比播种。

> 修礼以耕之，陈义以种之，讲学以耨之，本仁以聚之，播乐以安之。故礼也者，义之实也，协诸义而协，则礼虽先王未之有，可以义起也。

这就是说，遵照礼来修身，好比耕耘；领会道义来正心，好比播种。进一步学礼让禾苗生长，人的仁义本心就会结成果实，配合礼义的音乐与之应和。所以礼，是义的果实。与道义协调配合，那么即使没有先王的礼制，也可以由仁义之心产生出来。“故治国不以礼，犹无耜而耕也；为礼不本于义，犹耕而弗种也。”①(《礼记·礼运》)

推而言之，如果治理国家不用礼，那就像没有用耕田的器具去耕而种田；如果采用礼的形式却失却道义之根本，那就像耕了土地却不播种。可见“修礼以达义”关系着国计民生。

4.《荀子》等文献言及“礼”与“义”

除上述典籍外，传世古籍和出土文献中还有不少有关“礼”与“义”的论说。略举如下。

譬如“礼”字在战国时期的《荀子》一书中出现340多次，“义”字则出现310多次。而且“礼义”合词在《荀子》中出现110多次。

《荀子》中专门作有一篇《礼论》，值得重视。《荀子·礼论》提出：“礼者，人道之极也。”又说：“故礼者，养也。”“孰知夫恭敬辞让之所以

---

① 《礼记》之《礼运》《曲礼》《文王世子》《大学》《冠义》《郊特牲》篇，《礼记正义》，《十三经注疏》，中华书局1980年版，第1231页、1411页、1426页、1673页、1679页、1456页、1427页。

养安也！孰知夫礼义文理之所以养情也！”“礼者断长续短，损有馀，益不足，达爱敬之文，而滋成行义之美者也。”（《荀子·礼论》）不仅说“礼”是人伦之道最高的体现，而且指出“礼”具有调养人性情的功用，可以促进达到人格美的境界。荀子还追溯“礼”的根本所在，分析说：“礼有三本：天地者，生之本也；先祖者，类之本也；君师者，治之本也。无天地，恶生？无先祖，恶出？无君师，恶治？三者偏亡，焉无安人。故礼，上事天，下事地，尊先祖而隆君师。是礼之三本也。”就是说，礼的根本在于天地君亲师。天地是人与万物生存的根本；祖先是宗族家庭的根本；君与师是治国育人的根本。

《荀子》多篇论“礼”与“义”的重要性。如《荀子·大略》篇指出：“礼者，人之所履也。”接着说：“故人无礼不生，事无礼不成，国家无礼不宁。”无论做人、办事和治国，前提条件都是“礼”。《荀子·王霸》篇也说：“国无礼则不正。礼之所以正国也。”《荀子·王制》篇进而说：“天地者，生之始也；礼义者，治之始也；君子者，礼义之始也。”①篇篇都强调“礼”的治国化民功能。

《荀子·天论》篇则高度赞美礼义道：“在天者莫明于日月，在地者莫明于水火，在物者莫明于珠玉，在人者莫明于礼义。”

《荀子·性恶》篇提及“礼义之道”，认为“得礼义然后治”，“无礼义则悖乱而不治。”又说：“礼义者，圣人之所生也，人之所学而能，所事而成者也。”

《荀子》还多方面探讨如何“修身”以“行义”。《荀子·修身》篇指出：“礼者，所以正身也；师者，所以正礼也。”人有礼义，则“体恭敬而心忠信，术礼义而情爱人”。

《荀子·议兵》篇说：“明礼义以道之，致忠信以爱之”，然后使百姓知修上之法，“于是有能化善、修身、正行、积礼义、尊道德，百姓

① 《荀子》之《礼论》《大略》《王霸》，《王制》《性恶》《天论》，《百子全书》第一册，岳麓书社 1993 年版，第 196-201 页、第 222 页、第 164 页、第 152 页。

莫不贵敬，"《荀子·大略》篇论述说："亲亲、故故、庸庸、劳劳，仁之杀也；贵贵、尊尊、贤贤、老老、长长，义之伦也。行之得其节，礼之序也。仁，爱也，故亲。义，理也，故行。礼，节也，故成。仁有里，义有门。仁非其里而虚之，非礼也；义非其门而由之，非义也。"又如《荀子·致仕》篇说："川渊深而鱼鳖归之，山林茂而禽兽归之，刑政平而百姓归之，礼义备而君子归之。故礼及身而行修，义及国而政明。"①礼义修身达到完美的境界。

《管子》一书也多次论及"礼义"。前面已介绍，管子提出国之"四维"："一曰礼，二曰义，三曰廉，四曰耻。"(《管子·牧民》)再如《管子·心术》上篇论述说："义者，谓各处其宜也。礼者，因人之情，缘义之理，而为之节文者也，故礼者谓有理也。理也者，明分以谕义之意也。"《管子·侈靡》说："礼义者，人君之神也。"《管子·七法》也说道："成功立事，必顺于礼义；故不礼不胜天下，不义不胜人。"又有《管子·幼官图》论述："亲之以仁，养之以义，报之以德，结之以信，接之以礼。"②表明对礼义的高度重视。

在90年代出土的郭店楚简中也有不少关于"礼"与"义"的言论。例如，其中《语丛一》记录说："有仁有智，有义有礼，有圣有善。"《语丛二》则言及："情生于性，礼生于情。"《语丛三》提到："义，处之也。礼，行之也。"还有上博收藏的竹书《天子建州》中有一句"礼者，义之兄也。"③也引起关注。这些出土简书文献中颇有一些过去没有接触到的古人关于礼义的见解，值得重新研究。

战国后期的《吕氏春秋》也从不同角度关注"义"与"礼"。其中《不

---

① 《荀子》之《天论》《性恶》《修身》《议兵》《大略》《致仕》，《百子全书》第一册，岳麓书社1993年版，第187页、第212页、第132页、第178页、第222页、第177页。

② 《管子》之《牧民》《心术》《侈靡》《七法》《幼官图》，《百子全书》第一册，岳麓书社1993年版，第1259页、第1352页、第1345页、第1272页、第1279页。

③ 曹建墩：《上博竹书"天子建州""礼者义之兄"章的礼学阐释》，《孔子研究》2014年第3期。

苟论·当赏》篇写道：“文公曰：“辅我以义，导我以礼者，吾以为上赏；教我以善，强我以贤者，吾以为次赏，拂吾所欲，数举吾过者，吾以为末赏。”①

西汉初年的《淮南子·齐俗训》谈道：“义者，循理而行宜也；礼者，体情制文者也。义者宜也，礼者体也。”②也就是说，所谓“义”，是依循事理而行为适宜；所谓“礼”，是为体现人情而制定的规则。“义”的本意就是“适宜”，“礼”的本意就是体现诚敬。

总之，古代文献作者既关注“义生而礼作”，通过制礼以行义，从而“修礼以达义”，体现“人之所以为人”的礼义，又存在一些不同一般言说的礼义之论；既体现中华文化是人本文化，又表现出难以穷尽的丰富性。

---

① 《吕氏春秋集释》下册，卷二十四，中国书店出版社1985年版，第8页。
② 《淮南子·齐俗训》，《淮南鸿烈集解》，中华书局1989年版，第357页。

第六章 “义”与“信”

中国文化是以“信义”为重的文化。“信”与“义”同根相生，密切相关，都是中国文化的关键词。诚如《左传》“成公八年”记载：“信以行义，义以成命。”倘若“信不可知”，则“义无所立”。①意为：守信用以行道义，行道义以成决定。但如果连信用都不能得知，那么道义就无从树立。

孔子特别注重“信”与“义”的一致性，如《论语·颜渊》篇记载说：“主忠信，徙义，崇德也。”孔子认为：忠诚守信，践行道义，就是崇尚美德。孔子严厉地斥责“无信”者，说：“人而无信，不知其可也。大车无輗，小车无軏，其何以行之哉？”②(《论语·为政》篇)意为：作为一个人却不讲信用，就根本不配做人。那就好比一辆大车没有安装拉车关键的輗，一辆小车没有安装关键的軏，怎么能够行走呢？

因此，言“义”必言“信”。信义在于诚意。民间流行：一诺千金、一言九鼎、言而有信、言出必行、言必信，行必果。信义承诺，成为中华民族的优良传统。

一、信义立诚

据许慎《说文解字》解说：“信，诚也。从人，从言，会意。”就是

① 《春秋左传正义》，《十三经注疏》下册，中华书局1980年版，第1904页。

② 《论语》，杨伯峻《论语译注》，中华书局1980年版，第127页、第21页。

说，人言为信：“人”字与“言”字合为“信”字。《说文解字》又说：“诚，信也。从言，成声。”诚，与“信”互训。①列入“十三经”之一的上古字书《尔雅》的《释诂》篇以归类来解释说：“允、孚、亶、展、谌、诚、亮、询，信也。”认为“孚”“诚”等字都是“信”的同义词。②(《尔雅·释诂》)可见古籍中的“信”，本义是诚，意为言语真实可靠，指诚实，信用，即履行诺言，让对方不疑，诚信即承诺守信。依据《说文解字》与《汉语大字典》，录金文、古文、篆书的“信”字如下。

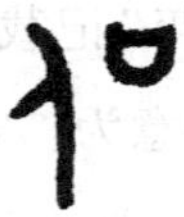
金文“信”

古文“信”

篆书“信”

“信”作为关键词的重要性，在上古典籍中明显可见。首先看看《周易》《尚书》《诗经》等先秦文献中的“信”字。

1.《周易》之“信”

《周易》为群经之首，《周易》经文即卦爻辞，先民占筮的记录，约成书于西周初年，其中已见“信”字。

譬如《困》卦辞曰：“亨，贞，大人吉，无咎。有言不信。”意为处于困境中依然不放弃。亨，亨通，有希望。吉，吉兆，没有灾祸。问题在于“有言不信”，处在困境中。《困》卦《彖》辞曰：“尚口乃穷也。”说话难以使人信服。“困而不失其所亨，其唯君子乎。”意为面临困境仍保持乐观，不失其前进目标，只有君子才能做到啊。

再如《夬》卦爻辞曰：“其行次且。牵羊悔亡，闻言不信。”其意为遭遇行进困难与信任危机。《夬》卦《彖》辞曰：“夬，决也。”《彖》辞说：

① 许慎：《说文解字》，中华书局 1963 年版，第 52 页。
② 《尔雅注疏》，《十三经注疏》下册，中华书局 1980 年版，第 2569 页。

“其行次且，位不当也。闻言不信，聪不明也。”①意为需要决断。艰难在于处位不恰当，意见不明确。

“信”还体现于《周易》的《中孚》卦。“孚”，本为“信”的意思。《说文解字》解释“孚”字：“从爪，从子，一曰信也。”徐锴注：“鸟之孚卵，皆如其期，不失信也。”②中孚，意为心中诚信。《周易·序卦》说：“节而信之，故受之以《中孚》。”《周易·杂卦》也认为：“中孚，信也。”《中孚》卦辞曰：“豚鱼，吉。利涉大川，利贞。”其《彖》辞评论说：“信及豚鱼也。”意思是，信用及于小猪和鱼那样微小之物，比喻信用非常好。由此，“信及豚鱼”流传而为成语。《中孚》卦是吉利之卦，就像有利于渡过大江大河一样。“中孚以利贞，乃应乎天也。”非常吉利。

《周易》意在取信于神明以求护佑吉祥。而《易传》之《文言》《系辞》将辞意伦理化，转为取信于人。“信”的取向发生质的变化。

譬如《周易·文言》曰：“君子进德修业。忠信所以进德也。修辞立其诚，所以居业也。知至至之，可与几也。知终终之，可与存义也。”意思是：君子志在培养品德、增进学业；忠信就是优良品德，修辞的关键在诚信，这是成就事业的根本。明白了就努力去达到，而不失时机；明白了就尽力去完成，从而实现道义。概括言之，忠信立诚，从而进德存义。

《周易·系辞上》云：“天之所助者，顺也；人之所助者，信也。履信思乎顺，又以尚贤也。是以‘自天祐之，吉无不利’也。”意为：上天扶助的是顺天者。人们帮助的是守信者。履行诚信，所思顺天，又崇尚贤能。所以上天护祐，吉利，无往不利。

由此“默而成之，不言而信，存乎德行。”意为：默默地践行而成，不须说而有信用，根本在于德行。

---

① 《周易正义》，《十三经注疏》上册，中华书局 1980 年版，第 59 页、第 57 页、第 96 页、第 71 页、第 15 页，第 82 页。

② 许慎：《说文解字》，中华书局 1963 年版，第 63 页。

2.《尚书》等文献之“信”

《尚书》乃上古文献。学界认为可信的今文尚书传存至今的篇章中，亦有数处用到“信”字，譬如《商书·汤誓》：“尔无不信，朕不食言。”意思是，你们不要不相信，我决不会不守信用。其中也含有取信于民的意思。再如《周书·金縢》记载西周初年的一件事：

> 秋，大熟，未获，天大雷电以风，禾尽偃，大木斯拔，邦人大恐。王与大夫尽弁以启金縢之书，乃得周公所自以为功代武王之说。二公及王乃问诸史与百执事。对曰：“信。噫！公命我勿敢言。”

此处“信”字就是“确实可信”之意。这段话是说：那年秋天，谷熟，还没有收获，天上突然出现雷电大风。庄稼都倒伏了，大树被拔起，国人非常恐慌。周成王和大夫们都戴上礼帽，打开金属束着的匣子，看到了周公以自身为质、请代武王的祝辞。太公、召公和成王于是询问众史官及办事官员。他们回答说：“确实的。唉！周公告诫我们不能说出来。”

《金縢》篇接着记述：“王执书以泣，曰：‘其勿穆卜！昔公勤劳王家，惟予冲人弗及知。今天动威以彰周公之德，惟朕小子其新逆，我国家礼亦宜之。’王出郊，天乃雨，反风，禾则尽起。二公命邦人凡大木所偃，尽起而筑之。岁则大熟。”①

此段大意为：周成王拿着册书哭泣说：“无须敬卜了！过去，周公勤劳王室，我这年轻人来不及了解。现在上天动怒来表彰周公的功德，我要亲自去迎接上天的恩赐，我们国家礼制也应该如此。”成王走出郊外，天就下着雨，风向也反转了，倒伏的庄稼又全部伸起来。太公、召

---

① 《尚书·汤誓》《尚书·金縢》，《十三经注疏》上册，中华书局1980年版，第160页、第196页。

公命令国人，凡大树所压的庄稼，要全部扶起来培好根。这一年获得大丰收。

《尚书》等上古文献表现了古代人们敬天畏神的心理，“信”不仅是对人的承诺，更是对上天神灵的承诺。古代先民敬畏上天鬼神，希望通过祭祀活动表达对天神的崇敬而祈福。再如《礼记·祭统》所记载：

“是故贤者之祭也，致其诚信，与其忠敬。”(《祭统》)“诚信之谓尽，尽之谓敬，敬尽然后可以事神明。”(《祭统》)大意为：有诚信才算尽心，尽了心才算虔敬，虔敬尽心，然后才可以事奉神明。祭祀中要求“尽其信而信焉”，就是充分表达诚信而崇信神明。“义者宜此者也，信者信此者也。”(《祭义》)①所谓义，就是要合于道义的事才去做；所谓信，就是要以诚信的态度去信奉。

3.《诗经·国风》之“信”

《诗经》是最早的诗歌总集，其中《国风》保存了西周至东周初年的民歌，真挚地表达了男女之间的情感诚信，所咏之“信”，明显地表现出对人的诚信的吟唱，例如，《邶风·击鼓》《卫风·氓》《郑风·扬之水》等诗歌都咏及“信”。②

《邶风·击鼓》吟道：“死生契阔，与子成说。执子之手，与子偕老。于嗟阔兮，不我活兮。于嗟洵兮，不我信兮。”意思是：无论生死离合我们都要在一起，这是我们当初早已说好的约定。我曾握着你的手，到老也要和你在一起。叹息与你久离别，再难与你来会面。叹息相隔太遥远，难以实现我守信的誓言。

再如《卫风·氓》所云：“信誓旦旦，不思其反。反是不思，亦已焉哉。”回想总角之年“及尔偕老”的话，海誓山盟守信承诺，不曾想会违背誓言。结果违背了还是不想它吧，让它过去了啊。

---

① 《礼记·祭统》《祭义》，《十三经注疏》下册，中华书局1980年版，第1594-1603页。

② 朱熹集注：《诗集传》，上海古籍出版社1980年版，第19页、第38页、第55页。

又如《郑风 · 扬之水》，歌手借“扬之水”起兴，叮嘱伴侣相依相爱：“无信人之言，人实不信。”不要信别人的闲话，别人实在不可信赖。

如果说“信”在上古曾有取信于鬼神之意，那么在《诗经》国风中已经淡化，这里所举的三首诗，属于西周初年至春秋前期的民歌，都是对男女情爱信约的吟唱，是非常古朴自然的民间情感的真挚表现。

二、信史春秋

我国的春秋时期是文化史上的重要时期，一般指东周的前半期，即公元前 770 年至公元前 476(或 453)年。经孔子修订过的鲁国史书《春秋》以编年体简约记录了这段历史。《春秋公羊传》写道：“《春秋》之信史也。”①意为：《春秋》是确实可信的历史。

经过历史的淘汰与选择仅存的这部史书又被称为《春秋经》。对《春秋经》所记录公元前 722 年至公元前 481 年周代各国大事作补充与解说的史书被称为“传”。有左丘明的《左传》、公羊高的《公羊传》、穀梁赤的《穀梁传》，合称“春秋三传”。另有左丘明所撰国别体史书《国语》。这些著作在记录事件中都出现关于“信”的表述。例如在《左传》中“信”字出现 216 次，在《国语》中“信”字出现 97 次。从其记述来看，“信”不仅是表示取信于神的理念，也是表示人伦道德的概念。

1. “信神”与“信义”

鲁桓公六年即公元前 706 年，随国大夫季梁提到“忠于民而信于神”的观点。《左传》“桓公六年”记述如下：

> (随国)少师归，请追楚师，随侯将许之。季梁止之曰：“天方授楚，楚之羸，其诱我也，君何急焉？臣闻小之能敌大也，小道大

① 《春秋公羊传注疏》昭公十二年，《十三经注疏》下册，中华书局 1980 年版，第 2320 页。

淫。所谓道，忠于民而信于神也。上思利民，忠也；祝史正辞，信也。今民馁而君逞欲，祝史矫举以祭，臣不知其可也。”①

当时，随国大夫季梁劝阻随侯追逐楚军，说：上天正在帮助楚国，楚国军队显得疲沓，是引诱我们。国君何必急于从事？臣听说小国之所以能够抵抗大国，是小国有道而大国淫乱。所谓道，就是忠于百姓而取信于神明。君上想到有利于百姓，才是忠；巫祝史官真实地祝祷，才是信。现在百姓饥饿而国君享乐，巫祝史官夸功德来祭祀，臣不知怎样行得通。

季梁进而说：“民，神之主也，是以圣王先成民而后致力于神。”于是乎“民和而神降之福”，随侯纳谏而修政，“楚不敢伐”。

英国学者泰勒说：“万物有灵论既构成了蒙昧人的哲学基础，同样也构成了文明民族的哲学基础。”②而《左传》这段记述表明春秋时期已出现“信”的理念和提倡以民为主的诚信之道，十分可贵。

再如《左传》“庄公十年”（公元前684年），记述鲁国曹刿与鲁庄公的对话，言及“信”。公曰：“牺牲玉帛，弗敢加也，必以信。”对曰：“小信未孚，神弗福也。”公曰：“小大之狱，虽不能察，必以情。”对曰：“忠之属也，可以一战。”在这段著名的对话中，鲁庄公说：“祭祀用的牛羊玉帛，不敢擅自增减，一定表达诚信。”曹刿回答说：“这点心意还不足以取信，神灵不会赐福的。”庄公又说：“大小案件，尽管没能全部细查，却一定合情合理去办。”曹刿回答说：“这倒是诚心为民的表现，就凭这能够应战。”在短短对话中多次言及“信”。既表明“信”在当时有取信于神灵的含意，同时也说明这种取信鬼神的功能逐渐淡化而更多地用于取信于人际关系的含义。

---

① 《春秋左传正义》，《十三经注疏》下册，中华书局1980年版，第1749-1750页、第1767页、2151页。

② ［英］爱德华·泰勒：《原始文化》，连树声译，上海文艺出版社1992年版，第414页。

《左传》还记录了春秋时期的一句谚语：“民保于信。”表明当时人们对信义的重视。据《左传》“定公十四年”即公元前 496 年，卫国太子蒯聩安排戏阳速刺杀卫灵公夫人南子，关键时刻戏阳速没有执行。太子告人曰：“戏阳速祸余。”戏阳速也告人曰：“太子则祸余。太子无道，使余杀其母。余不许，将戕于余；若杀夫人，将以余说。余是故许而弗为，以纾余死。谚曰：‘民保于信。’吾以信义也。”上述戏阳速的话大意为：“太子才是嫁祸于我。太子无道，派我刺杀他的嫡母。如果我不答应，他就会杀我。如果我杀了夫人，他就会把罪过推给我以脱身。所以我答应而不去做，以此暂免一死。俗话说：‘老百姓以信用保全自己。’我是守信义的。”此例表明，先秦时期人们的观念已出现由“信神”转向“信义”的迹象。

2.“信立而霸”

春秋时期，齐桓、晋文称霸，一个重要条件就是立信，如《荀子·王霸》所言：“义立而王，信立而霸。”①树立信誉从而称霸。

例如，春秋五霸之首齐桓公即以信立而霸。公元前 681 年，鲁国战败，齐鲁会盟，曹沫拔剑劫持齐桓公，要求齐国归还汶阳之田。当时桓公应允，事后反悔，欲杀曹沫。《史记·齐太公世家》记载，管仲谏曰：“夫劫许之而倍信杀之，愈一小快耳，而弃信于诸侯，失天下之援，不可。”管仲劝谏说：“答应之后又违背信用而杀，不过逞一时之快而已，弃信于诸侯，失去了天下人的支援。不可以。”齐桓公听从劝谏，将汶阳之田还给鲁国。“诸侯闻之，皆信齐而欲附焉。”②桓公从谏，取信立义，“九合诸侯”，成为春秋霸主。

又据《左传》“僖公七年”（公元前 653 年）记载，在齐人主持的一次盟会上，郑国太子华前来表示愿意当“内臣”迎接齐军。管仲识破其企图借齐军铲除异己以篡位的阴谋奸计，劝谏齐桓公说：“君以礼与信属

① 《荀子·王霸》，《百子全书》第一册，岳麓书社 1993 年版，第 164 页。

② 《史记·齐太公世家》，司马迁《史记》，中华书局 1982 年版，第五册，第 1487 页。

诸侯，而以奸终之，无乃不可乎。子父不奸之谓礼，守命共时之谓信。违此二者，奸莫大焉。”这段话大意为：君王用礼义与信用会合诸侯，结果却以奸邪告终，恐怕不合适吧？儿子不违背父亲才称为有礼，遵守指示按时行动才叫做有信，如果违背了这两点，就没有比它更邪恶的了。

管仲还论述说：“且夫合诸侯以崇德也，会而列奸，何以示后嗣？夫诸侯之会，其德刑礼义，无国不记。记奸之位，君盟替矣。作而不记，非盛德也。”管仲主张弘扬“德刑礼义”。齐桓公再次听从管仲的良谏。孔子曾经称赞齐国良相管仲“相桓公，霸诸侯，一匡天下”，“如其仁，如其仁。”(《论语·宪问》篇)肯定其仁德信义。

德国学者马克斯·韦伯研究中国历史发现：“中国的君主首先是一个大祭司”，“他必须按照古代经书的礼仪和伦理规定生活。”①晋文公重耳就是这样一个熟悉礼仪的“祭司”。据《国语·周语上》记载，周襄王的内史兴入晋国观察之后，就认为“晋侯其能礼矣”，“其君必霸”。②果然，晋文公凭礼仪信义继齐桓公之后成为春秋霸主。公元前635年(鲁僖公二十五年)，晋文公听从谋臣狐偃的劝谏，出兵护送周襄王回都城，平定了王子带之乱，从而称霸诸侯。《左传》记载狐偃的话：

“求诸侯，莫如勤王。诸侯信之，且大义也。继文之业而信宣于诸侯，今为可矣。”意为：求得诸侯拥护，不如国难时节援救周王。既可以得到诸侯信任，而且合于大义。继续先辈晋文侯的事业，以诚信名扬于诸侯之间，现在正是时机。

又有“伐原示信”的故事。晋文公为取得“信义”的名声，在攻取原国时命令只带三天的军粮，到第三天原国不投降，就下令离开。晋文公说：“信，国之宝也，民之所庇也，得原失信，何以庇之？”意为：“信用，是国家之宝，百姓就靠它保护。如果得到原国却失去信用，能用什

---

① [德]马克斯·韦伯：《儒教与道教》，王容芬译，商务印书馆1995年版，第77页。

② 《国语·周语上》，《国语》，河南大学出版社2008年版，第119页。

么保护百姓?”结果原国闻讯而降。其实，晋文公伐原示信也是听从谋臣狐偃(子犯)之言。《左传》僖公二十七年补记，“子犯曰：‘民未知信，未宣其用。’于是乎伐原以示之信。”意为：“百姓们还不知道信用的价值，还没有宣示信用的作用。因而晋文公就攻打原国来宣示信用的价值。”晋文公采纳狐偃所提出让百姓“知义”“知信”“知礼”的谋划，“一战而霸”。

“退避三舍”也是讲晋文公重耳有“信”的故事。僖公二十三年(公元前637年)，重耳及楚，楚王招待他，问道：公子若能回国，将如何报答我？重耳婉言称谢。楚王追问，他于是答道：“若以君之灵，得反晋国，晋、楚治兵，遇于中原，其辟君三舍。”数年后，僖公二十八年，晋楚“战于城濮”，晋君果然守信如其言，对楚军退避三舍。“退三舍辟之，所以报也。”①晋军后发制人，战胜楚军，确立了晋国的霸业。

3.“信载义而行”

春秋时期，诸侯各国及周王室之间的交往，需要“信以行义”。

例如东周初年，郑公为周王辅政，而后周王又将部分政务交给虢公，自此郑国与周王发生矛盾，关系恶化。于是双方交换质子，王子到郑国为质，郑公子到周王都城为质，彼此协调关系，却依然难以缓解。《左传》“隐公三年”(公元前720年)记载：

“周、郑交恶。君子曰：信不由中，质无益也。”君子评价说：诚信不是出自内心而假意敷衍，即使交换质子也没有益处。两千多年来，“信不由中”流传为成语。

鲁文公元年(公元前626年)，《左传》记载：鲁国派大夫出使齐国。“凡君即位，卿出并聘，践修旧好，要结外援，好事邻国，以卫社稷，忠信卑让之道也。忠，德之正也；信，德之固也；卑让，德之基也。”

《左传》“宣公十二年”(公元前597年)记载，楚军伐郑破城，“郑

① 《春秋左传正义》，《十三经注疏》下册，中华书局1980年版，第1799页、1820页、1821页、1823页、1816页、1825页。

伯肉袒牵羊以逆”。楚王曰：“其君能下人，必能信用其民矣。”①楚庄王说：“国君能够屈居人下，一定能取信用百姓。”于是退兵三十里而许和。

值得称道的是晋国大夫解扬守信之事。《左传》“宣公十五年”(公元前594年)记载楚军伐宋，宋告急于晋。晋“使解扬如宋，使无降楚，曰：‘晋师悉起，将至矣。’郑人囚而献诸楚，楚子厚赂之，使反其言，不许，三而许之。登诸楼车，使呼宋人而告之。遂致其君命。楚子将杀之，使与之言曰：‘尔既许不谷而反之，何故？非我无信，女则弃之，速即尔刑。’对曰：‘臣闻之，君能制命为义，臣能承命为信，信载义而行之为利。谋不失利，以卫社稷，民之主也。义无二信，信无二命。君之赂臣，不知命也。受命以出，有死无賈，又可赂乎？臣之许君，以成命也。死而成命，臣之禄也。寡君有信臣，下臣获考死，又何求？’楚子舍之以归。”②

这段话意为：晋国派大夫解扬出使宋国，让宋国不要投降楚国，解扬对宋国人说：“晋国军队已出发，将要来到了。”但他路过郑国时，郑国人把他囚禁起来献给楚国。楚庄王准备重赏他，让他把话反过来说。解扬不答应。经过三次劝说而答应。楚国人让他登上楼车向宋国人喊话。解扬乘机喊道晋国救兵快来了。楚庄王怒，下令处死解扬，派人告之：“你既已答应楚国，怎么又反过来说话？不是我失信，是你自己抛弃了。快受刑吧！”解扬回答说：“臣听说，国君制订命令按道义，臣下接受命令为信用，信用承载道义就是合利。谋略不失利，以保卫国家，才是百姓之主。按道义不能两边守信，守信不能接受两边的命令。君王赏赐下臣，是不懂得这一点。我接受了国君的命令而出使，宁可一死也不能背弃使命，难道能贿赂吗？下臣之所以答应您，那是因为有机会完

---

① 《春秋左传正义》，《十三经注疏》下册，中华书局1980年版，第1723页、1837页、1878页。

② 《春秋左传正义》，《十三经注疏》下册，中华书局1980年版，第1887页。

成使命。牺牲而能完成使命，这是我的福气。我国有守信之臣，臣死得其所，还有什么可求的?”楚庄王赦免了解扬放他回去。

《史记·郑世家》也记有“解扬守信”之事，解扬归，“晋爵之为上卿。”①

再如《左传》“成公八年”(公元前583年)记载，晋景公派韩穿来鲁国，要将汶阳之田划归齐国。鲁国国相季文子设宴招待韩穿，说：

> 大国制义以为盟主，是以诸侯怀德畏讨，无有贰心。谓汶阳之田，敝邑之旧也，而用师于齐，使归诸敝邑。今有二命曰：“归诸齐。”信以行义，义以成命，小国所望而怀也。信不可知，义无所立，四方诸侯，其谁不解体?《诗》曰：“女也不爽，士贰其行。士也罔极，二三其德。”七年之中，一与一夺，二三孰甚焉！士之二三，犹丧妃耦，而况霸主?霸主将德是以，而二三之，其何以长有诸侯乎?②

这段话意思是：“大国应该依据道义担任盟主，因此各国诸侯感怀德行又畏惧征讨，没有二心。说到汶阳的田，那原是我国旧地，后来出师征伐齐国，按晋国的命令把它还给我国。现在却有不同的命令说‘归还给齐国’。讲信用，是为实行道义；行道义，是为达成使命。这是小国所盼望而感怀的。倘若信用不能得知，道义无从树立；那么四方的诸侯，谁能不涣散瓦解?《卫风·氓》诗云：‘女子毫无过失，男士行为不正。男士没有标准，前后不一。’七年当中，忽而给予忽而夺走，前后不一，有谁更甚?一个男士前后不一，就像丧失配偶，何况是霸主?霸主应该讲究德行，但若前后不一，怎么能长久得到诸侯拥护呢?”

“信以行义”，讲信用，是为实行道义。季文子说得不错。然而“春

---

① 《史记·郑世家》，司马迁《史记》，中华书局1982年版，第五册，第1769页。

② 《春秋左传正义》，《十三经注疏》下册，中华书局1980年版，第1904页。

秋无义战。”①(《孟子·尽心下》)公元前638年，宋楚两军战于泓水之上，讲仁义的宋襄公曰：“不鼓不成列。”结果“宋师败绩”。《春秋》三传之一的《穀梁传》评曰：

> 人之所以为人者，言也。人而不能言，何以为人？言之所以为言者，信也。言而不信，何以为言？信之所以为信者，道也。信而不道，何以为道？道之贵者时，其行势也。次年，又曰：为人君而弃其师，其民孰以为君哉！②

就是说，人之所以成为人，是因为会说话。如果不会说话，怎么能称为人？言语之所以叫言语，是因为能表达信用。如果言语不能表达信用，那还叫什么言语？信用之所以叫信用，是因为合于“道”，诚信的原则是道义。如果“信用”不合“道”，用什么为“道”？“道”的可贵在合乎时机，依据形势而定。宋襄公做国君却抛弃了自己的军队，宋国人谁还把他看做国君呢？

春秋时期著名的“季札挂剑”典故，即指为朋友守信而不背心的一个传奇故事。吴国公子季札以信义人品与学识著称。据《史记》记载：“季札之初使，北过徐君。徐君好季札剑，口弗敢言。季札心知之，为使上国，未献。还至徐，徐君已死，于是乃解其宝剑，系之徐君冢树而去。从者曰：‘徐君已死，尚谁予乎？’季子曰：‘不然。始吾心已许之，岂以死倍吾心哉！’”③季札在出使途中曾路过徐国，徐国徐君很想要季札的那支佩剑，季札心领神会准备返回时送给他。可是返回之时，徐君已经去世。季札就将宝剑挂在徐君墓前的树上。有人问何故？季札回

---

① 朱熹注：《孟子》，上海古籍出版社1987年版，第110页。

② 《春秋穀梁传注疏》僖公二十二年、二十三年，《十三经注疏》下册，中华书局1980年版，第2400页。

③ 司马迁：《史记·吴太伯世家》，《史记》，中华书局1982年版，第五册，第1459页。

答：我的心已答应送给徐君，岂能因为他的死而违背我心中的信吗！

又据《国语·周语下》记述，公元前575年，周王室卿士单襄公论及“敬，忠，信，仁，义，智，勇，教，孝，惠，让”十一项德行。其中说：“信，文之孚也；仁，文之爱也；义，文之制也。”①就是讲：信，是守信用的美德；仁，是慈爱的美德；义，是制约的美德。

以上这些话语和事例表明，“信”在西周至春秋时期已经主要用于表示人际关系的诚信，并且常与“仁”“义”等关键词相提并论。

三、立义必信

春秋后期至战国时期，百家争鸣，各家各派更多地论述到人际交往中的“信”与“义”。特别是儒家、道家、墨家、法家关于“信”的言说值得关注。

1. 儒家所言“信”

“信”是儒家思想的关键词之一。孔子所言“信”，是对人际关系中道德品行的肯定性表达。子曰：“敬事而信”(《论语·学而》)，“谨而信”(《论语·学而》)。子曰：“朋友信之，少者怀之。”(《论语·公冶长》)孔子自述：“信而好古”(《论语·述而》)，“笃信好学”(《论语·泰伯》)，“言必信，行必果。”(《论语·子路》)都是孔子的名言。

孔子曾回答弟子子贡“问政”，子曰：“足食，足兵，民信之矣。”其中最重要的条件是得到老百姓的拥护——“民信”。反过来说：“民无信不立。”(《论语·颜渊》)人没有信用就没有立足之地，一个政权如果不能得到老百姓的信任，那么就无法存在了。

孔子强调“信”与“礼”的道德功能，说：“不知礼，无以立也；不知信，无以知人也。”(《论语·尧曰》)《论语·子路》篇指出“信”“义”“礼”的作用，说：“上好礼，则民莫敢不敬，上好义，则民莫敢不服；

---

① 《国语·周语下》，《国语》，河南大学出版社2008年版，第139页。

上好信，则民莫敢不用情。”意为：在上位者只要重视礼，老百姓就不敢不敬畏；在上位者只要重视义，老百姓就不敢不服从；在上位的人只要重视信，老百姓就不敢不用真心实情来对待你。再如《论语·卫灵公》篇记载孔子语：“君子义以为质，礼以行之，孙以出之，信以成之。君子哉!”意思是，君子以道义作为根本，依照礼节来实行，言语谦逊来表达，诚实可信来完成。这样就是君子了。

《论语·述而》篇记述说：“子以四教：文，行，忠，信。”说明“信”属于孔子教学的主要内容之一。孔子多次称美“忠、信”品行，肯定“信”与“义”的崇德取向。

例如《论语·颜渊》篇记言：“子张问崇德辨惑。子曰：主忠信，徙义，崇德也。”孔子回答学生子张之问，指出：以忠诚守信为主，践行道义，就是崇尚美德。

孔子要求“言忠信，行笃敬，虽蛮貊之邦行矣。言不忠信，行不笃敬，虽州里行乎哉?”(《论语·卫灵公》篇)就是说，道德君子处事要恭敬、诚信、谨慎、务实，讲究信用，忠诚实在。

《论语·阳货》篇说：“能行五者于天下为仁矣。”①五者，指“恭、宽、信、敏、惠”。意思是，能够践行“恭、宽、信、敏、惠”五种品德，就可称为“仁”了：“恭则不侮，宽则得众，信则人任焉，敏则有功，惠则足以使人。”意思是：恭敬就不致遭受侮辱，宽厚就会得到大众拥护，诚信才能获得他人信任，勤敏就会收到功效，慈惠才能调动别人。

孔门弟子也都发扬孔子重信义之说，《论语·学而》篇记载，曾子曰：“与朋友交而不信乎?”子夏曰：“言而有信。”有子言：“信近于义，言可复也。”讲信用且合于道义，所说的话方能践行兑现。

又如《左传》“成公二年”所记孔子语：“仲尼闻之曰：“惜也，不如

① 杨伯峻译注：《论语》，《论语译注》，中华书局 1980 年版，第 3-8 页、第 52 页、第 66 页、第 82 页、第 140 页、第 126 页、第 211 页、第 135 页、第 166 页、第 73 页、第 127 页、第 162 页、第 183 页。

多与之邑。唯器与名，不可以假人，君之所司也。名以出信，信以守器，器以藏礼，礼以行义，义以生利，利以平民，政之大节也。若以假人，与人政也。政亡，则国家从之，弗可止也已。”①信，即信用；义，即道义。

这段话意为，可惜啊！还不如多给他几座城。只有国家之器与名号不能随便借给别人，这乃是国君应该掌握的。名分出于信用，信用体现于礼器，礼器代表着礼仪，礼仪实施着道义，有道义才有人们的利益，按道义分配利益才能安抚百姓，这是治理国政的关键。

孔子认为，信用，应该合乎道义。观点与上文“信近于义”“义以为质”“信以成之”，意思相一致。

《孟子》谈到“信”，颇有其独特点。孟子曰：“有天爵者，有人爵者。仁义忠信，乐善不倦，此天爵也；公卿大夫，此人爵也。”(《告子上》)，孟子把“仁义忠信”称为“天爵”，天赐的爵位，即指精神上的高贵，远远胜于人爵。表明拥有正气的充分自信。孟子又回答“何谓善？何谓信？”说道：“可欲之谓善，有诸己之谓信。”(《孟子·尽心下》)②意思是：值得追求的叫做善良，对自己做的事负责叫做诚信。

《荀子》一书更多地论及“信”的重要。例如，《荀子·致士》篇赞美说：“美意延年。诚信如神。”其《臣道》篇指出：“是仁人之质也。忠信以为质。”其《儒效》篇畅言：“故君子无爵而贵，无禄而富，不言而信，不怒而威，穷处而荣，独居而乐，岂不至尊、至富、至重、至严之情举积此哉！”高扬儒家君子仁义忠信之美德。

《荀子·强国》篇云：“道也者何也？曰：礼让忠信是也。”又有《富国》篇说道：“仁人之用国，将修志意，正身行，伉隆高，致忠信，期文理。”都肯定“忠信”的必要性。荀子《非十二子》篇则论述说：“信信，信也；疑疑，亦信也。贵贤，仁也；贱不肖，亦仁也。”《王霸》篇认为：

---

① 《春秋左传正义》成公二年，《十三经注疏》下册，中华书局1980年版，第1894页。

② 朱熹注：《孟子》，上海古籍出版社1987年版，第91页、第113页。

“循其道，行其义，兴天下同利，除天下同害，天下归之。故厚德音以先之，明礼义以道之，致忠信以爱之。”因此，“致忠信，著仁义，足以竭人矣。”

还有《荀子·哀公》篇借孔子语说道：“所谓君子者，言忠信而心不德，仁义在身而色不伐，思虑明通而辞不争，故犹然如将可及者，君子也。”①意为，孔子回答说：“所谓君子，就是说话忠诚守信而心里并不自认为有美德，仁义之道充满在身而脸上并不露出炫耀的神色，思考问题明白通达而说话却不与人争辩。所以洒脱舒缓好像快要被人赶上似的，就是君子了。”

列为儒家经书的《礼记》反复言说“必诚必信”“不言而信”“讲信修睦”与“忠信之美”。其中《檀弓》篇称颂“有虞氏未施信于民而民信之，夏后氏未施敬于民而民敬之”，认为贵在“礼义忠信诚悫之心”。《礼记·礼器》篇指出“忠信”是“礼的根本”，说道：“先王之立礼也，有本有文。忠信，礼之本也；义理，礼之文也。”《经解》篇认为：“民不求所欲而得之，谓之信。除去天地之害，谓之义。”特别是《儒行》篇高扬儒士的德行说：“儒有不宝金玉，而忠信以为宝；不祈土地，立义以为土地。”又说：“儒有忠信以为甲胄，礼义以为干橹；戴仁而行，抱义而处。”②(《礼记·儒行》)

2. 道家所言“信”

《老子》《庄子》等道家著作对儒家所言“仁义”持批判讥讽态度，然而“信”字并不如此，一般来说《老》《庄》所言“信”也表示守信承诺的涵意。如《老子(道德经)》第八章所说：“上善若水。水善利万物，又不争。处众人之所恶，故几于道。居善地，心善渊，与善人，言善信，政善治，事善能，动善时。夫唯不争，故无尤。”

---

① 《荀子》，《百子全书》第一册，岳麓书社1993年版，第178页、第170页、第147页、第183页、第157页、第143页、第164页、第233页。

② 《礼记正义》，《十三经注疏》下册，中华书局1980年版，第1313页、第1430页、第1610页、第1668页。

老子以水设喻，认为最高的德行就像水一样，滋润万物而不争功。这种德行最近于"道"，不争功就不会招怨。这里，"善"可解释为美德善行，也可解释为擅长善于。其中"言善信"是讲：说话信守诺言。再如《老子》第二十一章"其精甚真，其中有信。"意为：这情态表现非常本真，蕴含着可信的道德本意。

而《老子》第八十一章指出："信言不美，美言不信。"①则对世间的诚信与美德表示了怀疑。以老子的辩证思维来叩问一下，也许比一味相信更合乎实际。

《庄子》中多次言及"信"，譬如："夫道，有情有信，无为无形；可传而不可受，可得而不可见。"(《庄子·大宗师》)其中"信"为真实可信之本意。再如《庄子·天地》篇所言："至德之世"，民如野鹿，"端正而不知以为义，相爱而不知以为仁，实而不知以为忠，当而不知以为信。"②意为：上古至德时代，百姓像自由的麋鹿一样，行为端正，而不认为是义；人人相爱，而不认为是仁；待人诚实，而不认为是忠；言行得当，而不认为就是信。

3. 墨家、法家所言"信"

墨家著作《墨子》往往正面强调"信"与"义"的肯定性价值。例如《墨子·经上》篇认为："信，言合于意也。"《墨子·备城门》篇说："多主信以义，万民乐之无穷。"《墨子·兼爱下》篇指出："言必信，行必果，使言行之合，犹合符节也，无言而不行也。"③其大意为：言出必守信，行为要果断，使所言与所行相吻合，就像符节两相合一样，没有一句话不实行的。这体现出墨子提倡言行一致，要求为人处世以诚信为本。

---

① 任继愈译：《老子新译》，上海古籍出版社 1985 年版，第 77 页、第 105 页，第 234 页。

② 王夫之解：《庄子解》，中华书局 1964 年版，第 56 页、第 101 页。

③ 《墨子》，《百子全书》第三册，岳麓书社 1993 年版，第 2449 页、第 2490 页、第 2396 页、第 2427 页。

法国学者列维-布留尔的《原始思维》认为："在中国，按照古代的学说，'宇宙到处充满了无数的神和鬼'"，"每一个存在物和每一个客体都因为或者具有'神'的精神，或者具有'鬼'的精神，或者同时具有二者而使自己有灵性"。①

墨子信鬼，但是，《墨子·明鬼》篇道："今若使天下之人，偕若信鬼神之能赏贤而罚暴也，则夫天下岂乱哉！"(《墨子·明鬼》)表明墨子并不迷信，而有其清醒的认识。

法家更注重立信守信。如《商君书》写道："国之所以治者三：一曰法，二曰信，三曰权。法者，君臣之所共操也；信者，君臣之所共立也；权者，君之所独制也。"②(《商君书·修权》)《商君书》是否商鞅之作有争议，但并不否认为法家著作。司马迁《史记·商君列传》记载了商鞅变法前"立木取信"的故事：

"令既具，未布，恐民之不信，已乃立三丈之木于国都市南门，募民有能徙置北门者予十金。民怪之，莫敢徙。复曰能徙者予五十金。有一人徙之，辄予五十金，以明不欺。卒下令。"③大意为：商鞅变法的条令已备，还没公布。担心百姓不相信，于是派人在都城市场南门前放置一根三丈高的木柱，招聘能将此木搬到北门的人，给予十金。百姓看到后对此感到奇怪，没有人敢去搬木柱。于是又下令："能搬木柱的人赏五十金。"这时有个人去搬了木柱，果然就给了他五十金，以此表明诚信。然后颁布了法令。

据统计，"信"在《韩非子》中已出现151次。韩非认为："赏莫如厚而信，使民利之；罚莫如重而必，使民畏之；法莫如一而固，使民知

---

① [法]列维-布留尔：《原始思维》，丁由译，商务印书馆1981年版，第58页、第59页。

② 《商君书·修权》，《商子》，《百子全书》第二册，岳麓书社1993年版，第1565页。

③ 司马迁：《史记·商君列传》，《史记》，中华书局1982年版，第七册，第2231页。

之。”(《韩非子·五蠹》)又说：“人主之患在于信人。信人，则制于人。”(《韩非子·备内》)

《韩非子·内储说上》讲了一个“三人成虎”的故事：庞恭与太子质于邯郸，谓魏王曰：“今一人言市有虎，王信之乎？”曰：“不信。”“二人言市有虎，王信之乎？”曰：“不信。”“三人言市有虎，王信之乎？”王曰：“寡人信之。”庞恭曰：“夫市之无虎也明矣，然而三人言而成虎。”(《韩非子·内储说上七术》)谎言三遍可成为真理，揭示了“信”的危机。

韩非子的《外储说左上》借箕郑答晋文公之问言及“信”曰：“信名，信事，信义。信名，则群臣守职，善恶不逾，百事不怠；信事，则不失天时，百姓不逾；信义，则近亲劝勉，而远者归之矣。”①意思是：“在名位、政事、道义上都要讲信用。名位上守信，群臣就会尽职尽责，好的坏的不会混杂，各种政事不会懈怠；政事上守信，就不会错过天时季节，百姓不会三心二意；道义上守信，亲近的人就会努力工作，原先疏远的人就会前来归顺。”

诸子学说不一，而都斥责背信行为，肯定守信承诺。

四、传承信义

1.“信”入“五常”

尽管先秦史册和儒、法诸家早已推重“信”，然而作为最重要的关键词，还是从西汉董仲舒将“仁、义、礼、智、信”合称“五常之道”开始。

班固《汉书》记载汉武帝刘彻元光元年(公元前134年)下诏求贤良，其中说：“贤良明于古今王事之体，受策察问，咸以书对，著之于篇，朕亲览焉。”(《汉书·武帝纪》)于是董仲舒进《举贤良对策》，提出：

---

① 《韩非子》，《百子全书》第二册，岳麓书社1993年版，第1788页、第1672页、第1708页、第1722页。

“夫仁、义、礼、智、信五常之道，王者所当修饬也。”(《汉书·董仲舒传》)①常，意为恒久经常。顾野王《玉篇》解释：“常，恒也。”五常，即将“仁、义、礼、智、信”五项道德元素视为最基本最普遍最恒久的真理。

应该说，标举“仁、义、礼、智、信”为五常，是历史选择的过程。中国文化是注重道德的文化，一向强调人伦道德。上文所举《周易》《尚书》《道德经(老子)》《论语》等文献都分别言说“仁”或“义”或“礼”或“智”或“信”及种种道德的重要性，先秦时期许多史官和学者纷纷提出若干道德品目希望君主与百姓尊崇。如上文曾提到文献中列举“四维”“五伦”“六顺”“八德”“九行”“十义”等道德品目的多种说法。但过多的德目难以令人熟记，且重点不够鲜明突出，有待提炼概括。唯《管子》“四维”、《孟子》“四端”、《周礼》“六德”等德目较为简明扼要。《管子》提出“国有四维”：“礼、义、廉、耻。”孟子认为“仁、义、礼、智”生于人心“四端”。《周礼·地官》列举“六德：知、仁、圣、义、忠、和”。这些说法，显然影响到董仲舒。

另一方面是阴阳五行学说的影响。众所周知，诸子百家，九流十家中有阴阳家。司马迁《太史公自序》所引其父亲太史公司马谈的《论六家要旨》，即将“阴阳家”和“儒、墨、名、法、道德”家并列为“六家”。战国时期阴阳家的代表人物为齐国人邹衍，其说称为“阴阳五行”学说。“阴阳、五行”的观念十分古老。《易》以道阴阳。五行，即指“水、火、木、金、土”。其名称早已出现于《尚书·洪范》：“五行：一曰水，二曰火，三曰木，四曰金，五曰土。”②五行学说运用水、火、木、金、土五种基本物质元素及其演变运行来解说宇宙世界，有“五行相生”“五行相克”等理论。董仲舒深受五行学说影响，他所著《春秋繁露》言及“五

---

① 班固：《汉书》之《武帝纪》《董仲舒传》，《二十五史》第一册，上海古籍出版社1986年版，第383页、第599页。

② 《尚书·洪范》，《尚书正义》，《十三经注疏》上册，中华书局1980年版，第188页。

行相生”说：“五行者，五官也，比相生而间相胜也。”①

其实战国时期已有“五行”专论。可惜古书失传。有意思的是1973年马王堆汉墓出土了帛书《五行篇》，1993年郭店楚墓又出土了楚简《五行》篇，给我们补充了“五常”之说产生前的环节。

马王堆帛书《五行篇》列举了“仁、义、礼、智、圣”五种德行。②即比照“水、火、木、金、土”五行之说来论述“仁义礼智圣”五种人伦德行。郭店楚简《五行》篇也列举了“仁、义、礼、智、圣”五种德行，而郭店楚简另有《六德》篇列举了“圣、智、仁、义、忠、信”六种德行：“父圣，子仁，夫智，妇信，君义(宜)，臣忠。”其中已有“信”。据学术界考证，郭店楚简约写定于公元前330年战国时期。此时的“五行”“六德”之说显然成为董仲舒“五常”说的先导。

董仲舒提出的“五常”之说被汉王朝采纳，而后班固所编《白虎通德论》云：“五常者何？谓仁、义、礼、智、信也。仁者，不忍也，施生爱人也。义者，宜也，断决得中也。礼者，履也，履道成文也。智者，知也，独见前闻，不惑于事，见微者也。信者，诚也，专一不移也。”③于是，“信”与“仁义礼智”合称为五常，成为官方推重的伦理标识。

“五常”之说被历代朝廷与文人认可传承。譬如东汉王充《论衡·问孔篇》云：“五常之道，仁、义、礼、智、信也。五者各别，不相须而成。”④

唐、宋以来，以“仁、义、礼、智、信”为代表的传统道德观更为中国文化界及民间接受。例如唐代柳宗元的《时令论下》说：“圣人之为教，立中道以示于后，曰仁、曰义、曰礼、曰智、曰信，谓之五常，言

---

① 董仲舒：《五行相生》，《春秋繁露》，上海古籍出版社1989年版，第76页。

② 庞朴：《〈五行篇〉评述》，《文史哲》1988年第1期。

③ 班固：《白虎通德论·情性》，《百子全书》第四册，岳麓书社1993年版，第3560页。

④ 王充：《论衡》，上海人民出版社1974年版，第140页。

可以常行者也。"①

"仁、义、礼、智、信"在宋元明清时期得到启蒙读物的广泛传播。如《三字经》道："曰仁义，礼智信。此五常，不容紊。"《弟子规》也说："凡出言，信为先；诈与妄，奚可焉。"教育后代从小不能失信。

2. 民间信义

庙堂文化宣扬"五常"的同时，江湖民间文化也非常注重"信义"与承诺。

例如，《庄子》采集民间传说记述了一个"尾生有信"的故事："尾生与女子期于梁下，女子不来，水至不去，抱梁柱而死。"②尾生是先秦时期一位真诚有信的男子，他遵守在桥下约会的诺言，不幸山洪暴发，洪水漫过桥梁，尾生紧抱梁柱，至死也不失信。庄子评说："尾生溺死，信之患也。"而后人大多肯定"信如尾生。"把尾生视为"守信"的典型。明代冯梦龙《情史》称赞尾生说："此万世情痴之祖。"尾生的本真就是"信"。

再如，季布"一诺千金"之语就出自西汉初年的民间谚语。见于《史记·季布列传》记载，其中写道："季布者，楚人也。为气任侠，有名于楚。"楚人曹丘生见季布，专引"楚人谚曰：得黄金百，不如得季布一诺。"以扬季布之名于天下。③此语即讲承诺有信，此后流传为成语"一诺千金"。

还有成语"鸡黍之约"，是指东汉民间范式、张劭千里外如期赴约的信义故事。山阳人范式，字巨卿；汝南人张劭，字元伯。少年时游学为友，各归乡里。临别时范式对张劭说：两年后当来拜见尊亲。约期将至，张劭准备酒宴。母曰："二年之别，千里结言，尔何相信之审邪？"

---

① 柳宗元：《时令论下》，《全唐文》，(清)董诰等编，上海古籍出版社 1990 年版，第三册，第 2604 页。

② 庄周：《庄子·盗跖》篇，《庄子解》，王夫之解，中华书局 1964 年版，第 260 页。

③ 《季布列传》，司马迁《史记》，中华书局 1982 年版，第 2729-2732 页。

对曰：“巨卿信士，必不乖违。”母曰：‘若然，当为尔酝酒。’至其日，巨卿果到，升堂拜饮，尽欢而别。①(《后汉书·独行列传》)就是说，张劭的母亲问：“二年离别，千里之外许下的诺言，你怎么能相信?”张劭回答：“巨卿是信义之士，绝不会失信。”母亲说：“既然如此，我为你们酿制美酒。”到了这天，范巨卿果然来访。二人升堂叩拜，以鸡肉黍米为食，宴饮尽欢。故称“鸡黍之约”或“范张鸡黍”。

范式、张劭的朋友深情与信义，成为佳话，也传为成语。元代宫天挺由此创作杂剧《死生交范张鸡黍》，明代冯梦龙所编《喻世明言》收入白话小说《范巨卿鸡黍死生交》，描叙范式、张劭的信义故事。其中写道：“大丈夫以义气为重”，“逢信义之人结交”，曰：“人禀天地而生，天地有五行，金、木、水、火、土，人则有五常，仁、义、礼、智、信以配之，惟信非同小可。”颂扬范、张二人“信义深重”，有《踏莎行》词赞曰：“片言相许心无变。宁将信义托游魂。”②

刘向《说苑·杂言》借“孔子观于吕梁”，描写了一位民间奇人渡过悬水瀑布的故事。“悬水四十仞，环流九十里。鱼鳖不能过，鼋鼍不敢居。”而有一位壮汉安然信步而渡过。孔子惊讶而问：“子巧乎？且有道术乎？所以能入而出者何也?”壮汉回答说：“始吾入，先以忠信；吾之出也，又从以忠信。忠信错吾躯于波流，而吾不敢用私。吾所以能入而复出也。”孔子谓弟子曰：“水而尚可以忠信义久而身亲之，况于人乎?”③此壮汉回答说，开始，我进入悬水瀑布，靠的是忠信，我从悬水瀑布出来，也是靠忠信。忠信安排我的身体进入波涛里，我不敢有一点私心。所以我能够进入悬水瀑布又穿行出来。这一神奇而平静的回答令孔子感慨不已，于是对“忠信义”称赞不已。

---

① 范晔：《后汉书》，《二十五史》第二册，上海古籍出版社1986年版，第1036页。

② 冯梦龙：《喻世明言》，《三言》，湖北人民出版社1996年版，第134页-138页。

③ 刘向：《说苑·卷十七·杂言》，上海古籍出版社1990年版，第146页。

3. 信义至诚

郭店楚简有一篇《忠信之道》，其文专论“忠信”写道：“不讹不孚，忠之至也。不欺弗知，信之至也。忠积则可亲也，信积则可信也。忠信积而民弗亲信者，未之有也。至忠如土，化物而不伐；至信如时，毕至而不结。忠人无讹，信人不倍。”所以说：“忠，仁之实也。信，义之期也。”意为：忠，就是“仁”的实际表现，信，就是“义”的理想期待。通篇高扬忠信仁义之美德。

历史上重信义的人物，往往留下感人至深的事迹。譬如，东汉三国时期也是颇重信义的时代，东汉时的铫期就是一位草根出身的讲“信义”的将军。范晔《后汉书》卷五十记载：“期重于信义，自为将，有所降下，未尝虏掠。及在朝廷，忧国爱主，其有不得于心，必犯颜谏诤。”意为：铫期重于信义，自从为将，常有降兵下城，但未尝虏掠百姓。在朝廷供职，忧国爱主。《后汉书》卷四十七称赞冯异、岑彭、贾复说：“若冯、贾之不伐，岑公之义信，乃足以感三军而怀敌人，故能克成远业，终全其庆也。”①

“信”在《裴注三国志》中出现了500多次。譬如《蜀书》所记，关羽被称为“天下义士”。《魏书》记载，曹操见到名士贾诩，喜执诩手曰：“使我信重于天下者，子也。”(《贾诩传》)《吴书》评曰：“太史慈信义笃烈，有古人之分。”(《太史慈传》)《魏书》又说：“崔琰、徐奕，一时清贤，皆以忠信显于魏朝。”(《崔琰传》)《魏书》还记有术士管辂之语：“忠孝信义，人之根本，不可不厚；廉介细直，士之浮饰，不足为务也。”(《方技传》)《蜀书·卷三十二》则称：“刘玄德弘雅有信义。”②

在三国这一特殊的历史时期，出现了光耀史册的伟人诸葛亮，既是智慧的化身，又以信义著称，被誉为千古第一贤相。

---

① 范晔：《后汉书·铫期列传》《冯异、岑彭、贾复传论》，《二十五史》第二册，上海古籍出版社1986年版，第870页、第865页。

② 《裴注三国志》，《二十五史》第二册，上海古籍出版社1986年版，第1180页、第1106页、第1210页、第1111页、第1164页、第1172页。

诸葛亮(公元181—234年)在著名的《隆中对》中称赞刘备说:“将军既帝室之胄，信义著于四海，总揽英雄，思贤如渴。”其实诸葛亮自己才是“信义”典范。他不仅辅佐刘备建立了蜀汉，严治内务，安定南方，而且为当年承诺，继续出师北伐，终于践行“鞠躬尽瘁，死而后已”之言。(《三国志·诸葛亮传》)难能可贵的是连敌方都对他赞不绝口。如吴国孙权所言:“诸葛丞相德威远著”，“信感阴阳，诚动天地”。

陈寿《三国志·诸葛亮传》评赞曰:“诸葛亮之为相国也，抚百姓，示仪轨，约官职，从权制，开诚心，布公道”，“毗佐危国，负阻不宾”，“科教严明，赏罚必信”，至于“道不拾遗，强不侵弱，风化肃然”，“可谓识治之良才”，“至今梁、益之民咨述亮者，言犹在耳，虽甘棠之咏召公，郑人之歌子产，无以远譬也。”①

近一千八百年以来，人们对诸葛亮的为人赞不绝口，如杜甫《蜀相》诗云:“三顾频繁天下计”，“长使英雄泪满襟。”杜甫又有《咏怀古迹》诗赞叹道:“诸葛大名垂宇宙”，“志决身歼军务劳”。②

诸葛亮既成为智慧的化身，又被公认为贤相的典范。如宋代洪迈所评赞:诸葛孔明“本于仁义节制”，“一出于诚”，“言如蓍龟，终身不易。二十余年之间，君信之，士大夫仰之，夷夏服之，敌人畏之。”取信于主，见信于人，“而无一人有心害疾者。”(洪迈《容斋随笔》)的确是中国文化中的一个奇迹，令人向往，又令人感叹不已。

再如，宋代最有“信义”风骨的词人辛弃疾，可称为文武全才。他在青年时参加耿京为首的抗金起义，于数万敌军中生擒叛徒而南归。即如同时代洪迈记述:“侯(辛弃疾)本以中州隽人，抱忠仗义，章显闻于南邦。齐虏巧负国，赤手领五十骑缚取于五万众中，如挟毚兔，束马衔

① 《三国志》，《二十五史》第二册，上海古籍出版社1986年版，第1106-1210页，第1176-1178页。

② 杜甫诗，仇兆鳌注:《杜诗详注》，中华书局1979年版第二册、第四册，第736页、第1506页。

枚，间关西奏淮，至通昼夜不粒食：壮声英概，懦士为之兴起！”(洪迈《野处类稿》《稼轩记》)意为：辛弃疾本来是中州才华出众的人，赤胆忠心讲信义，在南宋十分有名。遇到某奸贼背叛国家，辛弃疾亲率五十名骑兵将奸贼从五万敌军中捆绑回来，就好像撬开巉岩逮住兔子一样，策马飞速从淮西南下，日夜兼程回归，声势雄壮慷慨，激发鼓舞了普通百姓的爱国热情。《宋史 · 辛弃疾传》称他“慷慨有大略”，“豪爽尚气节，识拔英俊”，“雅善长短句，悲壮激烈”。①

一位信义至诚、一心报国的将才，处身于朝廷，需要取信于人。当时南宋分为南人、北人，从北方归来的辛弃疾需要取信于朝廷，突然的变故，使他不得不冒着极大的风险，冲入敌军营中，勇敢而机灵地于数万大军中生擒叛徒驰马南归。以此信义确证了自己的英雄本色。真是“金戈铁马，气吞万里如虎。”(《永遇乐 · 京口北固亭怀古》)谁还有二话可说呢！

辛弃疾词如其人，为豪放词代表。他写道：“壮岁旌旗拥万夫，锦襜突骑渡江初。”(《鹧鸪天》)“醉里挑灯看剑，梦回吹角连营。”(《破阵子》)“烈日秋霜，忠肝义胆。”(《永遇乐》)历来交口赞誉辛弃疾的词“慷慨纵横。”陈亮称赞他：“眼光有棱，足以照映一世之豪。”(《辛疾弃画像赞》)谢枋得称他为“忠义第一人。”刘克庄赞美说：“公所作，大声鞺鞳，小声铿鍧，横绝六合，扫空万古，自有苍生以来所无。”(《辛稼轩集序》)②

千年以来，“信”与“义”作为中国文化的重要元素，激扬着民族精神，感奋着志士的灵魂，唱不尽歌不完古道热肠的诚信情义。

---

① 《辛弃疾传》，《宋史》卷四百一，《二十五史》第八册，上海古籍出版社1986年版，第6547页。

② 《辛稼轩集序》，辛弃疾词，《唐宋名家词选》，龙榆生编，上海古籍出版社1980年版，第238-255页，刘克庄《辛稼轩集序》等评赞亦见《唐宋名家词选》第256页。

第七章 “义”与“利”

“义”与“利”的话题由来已久。在甲骨文、金文中都发现有“义”字与“利”字。上文已述，“义”(義)字由“羊”“我”两个字符合成。而“利”字明显是由“禾”“刀”两个字符组合，会意，用刀割禾以见锋利。引申为：顺利、好处、利益、吉利等。

许慎《说文解字》云：“利，铦也。从刀。和然后利，从和省。《易》曰：‘利者，义之和也。’”①“铦”，就是锋利。一说，“利”是“犁”的初文。无论用刀割禾或用犁耕地，都表明“利”字的创造是在农耕时代，先民使用工具得到效益，比不用工具快多了，效益高了，人们获“利”了；并且认识到，和义，才能获利。《说文解字》言“和然后利”，又引《周易》“利者，义之和”来解说，表明“利”与“义”的含意密切相关。

甲骨文“利”字

金文“利”字

“义之和”出自《周易》。《周易》被称为群经之首，包括《易经》与《易传》。《易经》由八卦、六十四卦与卦爻辞组成，易象卦爻是远古文明的产物，用阴阳两个符号组合变化推演来表征万事万物，是中华民族

① 许慎：《说文解字》，中华书局 1963 年版，第 91 页。

独创的文化积淀。《易经》卦爻辞经文是先民卜筮问吉凶的经验总结与记录，产生不晚于西周初年。"元，亨，利，贞"是《易经》经文的常用语。可见"利"的记录至少有三千多年。《易经》起始的《乾卦》一开头就说："元，亨，利，贞。"《易传·文言》解释说：

> 元者，善之长也。亨者，嘉之会也。利者，义之和也。贞者，事之干也。君子体仁足以长人，嘉会足以合礼，利物足以和义，贞固足以干事。君子行此四德者，故曰："乾，元、亨、利、贞。"①

这段话大意为：元，是善意的开头。亨，是良好的集中。利，是义理的融和。贞，是事物的主干。君子践行仁德，就能让人成长；汇集美德，就能合乎礼法；物得适宜，就能融和道义；正道直行，就能成就事业。君子践行这四种美德，所以说《乾》卦具有"元、亨、利、贞"四德。

《易传》把"利"称为"四德"之一。孔颖达《周易正义》引《子夏易传》进一步解释："元，始也；亨，通也；利，和也；贞，正也。"《易传》反复强调"利"有"和义"的含意，"利者义之和"，又说："利物，足以和义。"说明"义"与"利"的相和关系。

据司马迁《史记》记载，孔子"读《易》，韦编三绝"。②韦编，指用牛皮绳把竹简串起来，孔子当时的书籍是用牛皮绳串起来的简书。三绝，指翻阅简书，牛皮绳被翻断了三次。孔子阅读简书《易经》，韦编三绝，可见十分熟悉。传言孔子作《易传》，或言孔门弟子与再传弟子作《易传》。不论哪一种说法，都可知孔子熟悉《周易》，熟识"义"与"利"的密切相关。从"利者义之和"来看，就比较好理解"义"与"利"的关系了。

---

① 《周易正义》，《十三经注疏》上册，中华书局 1980 年版，第 13-15 页。

② 司马迁：《史记》，中华书局 1982 年版，第 1937 页。

一、义以生利

说到“义”与“利”，就会联想到“义利之辩”，这似乎成为一个辩论不休的话题。好辩者往往引证《论语·里仁》篇所载孔子言“君子喻于义，小人喻于利”。道德君子明白大义，而一般下等人只懂得谋求小利。尽管孔子有轻视“小人”的意思，但他并不反对“利”。

《论语》记有孔子语：“见利思义。”(《宪问》篇)意为，面对利益好处之时，首先应当考虑是否合乎正义。“义以生利。”合理合义，才会有利有益。与“利物足以和义”相呼应，《论语·里仁》篇说：“仁者安仁，知者利仁。”①孔子的意思是，仁人志士安于仁德，明白有利于仁德而实行。

在孔子所处的春秋时代，颇多“争利而忘义”的现象。“义”与“利”的讨论曾是热门话题。据统计，《左传》《国语》记录了数百次关于“义”“利”的言论。“义”字在《左传》中出现110次以上；在《国语》中出现90次以上；“利”字在《左传》中出现130次以上；在《国语》中出现120次以上。《春秋左传》曾记录孔子所说“义以生利”之语，《国语》则言说“义所以生利”与“导利而布之上下”等“义利”观点。

例如，《国语·周语上》记载周厉王宠信荣夷而施行“专利”。大夫芮良夫劝谏说：“好专利而不知大难。夫利，百物之所生也，天地之所载也，而或专之，其害多矣。天地百物，皆将取焉，胡可专也?”意为，贪图专利而不知大难即将发生。财物之利，是万物所生，天地所赐，倘若专断其利，祸害过多。怎么能够与天地万物及老百姓争利呢？作为君王，应该不谋专利，“将导利而布之上下者也”，让百姓万物都得到好处。“今王学专利，其可乎?”匹夫专利，犹谓之盗，王欲专利，“周必

---

① 杨伯峻译注：《论语译注》，中华书局1980年版，第39页、第149页、第35页。

败”。周厉王不听劝谏，贪图专利而忘义，果然引起暴乱，公元前841年，厉王“流于彘”。①

历史教训促使人们认识“义”与“利”的关系。在周襄王十三年(公元前639年)，由于郑国触怒了周襄王，襄王准备借用狄人的兵力讨伐郑国。《国语·周语中》记述，周朝大夫富辰劝谏襄王说：

> 且夫兄弟之怨，不征于他，征于他，利乃外矣。章怨外利，不义；弃亲即狄，不祥；以怨报德，不仁。夫义所以生利也，祥所以事神也，仁所以保民也。不义则利不阜，不祥则福不降，不仁则民不至。②

郑国国君和周王都是姬姓，兄弟之亲。郑国曾经为周王室效劳立功。因此富辰劝谏周襄王勿忘本族兄弟之义。这段话大意为：况且，姬姓兄弟之间的纠纷不必外族人参与，否则，王朝的利益就会外流。暴露内怨而让外族人得利，不合道义；疏远本族而亲近狄人，不合吉祥；因一点怨恨就惩罚过去有功的郑国，不合仁德。因为合道义才有效益，得吉祥才能侍奉神灵，有仁德才能安抚民众。如果不合道义，就没有丰收；不合吉祥，就没有福气；不合仁德，就没有民众归顺。

富辰劝谏之语的核心是“义、祥、仁”，合称为“三德”，这段话围绕“义、祥、仁”展开论述，认为古代英明的君王都具有这三项德行。特别强调“义所以生利”。在孔子之前近百年，就有如此见地，十分可贵。

再如《国语·晋语》记述晋国大夫丕郑语：“民之有君，以治义也。义以生利，利以丰民。”《晋语》还记述大夫里克语：“夫义者，利之足也；贪者，怨之本也。废义则利不立。”又记述晋国司空胥臣所说：“同

① 《国语》，河南大学出版社2008年版，第103页。

② 《国语》，河南大学出版社2008年版，第120页。

德合义，义以导利。”《国语·吴语》记述勾践的使者诸稽郢所说：“秉利度义。”①都强调“义”对“利”的导引与制约作用。

《左传》也多次论述“义”与“利”。譬如，《左传》“僖公二十七年”（公元前633年）有一段话论及“德、义”为“利之本”。当时，晋国救宋拒楚，选拔三军元帅，辅佐晋文公的名臣赵衰推荐郤縠，理由是郤縠熟识礼乐诗书。赵衰说：“诗、书，义之府也；礼、乐，德之则也；德、义，利之本也。”认为：诗、书，是道义的宝库；礼、乐，是道德的表征；道德仁义，是获取利益的根本。赵衰等才智之士辅佐晋文公依据“德义”谋取利益，促使晋国称霸成功。以上事例还说明，儒家仁义学说的形成早已有思想理论基础。

再如《左传》“成公十六年”记述楚国申叔时之语：“义以建利，礼以顺时，信以守物。”《左传》“昭公十年”记述齐国晏子之语：“故利不可强，思义为愈。义，利之本也。”《左传》“昭公二十八年”记述晋国成鱄之语：“居利思义，在约思纯。”②都主张以义为本来处理“义”与“利”的关系。

孔子论述“义以生利”的一段话见于《左传》“成公二年”（公元前589年）。起因是卫国与齐国遭遇新筑之战，卫师败绩。卫国卿大夫孙桓子险些被俘。危急时刻救兵来到。新筑人仲叔于奚救援孙桓子，桓子是以幸免。事后，“卫人赏之以邑，辞。请曲县、繁缨以朝，许之。”由于仲叔于奚带领新筑之兵赶来援救，孙桓子才得以免难。此后，卫国国君赏赐封地给仲叔于奚，但他谢绝，却请求在朝见时越级用“曲悬”“繁缨”等诸侯级别的礼乐，卫君竟然答应了。

仲尼闻之曰：“惜也，不如多与之邑。唯器与名，不可以假人，君

---

① 《国语》，河南大学出版社2008年版，第203页、第219页、第242页、第345页。

② 《春秋左传正义》僖公二十七年、成公十六年、昭公十年、昭公二十八年，《十三经注疏》下册，中华书局1980年版，第1822页、第1917页、第2059页、第2119页。

之所司也。名以出信，信以守器，器以藏礼，礼以行义，义以生利，利以平民，政之大节也。若以假人，与人政也。政亡，则国家从之，弗可止也已。”①

孔子听说之后评论说：“可惜啊！还不如多给他一点封地。世上最珍贵的只是礼器和人的名分，不能假借给别人，应由君主掌管。因为人的地位名分出于信用，信用体现于礼器，礼器代表着礼仪，礼仪实施着道义，道义以生发出人的各项利益，适当分配各项利益才能安抚百姓，这是治国理政的关键啊。如果诸侯名分都随便送给别人，那就等于把国政大权送给别人。失去国政，那么国家也会随之灭亡，结果将无可避免。

周代特别讲究礼仪，制礼作乐是国家大事。所谓“曲县”即“曲悬”，指周代礼制诸侯之乐的规格，室内三面悬乐器。所谓“繁缨”指天子、诸侯所用车马的装饰。繁，马腹带；缨，马颈革。诸侯才能享用。春秋战国时期沿用周礼，但各诸侯、大夫都企图僭越等级，造成礼崩乐坏的乱象。仲叔于奚居功而企图僭越享用“曲悬、繁缨”之礼，乃是这种乱象的表现之一。孔子最讲究礼制名分，因而发表批评议论。

司马迁说：“‘春秋’之中，弑君三十六，亡国五十二。”②实际上弑君与窃国的数字更多。为什么春秋无义战，多弑君现象？一个字，争“利”。

《春秋穀梁传》认为：“《春秋》有三盗：微杀大夫谓之盗，非所取而取之谓之盗，辟中国之正道以袭利谓之盗。”③关键就是“袭利”，袭利为盗。那些弑君的诸侯其实都是袭利的盗贼。

孔子则希望通过“克己复礼”以达到“天下归仁”。(《论语·颜渊》)

---

① 《春秋左传正义》成公二年，《十三经注疏》下册，中华书局1980年版，第1894页。

② 司马迁：《史记》，中华书局1982年版，第3297页。

③ 《春秋穀梁传注疏》哀公四年，《十三经注疏》下册，中华书局1980年版，第2449页。

故强调“见利思义”(《宪问》篇)、“见得思义”(《子张》篇)、“义以生利”，认为“见小利则大事不成”(《子路》篇)，提倡“君子义以为上”(《阳货》篇)、“君子义以为质”(《卫灵公》篇)，主张“因民之所利而利之”①(《尧曰》篇)。

《论语·尧曰》篇记载，孔子在回答弟子问“从政”时提出“尊五美”的观点，主张尊崇五种美德。接着解说“五美”：“君子惠而不费，劳而不怨，欲而不贪，泰而不骄，威而不猛。”其大意为：君子能让百姓受惠而无须耗费；让百姓勤劳而不发生怨恨；让百姓有所向往而不贪财；让百姓庄重而不傲慢；让百姓感受威严而不强霸，合称为五项美德。接着进一步解释说：

> 因民之所利而利之，斯不亦惠而不费乎？择可劳而劳之，又谁怨？欲仁而得仁，又焉贪？君子无众寡，无大小，无敢慢，斯不亦泰而不骄乎？君子正其衣冠，尊其瞻视，俨然人望而畏之，斯不亦威而不猛乎？

意思是：让百姓去做对自己有利的事而使他们得利，这不就是施恩而无须花费吗？让百姓选择自愿忙碌的工作而去忙碌，谁又会怨恨呢？让百姓向往仁义而达到仁义之境，又怎么会贪财呢？君子对待百姓，无论人多人少，无论势大势小，都不怠慢他们，这不就是泰而不骄吗？君子衣冠端正，尊重观瞻，让人望而生畏，这不就是威而不猛吗？

由此自然生成受尊崇的五种美德。可见孔子自有道德经济头脑，完全不同于后来的书呆子儒生。孔子还曾说：“富而可求也，虽执鞭之士，吾亦为之。”②(《论语·述而》篇)他坦诚地表示，如果能够富起来，只要合乎道德，那即使是给人执鞭赶车的差事，也愿意去做。当然，绝

---

① 杨伯峻译注：《论语译注》，中华书局 1980 年版，第 124 页、第 210 页。
② 杨伯峻译注：《论语译注》，中华书局 1980 年版，第 69 页。

不干“不义”之事。关键在于“义”还是“不义”。

儒家经典《礼记》记录孔子言：“仁者，天下之表也；义者，天下之制也；报者，天下之利也。”(《礼记·表记》)意为：“仁”是天下事物的表征，“义”是天下事物的准则，报答，是天下事物之利益。①儒家传统观念一方面主张“义以为上”，“以义为利”，同时另一方面又提倡“天下之利”，由“义以生利”实现“利物和义”。

二、义利之辩

“义”与“利”之辩早在先秦就开始了。当孔子说“见利思义”(《论语·宪问》)和“君子喻于义，小人喻于利”(《论语·里仁》)的时候，必定有一个隐含的“重利轻义”的辩论对方。可能对方羞于启齿，也可能没有记录下来。战国时期以来，则议论蜂起。

1. 杨墨之辩

公开表达“利己”的辩论方是杨子，见于《孟子》一书。其《滕文公下》记载：“杨朱、墨翟之言盈天下；天下之言，不归杨，则归墨。杨氏为我。”《尽心上》对比二者说：“杨子取为我，拔一毛而利天下，不为也。墨子兼爱，摩顶放踵利天下，为之。”《尽心下》又记载说：“逃墨必归于杨。”孟子一概否定杨、墨两家，认为：“杨氏为我，是无君也；墨氏兼爱，是无父也；无父无君，是禽兽也。”②

其实，以墨子为代表的墨家既不同于儒家、也不同于杨子，乃是最为平民化的学派，因而提出比较务实的义利观，主张义利并重。据统计，在《墨子》一书中，“义”字出现293次，“利”字出现379次，与先秦诸子其他著作相比，“利”字与“义”字在《墨子》中的出现频率最高。

“义”与“利”在《墨子》中都是关键词，都有专门解说。如《墨子·

① 《礼记正义》，《十三经注疏》下册，中华书局1980年版，第1639页。

② 《孟子》，朱熹注，上海古籍出版社1987年版，第48页、第105页、第114页。

经上》篇云：“义，利也。”墨子认为，“义”不是空洞的，是与人有利的。亦如《墨子·耕柱》篇所言：“义可以利人。”《墨子·经说上》篇又说：“义，志以天下为芬，而能能利之，不必用。”这是对以“利”释“义”的补充，指出“义”并非为个人所用，而是志在天下的能人为正义事业谋利才能称之为“义”。如《墨子·天志下》篇所言：“义者，正也。”是合乎正义的利。

再看《墨子·经上》篇解说：“利，所得而喜也。”《墨子·经说上》篇说：“利，得是而喜，则是利也。其害也，非是也。”简言之，“利”，就是好处、利益。人能获利，当然高兴。而不是有害。但墨子所言“利”并非私利。《墨子·尚贤》篇说：“举公义，辟私怨。”公义即公利，“可以利民”。

墨子尚利，同时贵义，《墨子·兼爱》篇反复论述“兼相爱，交相利”。因为“义可以利人，故曰：义，天下之良宝也。”(《墨子·耕柱》篇)墨子认为：“天下莫贵于义。”见于《贵义》篇，篇名就题为《贵义》。墨子所贵之义乃是正义，所尚之利乃是公利。由此墨子主张“兴天下之利”，伸张正义，义在利人。墨子的义利论是针对现实而发。他说：“义者，正也。何以知义之为正也？天下有义则治，无义则乱。”(《墨子·天志下》篇)墨子身处乱世而思索“乱自何起？起不相爱”。人与人之间缺乏关爱，“交相恶则乱。”(《墨子·兼爱》篇)春秋无义战，由于“无义”，缺乏关爱，至于世乱。墨子心忧天下，提出“兼相爱，交相利”的理想，并以“顺天”之义作为理论支撑：

> 然则义果自天出也。今天下之士君子之欲为义者，则不可不顺天之意矣。曰：顺天之意何若？曰：兼爱天下之人。(《墨子·天志下》篇)

墨子希望“天下之人皆相爱，强不执弱，众不劫寡，富不侮贫，贵不敖贱。”(《墨子·兼爱》篇)倘如此，“曰：此仁也，义也。爱人利人，

顺天之意，得天之赏者也。”(《墨子·天志中》)

墨子高扬正义，崇尚公利，创立墨家学派，号召“兴天下之利，除去天下之害。”①(《墨子·兼爱》篇)当时声势显赫，影响广泛，成为“显学”，创造了历史上的一个奇迹。仅墨子亲传弟子数百人，再传徒众不可胜数。

墨子身体力行，顺天利人，为正义与公利奔走四方，不辞辛劳，曾劝阻鲁阳文君攻打郑国，曾说服公输盘而阻止楚国侵犯宋国。因而《孟子·尽心上》记载说：“墨子兼爱，摩顶放踵利天下，为之。”②

2. 老庄、孟荀的论辩

道家老庄常以儒家为批评对象。而他们对于背义谋利者的批评实际上都指向贪婪的王侯。孟子说：“王何必曰利?”他的论辩对象是梁惠王。庄子愤怒地批判道：“窃钩者诛，窃国者为诸侯。诸侯之门而仁义存焉。”③(《庄子·胠箧》)

以老聃、庄周为代表的道家，对世俗“仁义”与“名利”持批判态度。但并不完全否定“义”与“利”，他们批评的是“失德”之“义”，否定的是“伤身”之“利”。

譬如，《老子》第八章说：“水善利万物而不争。”第十九章说：“绝圣弃智，民利百倍。”第八十一章说：“天之道，利而不害。”其中，“利”的意思都是肯定性的有益的，但不是过分的奢侈的。《老子》认为：“圣人为腹不为目。”(《第十二章》)意思是，在圣人看来，吃饱肚子就够了，不去追求声色享受。而是“见素抱朴，少私寡欲。”(《第十九章》)④

《庄子》则讽刺“仁义”与“名利”的追逐者，叹息“小人则以身殉利，

---

① 《墨子》之《尚贤》《兼爱》《天志》《经上》《经说上》《耕柱》《贵义》，《墨子》，《百子全书》第三册，岳麓书社 1993 年版，第 2375 页、第 2392 页、第 2423 页、第 2449 页、第 2452 页、第 2471 页、第 2474 页。

② 朱熹注：《孟子》，上海古籍出版社 1987 年版，第 105 页。

③ 王夫之解：《庄子解》，中华书局 1964 年版，第 87 页。

④ 任继愈译：《老子新译》，上海古籍出版社 1985 年版，第 76 页、第 99 页、第 235 页、第 85 页。

士则以身殉名，大夫则以身殉家，圣人则以身殉天下。”(《骈拇》篇)。又借“野语”传言“众人重利，廉士重名，贤士尚志，圣人贵精。”(《刻意》篇)揭露谋利者“见利而忘其真”的连环悲剧：“睹一蝉，方得美荫而忘其身；螳螂执翳而搏之，见得而忘其形；异鹊从而利之，见利而忘其真。庄周怵然曰：噫！物固相累，二类相召也！”(《山木》篇)，另一方面，提出：“能尊生者，虽富贵不以养伤身，虽贫贱不以利累形。”(《让王》篇)，《庄子》描述德人者：“四海之内共利之之谓悦，共给之之为安。”(《天地》篇)即与四海之内的百姓共享利益为快乐。《庄子》的观点是“重生”，若能“重生则利轻。”①(《让王》)淡泊名利，养生为重。

儒家学者弘扬“义”而罕言“利”。较有影响的是孟子见梁惠王，回答“亦将有以利吾国”之问，所言“利”与“义”。孟子说：“王何必曰利？亦有仁义而已矣。”意为：何必说谋利呢？只要有仁义道德就很好了。孟子接着提醒梁惠王：“上下交征利，而国危矣！”意为：上上下下都去争权夺利，那么国家就危险了。“苟为后义而先利，不夺不餍。”意为：倘若把仁义丢在脑袋后面，而只看眼前的利益，那么不争夺到底是不会满足的。反之，有仁有义就不至于如此。“王亦曰仁义而已矣，何必曰利？”(《孟子·梁惠王上》)

“义”是孟子学说的关键词。孟子提出“舍生取义”“居仁由义”“义，人之正路也”。(《孟子·离娄上》)以及批评“春秋无义战”(《孟子·尽心下》)，都是启迪后人的名言。说到“利”，孟子并不完全否定。譬如《孟子·公孙丑下》篇说：“天时不如地利，地利不如人和。”又如《孟子·离娄下》篇说：“天下之言性也，则故而已矣。故者以利为本。”②据《孟子注疏》解说：“事者必以利为本，是人所行事必择其利然后行之

① 王夫之解：《庄子解》，中华书局1964年版，第79页、第134页、第173页、第253页、第109页。

② 《孟子》之《梁惠王》《离娄》《公孙丑》篇，《孟子》，朱熹注，上海古籍出版社1987年版，第1页、第55页、第27页、第64页。

矣，是谓"故者以利为本"矣。"①而孟子对于"无义"而牟利之弊的深刻揭露震撼人心。

司马迁曾评价说："余读孟子书，至梁惠王问'何以利吾国'，未尝不废书而叹也。曰：嗟乎，利诚乱之始也！夫子罕言利者，常防其原也。故曰'放于利而行，多怨'。自天子至于庶人，好利之弊何以异哉！"②(《史记·孟子荀卿列传》)

战国后期的儒家代表学者荀子直言不讳地指出人性"好利"的本质，在《荀子·性恶》篇提出著名的"性恶"论："人之性恶，其善者伪也。今人之性，生而有好利焉，顺是，故争夺生而辞让亡焉。"③意为：人的本性并不善良，善良是后天形成的。试看今之人，一生下来就喜欢好处，照此下去，必然发生争斗，哪会有推辞谦让啊。

针对"人性恶"，荀子提出"以义制利"，"制礼义以分之"(《荀子·礼论》)，目的在于通过教育改恶为善。然则谈何容易？于是最后荀子只能用歌词来宣传他的主张："重义轻利行显明。""尧让贤，以为民，泛利兼爱德施均。"④(《荀子·成相》)

3. 韩非子的"公义""私利"辩

韩非是荀子的学生，但仅止信奉《荀子》的"性恶论"，而抛弃了仁善之根本，成为替君王出谋划策的法家人物。他比荀子更直截了当地指出人的利欲本性，并且试图利用趋利本性建立法制为君王效劳。

韩非子发现："好利恶害，夫人之所有也。"而"喜利畏罪，人莫不然。"(《难二》)"民者，好利禄而恶刑罚。"(《制分》)"苟成其私利，不顾国患。"《内储说下六微》)然而他背叛了老师、背叛了文人君子、背叛了所有的老百姓，而向王侯提出区别"公私之利"(《五蠹》)，主张"去

① 《孟子注疏》，《十三经注疏》下册，中华书局 1980 年版，第 2730 页。
② 司马迁：《史记》，中华书局 1982 年版，第 2343 页。
③ 《荀子·性恶》，《百子全书》第一册，岳麓书社 1993 年版，第 212 页。
④ 《荀子·礼论》，《百子全书》第一册，岳麓书社 1993 年版，第 196 页、第 218 页。

私心，行公义。”(《饰邪》)甚至说：“臣不得以行义成荣，不得以家利为功。”(《八经》)①他所谓“公义”即“人主之义”，实际上是君王诸侯之利。其“义利”观就是为君王谋利析义的策略。韩非聪明过人，然而聪明反被聪明误，最终死于秦王狱中。

司马迁评价说：“韩子引绳墨，切事情，明是非，其极惨礉少恩。”韩非子依据法制，决断事务，辨析是非，但是用法极为严酷苛刻，绝少恩义。于是司马迁深深叹息说：“余独悲韩子为《说难》而不能自脱耳。”②(《史记·老子韩非列传》)特别可悲的是韩非子写作了《说难》，而自己却逃脱不了灾难。

无论是法家为君王效劳谋利，还是儒家主张为民谋利。都与西方的义利观不一样。英国人笛福说：“我们的商人就是君王。”他主张：“合法地赚钱，就必须合法地再去赚。”③

可是中国传统宣扬“与民同利”(《礼记·哀公问》)，“国不以利为利，以义为利也。”(《礼记·大学》)④

4. 西汉“义利之辩”

以上诸子各家对“义、利”问题各有见解，却很少有面对面的辩论。大规模当面争论的“义利之辩”则是两千年前西汉官方组织的一场大辩论，称为“盐铁之议”。

“盐铁之议”的起因在于汉武帝大兴功业而国库不足，故实行盐铁官营专卖等强权政策，擢用桑弘羊等官员以增加财政收入，引起民间不满。汉武帝病逝前传位给 8 岁的儿子昭帝，托孤给大将军霍光、上官

---

① 《韩非子》之《难二》《制分》《内储说》《五蠹》《饰邪》《八经》，《韩非子》，《百子全书》第二册，岳麓书社 1993 年版，第 1761 页、1801 页、1715 页、1788 页、1674 页、1784 页。

② 司马迁：《史记》，中华书局 1982 年版，第七册，第 2155 页。

③ [英]笛福：《笛福文选》，何青译，商务印书馆 1960 年版，第 12 页、第 72 页。

④ 《礼记正义》，《十三经注疏》下册，中华书局 1980 年版，第 1611 页、第 1675 页。

桀、桑弘羊等大臣。当时执政的霍光采纳有关建议，令各地选拔“贤良文学”，于始元六年(公元前81年)，“使丞相、御史与所举贤良文学语，问民间所疾苦”。各地推举的贤良文学共六十余人，大多是民间儒生代表，与御史大夫桑弘羊等朝廷官员，在义、利问题上展开辩论。

贤良文学主张“贵德而贱利，重义而轻财”，大胆批评官营盐铁政策“与民争利”。而朝廷大夫认为：“国家大业，不可废也。”双方辩论从二月至七月达半年之久。这真是空前绝后的了不起的一件大事。其后，桓宽根据会议记录整理为《盐铁论》，以为二者“或上仁义，或务权利”，倾向于“抑末利而开仁义”。①

实质上，盐铁之议并不是一次纯学术会议，乃是幕后的大将军霍光打击政敌的一种手段。霍光组织会议而不出面，让那些贤良文学制造舆论贬损桑弘羊，朝廷主要政策不变，而桑弘羊受挫。次年桑弘羊、上官桀等人被处死，霍光更加大权独揽。官场实质在争权夺利，书生辩“义利”不过为后人留下讨论的话题。

但如果换一个角度，从民间人士参与议政来看，60多名布衣书生被请到京师与丞相、御史等大臣面对面对话，直接批评朝廷政策，长达半年，西汉盐铁会议这种民主畅言的盛状，不仅在是中国历史上空前绝后，而且在世界历史上也极为罕见。

班固在《汉书》中评述说：“所谓盐铁议者，起始元中，征文学贤良问以治乱，皆对愿罢郡国盐铁、酒榷均输，务本抑末，毋与天下争利，然后教化可兴。”②

纵观数千年中国王朝史，不过是以儒家“仁义”之说教化平民百姓，而以法家商家手段获取帝王暴利。故盐铁会议不可能再度举行。“义利之辩”不过是留与文人清谈。

---

① 桓宽：《盐铁论》，《百子全书》第一册，岳麓书社1993年版，第393页。

② 班固：《汉书·列传第三十六》，《二十五史》第一册，上海古籍出版社1986年版，第633页。

5. 南宋“义利之辩”

一千多年后，宋代兴起理学。义利之辩得以延伸。

理学，又称道学、新儒学。南宋时期理学家朱熹与陈亮进行过一场“义利王霸之辩”。

朱熹(1130—1200年)，字元晦，号晦庵，绍兴十八年进士，宋代新儒家的代表。朱熹曾将《论语》《孟子》《大学》《中庸》合刊为四书，为之作注，创建书院，著书讲学，影响深广。朱熹认为：“义利之说，乃儒者第一义。”①所谓“义者，天理之所宜。利者，人情之所欲。”(《论语集注》)“循天理，则不求利而自无不利；殉人欲，则求利未得而害已随之。”(《孟子集注》)

陈亮(1143—1194年)，字同甫，号龙川，绍熙四年状元。陈亮曾多次上书论时事，反对和议，力主抗金，创立浙东永康学派，倡导经世济民之学，与朱熹友善，论学则冰炭不相容。淳熙年间，陈亮拜访朱熹，因义利观不合而争辩多日，此后又书信来往辩论多次。陈亮反对道学家空谈义理，反对将“义”与“利”“天理”与“人欲”对立，他针对现实提出“义利双行，王霸并用”之说，曾言：“诸儒自处曰义曰王，汉唐做得成者曰利曰霸。”陈亮批评朱熹“外赏罚以求君道者，迂腐之论也；执赏罚以驭天下者，霸者之术也。”认为义利就在利欲中，故利体现了义，人欲体现了天理。②(陈亮《甲辰答朱元晦书》)。其思想包含对“生民之利”的愿望。

而朱熹要求陈亮绌去“义利双行，王霸并用”之说。朱熹认为：“天理、人欲二字，不必求之以古今王伯之迹，但反之于吾心义利邪正之间。”③(朱熹《答陈同甫》)陈亮和朱熹的义利之辩表现出南宋事功学派

---

① 朱熹：《朱子全书》第21册，上海古籍出版社2010年版，第1082页。

② 陈亮：《甲辰答朱元晦书》，《中国哲学史资料选辑》宋元明之部下册，中华书局1982年版，第381-382页。

③ 朱熹：《答陈同甫》，《中国哲学史资料选辑》宋元明之部上册，中华书局1982年版，第284页。

同义理学派的价值观分歧，朱熹强调的是道德修养之义，而陈亮强调的是建功立业之义。“义利之辩”双方都具有重义轻利的倾向。一直谈论至今。

三、安贫节义

荀子的“义利两有”、陈亮的“义利双行”往往脱离实际，当“义”与“利”不能得兼之时，你准备舍弃哪一个？

就像“舍生而取义”一样，陶渊明选择的是义，“舍利而取义”，“不能为五斗米折腰”而辞官归隐，宁愿守穷，安贫节义。《文子》有言：“不以德贵者，窃位也；不以义取者，盗财也。圣人安贫乐道。”①

陶渊明，名潜，字元亮，东晋诗人。房玄龄等所作《晋书》将他列入《隐逸传》。据《晋书·陶潜传》记载：陶潜“少怀高尚，博学善属文，颖脱不羁，任真自得。”尽管他出生于东晋士族陶家，但不幸8岁丧父，家道衰落，自述过着“短褐穿结，箪瓢屡空”的贫寒生活，“畴昔苦长饥”。为了摆脱冻馁穷困，陶渊明不得已做了几次小官，但又看不惯官场黑暗，在出仕与归隐之间徘徊。最后一次出任彭泽县令仅仅80多天，就遇到上司派督邮来视察。“吏白：应束带见之。”县吏告诉他：应当穿戴正规礼服跪拜迎接。陶渊明叹曰：“吾不能为五斗米折腰，拳拳事乡里小人邪！”于是解印拂袖而去。②后人称他为陶征君，征君指不就征召的高士。

俗语说：“三年清知府，十万雪花银。”东晋的穷县令，俸禄也不算少吧。陶渊明为什么甘愿舍弃做官的“利禄”而去？一个字，就是为了

① 杜道坚注：《文子》(诸子百家丛书)，上海古籍出版社1989年版，第88页。

② 《晋书·隐逸传·陶潜传》，《二十五史》第二册，上海古籍出版社1986年版，第1531页。

“仁义礼智信”的“义”字。

名篇《归去来兮辞》由此而作，陶渊明敞开胸怀歌咏道：“归去来兮，田园将芜胡不归？既以心为形役，奚惆怅而独悲。”①

又如陶诗自云：“安贫守贱者”，“节义为士雄。”陶渊明义无反顾地舍弃了“利”，安贫节义，由此高尚之“义”而安贫自娱，由此大美之“义”而开拓诗歌意境，由此自由之“义”而创造“桃花源”的理想归宿。

首先，陶渊明给我们留下了安贫乐道的人格美。

诗人写道：“先师有遗训，忧道不忧贫。”(《癸卯岁始春怀古田舍二首》其二)他将《论语》所记载的孔子语“君子忧道不忧贫”化入诗句，表明恪守文化传统的心志。他在贫困中作《咏贫士》诗七首，其五云：

安贫守贱者，自古有黔娄。好爵吾不萦，厚馈吾不酬。
一旦寿命尽，蔽服仍不周。岂不知其极，非道故无忧。
从来将千载。未复见斯俦。朝与仁义生。夕死复何求。

此诗所咏贫士黔娄是战国初期齐国人，《汉书·艺文志》载：《黔娄子》四篇，齐隐士，守道不诎。据《高士传》，黔娄先生“修身清节，不求进于诸侯。鲁恭公闻其贤，遣使致礼，赐粟三千钟，欲以为相，辞，不受。齐王又礼之，以黄金百斤聘为卿，又不就”。②

黔娄拒绝了鲁君，又拒绝齐王的聘请，真正是不愿为那些不仁不义的诸侯效劳，而宁愿穷困终身。陶渊明咏贫士，即以黔娄为自己的先导，回归田园，“晨兴理荒秽。带月荷锄归。”(《归园田居》)尽管“长饥

---

① 陶渊明：《归去来兮辞》，《陶渊明集》逯钦立注，中华书局1979年版，第160页。

② 陶渊明：《癸卯岁始春怀古田舍二首》《咏贫士》七首之五，《陶渊明集》，逯钦立注，中华书局1979年版，第77页、第125页。《高士传》引文亦见《陶渊明集》第125页。

至于老”，但不再“以心为形役”，能够“朝与仁义生”，“复得返自然”。《晋书·陶潜传》赞扬陶渊明“确乎群士，超然绝俗。激贪止竞，永垂高躅。”①

其次，陶渊明给我们留下了悠悠无尽的诗歌意境美。

志洁行廉的陶渊明孤高淡泊，雅趣异俗。他的乐趣，一是山水之乐，他“性本爱丘山”，常常“晨夕看山川”，感觉“义风都未隔。”二是读书写作，“常著文章自娱”(《五柳先生传》)，并且访友交流：“奇文共欣赏。疑义相与析。”(《移居》二首其一)他将愤世抑郁之情化入平淡忘我的自然境界中，淡到物与我浑融一体。他的诗如其为人，开拓了被后人赞不绝口的审美意境：

> 结庐在人境，而无车马喧。问君何能尔，心远地自偏。
> 采菊东篱下，悠然见南山。山气日夕佳，飞鸟相与还。
> 此中有真意，欲辩已忘言。(《饮酒》二十首其五)②

这首诗不胫而走，广为传诵。“采菊东篱”成为陶渊明的代表形象，自由“飞鸟”成为理想的寄托。钟嵘《诗品》称陶渊明为“古今隐逸诗人之宗”。③萧统为之作《陶渊明集序》，赞道：“其文章不群，词采精拔，跌宕昭彰，独超众类。”读其文者，“贪夫可以廉，懦夫可以立，岂止仁义可蹈，亦乃爵禄可辞”。④孟浩然诗：“最喜陶征君。”王维诗：“陶潜任天真。”苏轼说他“独好渊明之诗”，赞美“其诗质而实绮，癯而实腴”。⑤

① 《晋书·隐逸传·陶潜传》，《二十五史》第二册，上海古籍出版社 1986 年版，第 1532 页。

② 陶渊明：《归园田居》五首之二、《五柳先生传》《移居》二首其一、《饮酒》二十首其五，《陶渊明集》，逯钦立注，中华书局 1979 年版，第 42 页、第 175 页、第 56 页、第 89 页。

③ 钟嵘：《诗品》，《历代诗话》，中华书局 1981 年版，上册，第 13 页。

④ 萧统：《陶渊明集序》，《陶渊明集》，中华书局 1979 年版，第 10 页。

⑤ 苏轼：《苏东坡全集》，中国书店出版社 1986 年版，下册，第 70 页。

专门作了和陶诗109篇。其诗“悠然见南山”的无穷美妙意境令人回味不尽。

再次，陶渊明给我们留下了人间“桃花源”的理想归宿美。

陶诗《拟古九首》之二专咏高士田畴：“闻有田子泰。节义为士雄。斯人久已死。乡里习其风。生有高世名，既没传无穷。”《三国志·魏书·田畴传》称“田畴义士”，字子泰，东汉末年隐士，多次被征召封官封侯都拒绝不受。战乱时率家族百人隐居徐无山，闻讯投奔来的多达5千家，于是田畴聚众公议立法20多条，管理有致，“道不拾遗”。①

或许受到田畴的启示，《桃花源记》所描写的世外桃源：“土地平旷”，有“良田美池”，“鸡犬相闻”，“黄发垂髫，并怡然自乐”。② 这是一个游云野鹤的自由天地，没有压迫、没有剥削、没有战争，只有正常人的自由快乐。陶渊明创造了一个中国的乌托邦，一个人格自由的归宿，一个不朽的桃花源天地，一千多年来，引起人们不断歌咏与无限向往。

孟子的“富贵不能淫，贫贱不能移，威武不能屈：此之谓大丈夫”③(《滕文公下》)并非虚言。陶渊明就是这样的大丈夫。

四、仁商义贾

以上所言各家关于“义”与“利”之说：“义以为上”(《论语》)、“义以生利”“义以建利”(《左传》)、“秉利度义”(《国语》)、“义，利也”(《墨子》)、“以义为利”(《礼记》)、“以义制利”《荀子》、“重生则利

① 《三国志·魏书·田畴传》，《二十五史》第二册，上海古籍出版社1986年版，第1107页。

② 陶潜：《桃花源记》，《陶渊明集》，中华书局1979年版，第165页。

③ 朱熹注：《孟子》，上海古籍出版社1987年版，第44页。

轻”(《庄子》)、“正其义不谋其利，明其道不计其功。”(《汉书·董仲舒传》)①“古者贵德而贱利，重义而轻财。”(桓宽《盐铁论·错币》)②共同点都是“重义轻利”。历代官方在政策上“重农抑商”，贵族之外，“士农工商”四民之中，“商”排在末位。

另一方面，中国文化崇尚五福，早在《尚书》上就载有五福：“一曰寿、二曰富、三曰康宁、四曰修好德、五曰考终命。”③(《尚书·洪范》)这五福就是：长寿、富足、健康平安、有美德、善终。先民自古崇尚“寿、富”五福，在民间演化为“福禄寿”，人莫不好富利，家莫不供财神。于是出现一种矛盾现象。一方面“重义轻利”，一方面重利尚富。人们谴责奸商暴利，而莫不希望发财致富。

诸子百家之中，《管子》一书比较重视经济生产与民生实际，其中关于义利的务实言论颇值得重视。《管子》开篇即言：“仓廪实则知礼节，衣食足则知荣辱。”因而提出：“不务天时则财不生，不务地利则仓廪不盈。”(《管子·牧民》)

《管子·立政》指出立国特别慎重的四种危险，其中第四种就是：“不好本事，不务地利，而轻赋敛。”涉及国家安危的根本。“好本事，务地利，重赋敛，则民怀其产。”(《管子·立政》)其《幼官》篇所言：“民之所利立之，所害除之，则民人从。”(《管子·幼官》)当以“利民”为原则。故《五辅》指出：“然则得人之道，莫如利之；利之之道，莫如教之以政。”④(《管子·五辅》)

再如《管子·枢言》篇曰：“义者得人。”怎样得人？《管子》指出：“其在人者，心也。”因此，“爱之，利之，益之，安之，四者道之出。

① 班固：《汉书》，《二十五史》第一册，上海古籍出版社 1986 年版，第 598 页。

② 桓宽：《盐铁论》，《百子全书》第一册，岳麓书社 1993 年版，第 398 页。

③ 《尚书·洪范》，《尚书正义》，《十三经注疏》上册，中华书局 1980 年版，第 193 页。

④ 《管子》，《百子全书》第二册，岳麓书社 1993 年版，第 1259 页、1265 页、1276 页、1283 页。

帝王者用之。而天下治矣。”(《管子·枢言》)《戒第》篇又说：“仁从中出，义从外作。仁故不以天下为利，义故不以天下为名。”(《管子·戒第》)《管子》还有《版法解》篇曰：“凡人者，莫不欲利而恶害，是故与天下同利者，天下持之；擅天下之利者天下谋之。”(《管子·版法解》)又有《形势解》篇则认为：“民，利之则来，害之则去。民之从利也，如水之走下，于四方无择也。故欲来民者，先起其利，虽不召而民自至。”①(《管子·形势解》)

“然则得人之道，莫如利之；利之之道，莫如教之以政。故善为政者，田畴垦而国邑实，朝廷闲而官府治，公法行而私曲止，仓廪实而囹圄空，贤人进而奸民退。其君子，上中正而下谄谀；其士民，贵勇武而贱得利。”(《管子·五辅》)反之“田畴荒而国邑虚，朝廷凶而官府乱，公法废而私曲行，仓廪虚而囹圄实贤人退而奸民进。其君子，上谄谀而下中正；其士民，贵得利而贱武勇。”还有《管子·白心》篇指出：“天行其所行而万物被其利，圣人亦行其所行而百姓被其利。”主张让百姓得利受益。

《荀子·正论》篇表达了儒家的道义理想：“修其道，行其义，兴天下之同利，除天下之同害，而天下归之也。”荀子试图以“义利两有”来调和矛盾。他说：“义与利者，人之所两有也。虽尧、舜不能去民之欲利，然而能使其欲利不克其好义也。虽桀、纣不能去民之好义，然而能使其好义不胜其欲利也。故义胜利者为治世，利克义者为乱世。上重义则义克利，上重利则利克义。”②(《荀子·大略》)意思是：“义”和“利”是人们都想得到的。即使是尧舜也无法消除百姓的利欲，但可以使人们的利欲不至影响对“义”的热爱。即使是桀纣也无法消除百姓对“义”的热爱，却可能使对“义”的热爱比不过利的欲望。所以“义”胜过利欲就

---

① 《管子》，《百子全书》第二册，岳麓书社 1993 年版，第 1290 页、第 1330 页、第 1409 页、第 1398 页。

② 《荀子·正论》《大略》，《百子全书》第一册，岳麓书社 1993 年版，第 190 页、第 225 页。

是治世，利欲超过“义”就是乱世。如果上面重视“义”，“义”就胜过利，倘若君王只重谋利，利就会超过“义”。

早在商周时代，就不乏行义富民者。据《史记》记载，吴国由周太王之子太伯与仲雍奔南方所建。“荆蛮义之，从而归之千余家。”(《史记·吴太伯世家》)吴太伯积德行义，数年之间，民人殷富。如西方学者所言：“经济上的非凡成就，是个人优秀品质的体现，而不是什么个性的缺陷，更不是永恒拯救的障碍。”①

亦如司马迁《史记·货殖列传》所言：“故君子富，好行其德；小人富，以適其力。渊深而鱼生之，山深而兽往之，人富而仁义附焉。”此意为：所以，君子富有了，就喜好行仁德之事；下层平民富有了，就能适当地尽其力。潭水深广，就会有鱼；山林深广，就会有走兽；人们富足了，就会行仁义。司马迁又说：“廉贾归富。富者，人之情性，所不学而俱欲者也。”②意为：商人买卖公道，营业发达，就能多赚钱而致富。求富，是人们的本性，用不着学习，就都会去追求。

在中国仁义文化的影响下，出现众多“仁商”“义贾”“良商”“诚贾”“儒商”“廉贾”“义商”。“贾”，指做买卖，亦指商人。“仁商、义贾”就是以仁为本，讲究信义的商人。“良商、良贾”，是指善于做买卖而不与人争价的商人，“诚贾”，是指诚信不欺的商人。“廉贾”，是指不贪眼前小利而谋长远厚利的商贾。积德行义的“仁商义贾”历来则受到钦慕与称赞。《史记·货殖列传》记述了最早的一批仁商义贾，例如子贡、范蠡、白圭的事迹。

子贡，姓端木，名赐，是孔子弟子七十二贤人之一，又被称为孔门

---

① ［美］罗森堡、小伯泽尔：《西方富裕之路》，生活·读书·新知三联书店1989年版，第145页。

② 《史记·货殖列传》，司马迁《史记》，中华书局1982年版，第十册，第3255页、第3271页。

十哲之一，善辞令，“常相鲁卫，家累千金。”(《史记·仲尼弟子列传》)①又见于《货殖列传》所记：“鬻财于曹、鲁之间，七十子之徒，赐最为饶益。”(《史记·货殖列传》)

再如范蠡辅助越国灭吴雪耻之后，改名为陶朱公，从事货物交易，“乃治产积居。与时逐而不责于人。故善治生者，能择人而任时。十九年之中三致千金，再分散与贫交疏昆弟。此所谓富好行其德者也”。(《史记·货殖列传》)意为：范蠡治理产业，囤积居奇，随机应变，与时逐利，而不责求他人。他擅长于经营致富，知人善任，把握时机。在十九年期间，三次赚得千金之财，而又仗义散财，救济贫民，分送给家族兄弟。这可称君子富有而施行仁义慈善事业。范蠡的子孙继之行商，积有巨万家财，后世谈论财富都称颂陶朱公，尊之为财神、商圣、商祖。

还有一位经商高手名叫白圭。司马迁《货殖列传》记述：“白圭乐观时变，故人弃我取，人取我与。夫岁孰取穀，予之丝漆；茧出取帛絮，予之食。”意为：白圭善于观察市场行情变化，当别人低价抛售过剩货物时，他就收购；当别人高价求购商品时，他就出售。谷物成熟时，他买进粮食，出售丝、漆；蚕茧结成时，他买进绢帛，出售粮食。因此，他囤积的货物大致比常年要增加一倍。并且白圭“与用事僮仆同苦乐，趋时若猛兽挚鸟之发”，犹孙吴用兵，商鞅行法。“盖天下言治生祖白圭。”意思是：白圭能与雇工店员同甘共苦，捕捉赚钱的时机就像猛兽飞禽捕食那样迅捷。经商之事，就像孙子、吴起用兵打仗，商鞅推行变法那样。因而，天下人谈论致富之道都效法商祖白圭。②(《史记·货殖列传》)

如《史记·货殖列传》所引民谚曰：“天下熙熙，皆为利来；天下攘

---

① 《史记·仲尼弟子列传》，司马迁《史记》，中华书局1982年版，第七册，第2201页。

② 司马迁：《史记·货殖列传》，《史记》，中华书局1982年版，第十册，第3257页、第3258页、第3259页。

攘，皆为利往。”从古至今有关“仁商义贾”的谚语广泛流传，摘录如次：

为商之道，仁信为本。

义贾仁商天相助。

利缘义取，财自道生。

万贯家财勿算富，一分仁义值千金。

人弃我取，人取我与。

良贾深藏若虚，君子有教如无。

薄利多销，经营有道。

仁中取利真君子，义内求财大丈夫。

旱则资舟，水则资车。

买卖不成仁义在。

和气生财，生意会来。

经商言利，天经地义。

时贱而买，虽贵已贱矣，时贵而卖，虽贱已贵矣。

《荀子》说：“良贾不为折阅不市。”①(《荀子·修身》)意为，一个信誉好的商人不会因为市场上的跌价而不去做生意。

唐代柳宗元的《宋清传》曾记述了长安药市一位“义商”宋清的故事。每当病人来求药时，宋清“皆乐然响应，虽不持钱者，皆与善药，积券如山，未尝诣取直。或不识遥与券，清不为辞。岁终，度不能报，辄焚券。”意为：宋清总是热情接待买药的顾客，尽管有的人没钱，宋清也会把良药先赊给他们，欠钱的债券常堆积如山，他也从不上门讨债。甚至有素不相识者，老远打来欠条买药，宋清也不推辞。每到年终，估计对方没法还账了，他便把债券烧掉。但是受到他恩惠的人日后给宋清的

---

① 《荀子·修身》,《荀子》,《百子全书》第一册，岳麓书社 1993 年版，第 133 页。

回报十分丰厚。“或至大官，或连数州，受俸博，其馈遗清者，相属于户。”其中有的后来做了高官，管辖州郡，俸禄丰厚，他们派人给宋清送礼物，接连不断。宋清由于仁义，终得大利，“卒以富”①。

再如，被誉为“中原活财神”的河洛康家，号称康百万，经商十四代，富甲三省，常以商德教育子弟务存感恩心，康家专门制作有家训匾称为“留余匾”，书有四留铭：

> 留有余，不尽之巧以还造化；留有余，不尽之禄以还朝廷；留有余，不尽之财以还百姓；留有余，不尽之福以还子孙。②

其“留余匾”造型独特，上凹下凸。上凹意为：上留余于天；下凸意为：下留余于地。教育子孙举善事、知进退，临事让人一步，自有余地；临财放宽一分，取利方长。

纵观古代“义商”，以德经商，“义以生利”，体现了中国文化义利融一的特点。

① 柳宗元：《宋清传》，《全唐文》第三册，上海古籍出版社 1990 年版，第 2650 页。

② 记者向阳：《康百万庄园》，《中国国家地理》2007 年第 12 期。

第八章 “义”与“心”

中国文化尚义，中国人重情。心性情义，由来一体。《诗经》所载古老的民歌唱道：“青青子衿，悠悠我心。”(《郑风·子衿》)“洵有情兮，而无望兮。”(《陈风·宛丘》)“心乎爱矣，遐不谓矣?”(《小雅·隰桑》)坦然直言讴歌情心爱意。

《郑风·子衿》这首民歌以“悠悠我心”表现抒情者与心上人相约之义，可是久等不至，望眼欲穿：“一日不见，如三月兮。”难道你就不把音信传给我?“子宁不嗣音?”无限情思吟咏不尽。《陈风·宛丘》一诗描写美丽的舞女舞姿回旋荡漾，舞动在宛丘之上，“洵有情兮”，表现倾心爱慕之情不可遏止。《小雅·隰桑》这首诗更是热忱坦露地唱出：爱你爱在心窝。“心乎爱矣”！没有一天忘记过。“中心藏之，何日忘之!”

《诗经》中这些古代歌谣吟唱的情心爱意都是纯朴自然地流露。再如：

未见君子，忧心忡忡。(《召南·草虫》)

庶见素衣兮，我心伤悲兮。(《桧风·素冠》)

知我者，谓我心忧。(《王风·黍离》)

心之忧矣，我歌且谣。(《魏风·园有桃》)

舒窈纠兮。劳心悄兮。(《陈风·月出》)

未见君子，忧心钦钦。(《秦风·晨风》)

曰归曰归，心亦忧止。忧心烈烈，载饥载渴。(《小雅·采薇》)

视尔梦梦，我心惨惨。(《大雅·抑》)①

诗言志，歌咏情。人皆有赤子之心，都有挚爱与热情。在心为志，发言为诗。直陈心志情性，畅抒胸臆的歌咏令人陶醉。“心”就是歌唱的主体。“义”当为吟咏的主旨。

亦如唐代诗人李白诗：“廉夫唯重义，骏马不劳鞭。”(《赠友人三首》其二)②

又如杜甫诗赞曰：“终古立忠义，感遇有遗编。”(《陈拾遗故宅》)③

白居易诗吟道：“义心如石屹不转，死节如石确不移。”《新乐府·青石》)④

以上都表明：“义”是左右情性的引擎与关键词。

一、心义之元

情义无价，皆本于人心。“义”并不是外在的事物，而是发自人心的精神品质，与人的心理活动，精神气质密切相关，研讨“义”之意不能不涉及人的心性情志意趣。因而有必要考察梳理，探本索源。这里仅对“心”字适当考原。摘举其甲骨文、金文、篆书文字如下：

---

① 朱熹集注：《诗集传》，上海古籍出版社 1980 年版，第 9-83 页、第 105-171 页、第 204 页。

② 李白：《赠友人三首》，《李太白全集》，上海书店影印版 1988 年版，第 302 页。

③ 杜甫：《杜诗详注》，仇兆鳌注，中华书局 1979 年版，第二册，第 949 页。

④ 白居易：《新乐府·青石》，《全唐诗》第十四册，中华书局 1960 年版，第 4701 页。

甲骨文“心”字

篆书“心”字

金文“义”字

1.“心”字解说

《说文解字》曰：“心，人心，土藏，在身之中。象形。博士说以为火藏。凡心之属皆从心。”①许慎指出“心”是一个象形字。描绘人身心脏的形象。“藏”即脏。中医理论以“五行”配“五脏”：肝—木，心—火，脾—土，肺—金，肾—水。“土藏”指脾脏。上古医书《黄帝内经素问》认为：“热生火，火生苦，苦生心，心生血，血生脾，心主舌；其在天为热，在地为火，在体为脉，在脏为心。”故心脏属于“火藏”。《黄帝内经素问》又说：“心者，生之本，神之变也。”②据颜师古注《急就篇》：“心，火藏也。主者，言心最在中央，为诸藏之所主。”因其在五脏(藏)的中心地位，自古就以“心”表示人的心理活动主体。中医学说以生命根本与精神活动来认识和定义“心”，值得借鉴。

相互贯通，是中国文化的特点之一。医学、生理学关于“心”的概念，引入心理学、哲学、文化学研究，又有发展演化。不同于西方现代医学的是，中国古代的“心”并不等同于解剖学的心脏，而是超越了心脏，表示人的内心世界、自我意识、心性实体与思维、情感、意志等心理活动主体。相对于客体对象，“心”是认识、适应世界和创造实践的主体；又是统摄五官感觉，控制思想行为的主宰。以《荀子》为代表的

① 许慎：《说文解字》，中华书局1963年版，第217页。

② 《黄帝内经·素问》之《阴阳应象大论篇》《六节藏象论篇》，《黄帝内径素问译释》，上海科学技术出版社1981年版，第49页、第88页。

中国古代思想家认为：“心者，形之君也，而神明之主也。”①各种心理范畴：情、性、志、意、思、想、感、悟等，都由“心”衍生，且密切相关。因此，不应忽略这个具有本原与主体两重性和多种衍生功能的关键。“心”为我们展示着奥妙难穷的内宇宙，有待不断地探索与自省。

上古典籍中已见“心”字。如《周易·旅卦》爻辞曰：“九四，旅于处，得其资斧，我心不快。”旅，旅行。古人安土重迁，离家远行，旅居荒野，尽管节省旅资，然而心中不愉快，在漂泊中寻求安居。再如《艮卦》：“六二，艮其腓，不拯其随，其心不快。”指行走不便，也导致心情不愉快。《周易·谦卦》之《象》传曰：“鸣谦贞吉，中心得也。”②言君子所为，得之于心，谦谦合道，持正吉祥。

又如《尚书·盘庚》记载：“汝克黜乃心，施实德于民。”③乃是商王盘庚向他的部属宣讲，要求克制私心，实施德行，爱护老百姓。

《诗经》中《王风·黍离》篇云：“行迈靡靡，中心摇摇。”④情感在心，意念在心，道理在心，自我在心。“心”被视为精神活动的主体与生命之本。

2. 道家老庄言“心”

道家《老子》言简意深。其语“心善渊”（第八章）。崇尚“无为”，故曰：“圣人无常心，以百姓心为心。”见于《老子（道德经）》第四十九章。楚地出土的帛书《老子》此句为“圣人恒无心，以百姓之心为心。”意思是，圣人从来没有个人心意，是以天下百姓的心意为心意。那么所谓“百姓之心”是怎样的心意呢？本章接着又说“为天下，浑其心”。可见此“心”不是贪欲之私心，而是为天下百姓公平而归于浑朴的自然之心。

---

① 《荀子·解蔽篇》，《荀子》，《百子全书》第一册，岳麓书社 1993 年版，第 205 页。

② 《周易正义》，《十三经注疏》上册，中华书局 1980 年版，第 68 页、63 页、31 页。

③ 《尚书·盘庚》，《尚书正义》，《十三经注疏》上册，中华书局 1980 年版，第 169 页。

④ 朱熹集注：《诗集传》，上海古籍出版社 1980 年版，第 42 页。

《老子》第三章还说："虚其心，实其腹，弱其志，强其骨。"①意思是：让人们的心思虚静，让人们吃饱肚子，减弱人们的竞争意图，增强人们的筋骨体魄。这样就没有争名夺利，不会惹是生非。天下也就太平了。《老子》提出"虚其心""浑其心""心善渊"的人生哲学，一面提倡清心寡欲，一面讲究用心深沉。

《庄子》则提出"心斋"来言说虚静之"心"的主张。《庄子·人间世》编了一段孔子教训颜回的故事，说："若一志，无听之以耳，而听之以心，无听之以心，而听之以气！听止于耳，心止于符。气也者，虚而待物者也。唯道集虚，虚者，心斋也。"②其大意为：你要集中思想，不能用耳朵去听，而要用心灵来听；进一步讲，不是用心思去听，而是用生命之气来感受。耳朵有限，只能听声音；心思有限，只知道符号。生命之气，那才是广阔空间，能容纳大千世界。唯有妙道清虚宁静，这清虚宁静的空灵就是心斋。

庄子以空灵的"气"与"道"来解说"心"，反对"撄人心"和"苦心劳形"，提出超越现实的"心斋"说，幻想以澄明淡泊的"心斋"超越世俗，获得游心物外的自由。又借惠子之语说："人而无情，何以谓之人?"(《庄子·德充符》篇)庄子向往真情的人生，想象"乘物以游心"，从而"游心于物之初"，达到"逍遥游"的理想境界。

出自《庄子》的成语不下一百多，仅言及"心"的成语就有："得心应手"(《天道》篇)、"乘物游心"(《人间世》篇)、"师心自用"(《齐物论》)、"劳形怵心"(《应帝王》篇)、"撄人之心"(《在宥》篇)、"齐以静心"(《达生》篇)、"哀莫大于心死"(《田子方》篇)、"心若死灰"(《知北游》篇)、"心彻为知"(《外物》篇)、"心意自得"(《让王》篇)等。

---

① 任继愈译：《老子新译》，上海古籍出版社 1985 年版，第 77 页、165 页、第 66 页。

② 《庄子·人间世》《德充符》，王夫之解：《庄子解》，中华书局 1964 年版，第 38 页、第 54 页。

3. 儒家孔孟论“心”

在以“心”为感知主体这一认识上，儒道二家并无分歧。《论语》所言“心”，可分为两类：有对个人而言，有对天下而言。如《为政》篇记载孔子自述：“七十而从心所欲，不逾矩。”就是对个人而言：自我修养达到人生自由的境界，七十岁也能随心所欲，而不会越出礼教规矩。再如《尧曰》篇所云：“天下之民归心焉。”①就是对天下而言，让普天下的老百姓真心真意归服。这便是儒家的理想。

《孟子》论及“心”的独创理论是“四端”说：“恻隐之心，仁之端也；羞恶之心，义之端也；辞让之心，礼之端也；是非之心，智之端也。”(《公孙丑上》篇)已见上文。孟子提出“仁义礼智根于心”(《尽心上》篇)，高扬“仁义之心”，提出：“仁，人心也；义，人路也。”(《孟子·告子上》)反复论述“仁心”(《离娄上》篇)、“赤子之心”(《离娄下》篇)和“良心”(《告子上》篇)，影响后世深远。

孟子所言“人心”即民心、民众的思想情感需求。所谓：“得天下有道：得其民，斯得天下矣。得其民有道：得其心，斯得民矣。得其心有道：所欲与之聚之，所恶勿施尔也。”(《离娄上》篇)意思是：得到天下必须合于道义，即得到百姓拥护，才会得到天下。得到百姓拥护必须合于道义，即得到百姓的心，才会得到百姓拥护。得到百姓的心必须合于道义，即老百姓所需要的就让他们聚有，老百姓所厌恶的就不要强加给他们。如此方能“得民心”。

《孟子》不仅从伦理哲学的高度论述“心”之本体，还独具心理学眼光，从思维器官的角度来认识“心”，指出：“心之官则思，思则得之，不思则不得也。”②(《孟子·告子上》)由此囊括了大脑的功能，启迪后人。

---

① 杨伯峻译注：《论语译注》，中华书局1980年版，第12页、第203页。

② 朱熹注：《孟子》，上海古籍出版社1987年版，第25页、第54页、第91页。

4.“心”者“智舍”

先秦诸子发现，人的感知与言行活动都受精神自我的主宰与支配，他们将自我的精神主宰定位于心。譬如《管子》一书有《心术》专论，《心术上》说：“心之在体，君之位也；九窍之有职，官之分也。”认为“心”在人身，犹如国君，是五官感知及各种行为的主宰。“心术者，无为而制窍者也。”进而分析说：“宫者，谓心也。心也者，智之舍也。故曰宫。”以“心”为智慧的所在。《心术下》说：“心之中又有心。”《内业》篇说：“灵气在心。”①并且对人心的认知主导功能与心理活动特点作了专题研究。从心与物、心与身、心与神相互关系的探讨中，中国学者早就说明了“心”的主体性与主宰作用。

再如中医学经典《黄帝内经·素问》说：“心者，君主之官也，神明出焉。”②(《灵兰秘典论篇》)另有《鬼谷子》一书也提出：“心者，神之主也。”(《捭阖第一》)③《左传》“昭公二十年”则记录有晏子语：“以平其心，心平德和。”④都认为“心”是人的精神主体，且往往作为道德化的主体。

《荀子》则更多地从人的心理器官来解说“心”的功能。其《解蔽》篇说：“人何以知道？曰：心。”又说：“心生而有知。”意识到人作为独立主体具有认知、思维、情感与统摄心理的功能：“心者，形之君也，而神明之主也。”(《荀子·解蔽》篇)并进一步分析说：“好恶、喜怒、哀乐臧焉，夫是之谓天情。耳、目、鼻、口、形能，各有接而不相能也，夫是之谓天官。心居中虚以治五官，夫是之谓天君。”(《荀子·天论》篇)所谓“天官”，指天然生成的人体器官，所谓“天君”指自然统摄各器

---

① 《管子》，《百子全书》第二册，岳麓书社 1993 年版，第 1352 页、1355 页、1374 页。

② 《黄帝内经素问·灵兰秘典论篇》，《黄帝内经素问译释》，上海科学技术出版社 1981 年版，第 76 页。

③ 《鬼谷子·捭阖》，《百子全书》第三册，岳麓书社 1993 年版，第 2565 页。

④ 《春秋左传正义》，《十三经注疏》下册，中华书局 1980 年版，第 2094 页。

官的主导。荀子将“心”的统摄功能称为“征知”，即由“心”来检验与整合各感官的认知。其《正名》篇说：“心有征知。征知，则缘耳而知声可也，缘目而知形可也。”荀子把“心”视为人的精神主体“神明之主”。“心也者，道之工宰也。”(《荀子·正名》)①五官四肢均受“心”的统摄，人的感知、行动与创造都受到“心”的支配。

古代的《越人歌》唱道：“山有木兮木有枝，心说君兮知不知？”②心性，既为生命的枢纽，又是自我情感意识的中心。人的胸中拥有无穷的世界，又是情感迸发的窗口。心有灵犀一点通，人际交流非它不可。“心哉美矣！”美的欣赏最令人陶醉。

二、屈子写心

第一位最伟大的诗人是屈原，第一个壮烈地以瑰丽的诗章和宝贵的生命写心明义的诗人是屈原。他的《离骚》《天问》《九歌》《九章》等楚辞作品“气往轹古，辞来切今，惊采绝艳，难与并能”(刘勰《文心雕龙·辨骚》)③，至今仍为中国文学难以企及的高峰。

情感丰富而执着的诗人屈原首创“抒情”一语申诉心中的怨愤：“惜诵以致愍兮，发愤以抒情。”(《惜诵》)

屈子反复表达九死不悔、体解不变的心志：“虽体解吾犹未变兮，岂余心之可惩。”(《离骚》)④

史家司马迁赞颂屈原：“正道直行，竭忠尽智”，“其文约，其辞微，其志絜，其行廉”，“濯淖汙泥之中，蝉蜕于浊秽，以浮游尘埃之

① 《荀子》，《百子全书》第一册，岳麓书社 1993 年版，第 205 页、第 187 页、第 208 页。

② 逯钦立辑校：《先秦汉魏晋南北朝诗》上册，中华书局 1983 年版，第 24 页。

③ 刘勰：《辨骚》，《文心雕龙注》，范文澜注，人民文学出版社 1958 年版，第 47 页。

④ 屈原：《离骚》，《文选》，萧统编，中华书局 1977 年版，第 458 页。

外，不获世之滋垢，皭然泥而不滓者也。推此志也，虽与日月争光可也。”（司马迁《史记·屈原列传》）①

两千多年来，中国人一代又一代诵读着屈原抒情写心、美如珠玉的诗章：

亦余心之所善兮，虽九死其犹未悔。（《离骚》）

带长剑兮挟秦弓，首身离兮心不惩。（《九歌·国殇》）

心不怡之长久兮，忧与愁其相接。（《九章·哀郢》）

忠何罪以遇罚兮，亦非余心之所志。（《九章·惜诵》）

吾不能变心而从俗兮，固将愁苦而终穷。（《九章·涉江》）

心郁郁之忧思兮，独永叹乎增伤。（《九章·抽思》）

悲回风之摇蕙兮，心冤结而内伤。（《九章·悲回风》）

申旦以舒中情兮，志沉菀而莫达。（《九章·思美人》）

抚情效志兮，冤屈而自抑。”“知死不可让，愿勿爱兮。（《九章·怀沙》）②

诗人屈原怀抱高洁坚守忠贞自明其志，勇敢地投向汨罗，乘风归去。在屈原楚辞作品中表示心理活动的出现字数统计如下：心字 58 次，志字 25 次，情字 23 次，信字 22 次，哀字 16 次，忧字 13 次，悲字 13 次等。

“写心”是一个古老的术语，意为倾吐内心，表现情志。《诗经·邶风·泉水》唱道：“我心悠悠。驾言出游，以写我忧。”《诗经·小雅·蓼萧》吟道：“既见君子，我心写兮。”郑玄注：“我心写者，舒其情意，无留恨也。”③中国古代的民歌作者鲜明表现了抒发自我情意的主体精神。

① 司马迁：《屈原列传》，《史记》，中华书局 1982 年版，第 2482 页。

② 屈原：《楚辞》，《楚辞选》，人民文学出版社 1958 年版，第 29 页、第 20 页、第 57 页、第 47 页、第 53 页、第 67 页。

③ 《毛诗正义》，《十三经注疏》上册，中华书局 1980 年版，第 420 页。

历代诗人以“写心”言情咏志。

古代心、志一体，“写心”即“言志”。诗者“即心而言志”。人之“心”就是诗歌表现主体。《尚书·尧典》早已说：“诗言志，歌永言，声依永，律和声，八音克谐。”①现存《尚书》虽于汉代写定，但其依据为周代史料，春秋战国时期“言志”之说普遍。如《左传·襄公二十七年》记载赵文子曰：“诗以言志。”《庄子·天下》篇云：“诗以道志。”《荀子·儒效》篇说：“诗，言是其志也。”《礼记·乐记》也说：“诗，言其志也。”故《毛诗序》概括说：“诗者，志之所之也。在心为志，发言为诗。”②既说明诗是“志”的表现，也说明“心”是“志”的所在。“言志”，也就是写情、写志、写意。汉代王逸《九思·伤时》曰：“忧纡兮郁郁，恶所兮写情。”刘勰《文心雕龙》云：“铺采摛文，体物写志。”③

更直接地说，诗歌就是“写心”。古人崇尚以诗“写心出中诚。”唐代诗人李白《扶风豪士歌》唱道：“开心写意君所知。”“意气相倾山可移。”④又如杜甫《寄张十二山人彪三十韵》诗曰：“静者心多妙，先生艺绝伦。草书何太古，诗兴不无神。”杜甫另一首诗《奉送魏六丈佑少府之交广》写道：“心事披写间，气酣达所为。”⑤再如《文镜秘府论》记录唐代诗人作诗有“写心阶”名目，曰：“春光暖暖，托青鸟以通言；夏日悠悠，因红笺而表意。若也招朋命侣，方事一斟两酌；追旧狎新，如应三挥四抚。既倾一樽若是，故以写心为名。”⑥(《文镜秘府论·地卷·八阶》)

---

① 《尚书正义》，《十三经注疏》上册，中华书局1980年版，第131页。

② 《毛诗正义》，《十三经注疏》上册，中华书局1980年版，第269页。

③ 刘勰著，范文澜注：《文心雕龙·诠赋》，《文心雕龙注》，人民文学出版社1958年版，第134页。

④ 李白：《扶风豪士歌》，《李太白全集》，上海书店影印版1988年版，第188页。

⑤ 杜甫诗，仇兆鳌注：《杜诗详注》，中华书局1979年版，第656页，第五册第2024页。

⑥ 弘法大师：《文镜秘府论》，《文镜秘府论校注》，王利器校注，中国社会科学出版社1983年版，第165页。

宋代朱熹《诗集传》解说《诗经》之《小雅·裳裳者华》“我心写兮”曰：“则其心倾写，而悦乐之矣。”①传其神，必写其心。宋代诗人梅尧臣有诗吟：“鉴貌不鉴道，写形宁写心。”(《传神悦躬上人》)宋代邵雍论诗以“心”释“志”。其《论诗吟》曰：“何故谓之诗，诗者言其志。既用言成章，遂道心中事。”其《无苦吟》又道：“行笔因调性，成诗为写心。诗扬心造化，笔发性园林。”(《伊川击壤集》)②邵雍以心性之学发挥“诗言志”说，认为“言志”即“写心”，即“道心中事”，倒也比较实在。“心造化”云者，乃以诗人之心为内宇宙，不仅高扬了“心”的主体意义，而且拓宽了“心”的审美内涵。

屈原不仅是一位才华横溢的诗人，而且是爱国志士的典范。他是楚国的贵族，身为大夫，金相玉质，志洁行廉，竭忠尽智，为国为民。可是当他的祖国面临危机之际，他的合理主张被排斥，信而见疑，忠而被谤，竟遭流放。他申诉不平，反复陈词，也得不到理解。他仰问苍天：“夫孰非义而可用兮？孰非善而可服？”(《离骚》)他陈言大地：“重仁袭义兮，谨厚以为丰。”(《九章·怀沙》)他不愿看到亡国之祸，又不忍离开自己的故乡，经过痛苦的心灵求索，他清醒地意识到自己的悲剧，“知死不可让”，“思古人而不得见，仗节死义而已。”他早已定下九死不悔的决心，凭仗气节，为“义”而献身，从容、慷慨、平静地以身殉志，自投汨罗，“遂自忍而沉流”(《惜往日》)。③

正如屈原所忧虑的，他的捐躯并没有引起楚王的重视，楚国也果然被灭。但是他用生命的代价保持了人格的完美，毅然乘风归去。这一舍生取义壮举的意义远远超出了战国时代。随着时间的推移，人们越来越认识到屈原人格的伟大，公认他体现着中华之魂，确实值得“与日月争

① 朱熹集注：《诗集传》，上海古籍出版社1980年版，第159页。

② 梅尧臣语、邵雍语，均见于郭绍虞主编：《中国历代文论选》第二册，上海古籍出版社1979年版，第240页、第280页。

③ 屈原：《离骚》《怀沙》《惜往日》，《楚辞选》，人民文学出版社1958年版，第34页、第69页、第75页。

光”。

中国人都记得屈子的忌日，农历五月五日，这一天是传统的端午节，诗人屈原曾于汨罗江悲壮自沉，那是诗人用自己的生命所作的最后一次义愤创作，一种义无反顾的抗争，一种高山仰止的人格展现。每年的这一天，人们划着龙舟，将粽子投入江水，表示对这位诗人的缅怀纪念。现在全世界都在纪念他。

屈原的光辉映照史册。《史记》索隐述赞：“屈平行正，以事怀王。瑾瑜比洁，日月争光。忠而见放，谗者益章。赋骚见志，怀沙自伤。”①王逸作《楚辞章句序》，驳斥了班固所谓“露才扬己”之谬评，正面称颂屈原说：“膺忠贞之质，体清洁之性，直如石砥，颜如丹青；进不隐其谋，退不顾其命，此诚绝世之行，俊彦之英也。”②

屈子写心，影响深远。论“写心”当首推以“文心”命题的《文心雕龙》。刘勰《文心雕龙》赞曰：“不有屈原，岂见离骚。惊才风逸，壮志烟高。山川无极，情理实劳，金相玉式，艳溢锱毫。”刘勰《文心雕龙》多方面论及心的审美功能，认为物色引心，目既往还，心亦吐纳；神思在心，辞为心使，心与笔谋；乐心在诗，拟容取心，英华乃赡。其《序志》篇曰：“夫文心者，言为文之用心也。”心哉美矣，就是赞美人的主体精神。他意识到文的载体性，渴望将人格精神寄载于文而传世，故言：“文果载心，余心有寄。”③

唐代李白的诗：“屈平词赋悬日月，楚王台榭空山丘。”(《江上吟》)④道出屈原的精神价值无可比拟。宋代苏轼十分仰慕屈原，说：“吾文终其身企慕而不能及万一者，惟屈子一人耳。”他的《屈原庙赋》

---

① 《史记·屈原列传》索隐述赞，《史记》，中华书局 1982 年版，第 2504 页。

② 王逸：《楚辞章句序》，《中国历代文论选》第一册，上海古籍出版社 1979 年版第 150 页。

③ 刘勰：《文心雕龙·辨骚》，《文心雕龙注》，人民文学出版社 1958 年版，第 48 页、第 728 页。

④ 李白：《江上吟》，《李太白全集》，上海书店影印版 1988 年版，第 182 页。

道：“嗟子独何以为心？忽终章之惨烈兮，逝将去此而沉吟。”①

艺术需要内心体验、心灵写照。艺术家懂得，要创造出美好的艺术品，必须陶冶心灵，感物会心，寓目游心，畅神写心。诚如唐代诗僧皎然说：“夫诗工创心，以情为地，以兴为经。然后清音韵其风律，丽句增其文彩。”(《诗议》)②创心，亦即“写心”。诗歌是诗人心灵的创造，是情、兴的艺术，是主体精神的表现。古代诗人皆着意于“写我平生心”。心志，是审美享受的主体。亦如荀子所言“君子以钟鼓导志，以琴瑟乐心”。③乐心，指主体的审美愉悦，有陶冶性情之义。亦如清代诗人袁枚所说：“心为人籁，诚中形外。”④

中国的礼乐文化，以“导志”“乐心”为指向，统一于主体精神的悦乐书写之中，“写心”即言志，抒情，即展义，载心，与天地日月长存。

三、“义”与情性

中国文化是一种性情文化。人世总是有生有死，有顺有逆，有福有祸，有离有合，人处其间，孰能无情？三国时期刘劭所著《人物志》，其《九徵》篇曰：“盖人物之本，出乎情性。”又说：“物生有形，形有神精，能知精神，则穷理尽性。”⑤《荀子》早已指出：“性者，天之就也；情者，性之质也。”(《荀子·正名》)然而若“顺人之情，必出于争夺”，荀子认为先王“是以为之起礼义，制法度，以矫饰人之情性而正之，以扰化人之情性而导之也。”(《荀子·性恶》)倡制“礼义”以疏导性情，从而导向“义”与“情”的统一：“内外上下节者，义之情也。”

---

① 苏轼：《苏东坡全集》上册，中国书店 1986 年版，第 266 页。

② 皎然：《诗议》，《诗式校注》，李壮鹰校注，齐鲁书社 1986 年版，第 268 页。

③ 《荀子·乐论》，《百子全书》第一册，岳麓书社 1993 年版，第 203 页。

④ 袁枚：《续诗品·斋心》，《中国历代文论选》第三册，上海古籍出版社 1980 年版，第 78 页。

⑤ 刘劭：《人物志》，上海古籍出版社 1990 年版，第 4-6 页。

(《荀子·强国》)①

1. 情

情，就是感情、情绪。引申为实情、情况，又表示普遍的情事、情绪、情性等。《说文解字》云："情，人之阴气有欲者。从心，青声。"②情字未见于甲骨文，乃后起的形声字。

人生而有情。《礼记》上说：

> 何谓人情？喜、怒、哀、惧、爱、恶、欲，七者弗学而能。③（《礼记·礼运》）

这是一个易于接受的古老定义。"喜、怒、哀、惧、爱、恶、欲"七情，是从外延上择要列举；"弗学而能"，是从内涵上揭示其特质。就是说，"情"不是知识，不是理性，它是人在生活处境中自然发生的种种心理状态，是无须学习锻炼而具有的对现实感应关系的心理本能。人在现实境遇中对外界刺激唤起的反应、感受，生发的内心波动、欲望与种种心态，概而言之，都是情。

在一定程度上说，有了具体的情，有了喜、怒、哀、乐，才产生"情"的概念。例如《周易》卦辞中尚无"情"字，但已出现"悔""喜"等言及的"情"的名目。例如《乾》卦："上九，亢龙有悔。"言及"悔"。《否》卦："倾否，先否后喜。"言及"喜"。④又如《诗经》中的《郑风·溱洧》唱道："洧之外，洵讦且乐。"言及"乐"。《小雅·采薇》吟道："我心伤悲，莫知我哀！"言及"哀"。⑤其中的"乐""哀"都是"情"的表达。

---

① 《荀子》，《百子全书》第一册，岳麓书社1993年版，第210页、第212页、第187页。

② 许慎：《说文解字》，中华书局1963年版，第217页。

③ 《礼记正义》，《十三经注疏》下册，中华书局1980年版，第1422页。

④ 《周易正义》，《十三经注疏》上册，中华书局1980年版，第14页、第29页。

⑤ 朱熹集注：《诗集传》，上海古籍出版社1980年版，第56页、第106页。

上古《尚书》提到“民情”。《周书·康诰》篇是周公代表周王告诫年轻的康叔如何治理殷民的诰词。其中说：“天畏棐忱。民情大可见，小人难保。往尽乃心，无康好逸豫，乃其乂民。”①意为：上天之德可畏，以辅助诚信的人。民情大致可以看出，百姓难于安定。你去殷地要尽你的心意，不要贪图苟安逸乐，才会治理好百姓。

《左传》“昭公二十五年”，即公元前517年，记载郑国子太叔引述子产的一段话就议论到具体的情致：“民有好、恶、喜、怒、哀、乐，生于六气。是故审则宜类，以制六志。哀有哭泣，乐有歌舞，喜有施舍，怒有战斗；喜生于好，怒生于恶。”大意为：百姓有好、恶、喜、怒、哀、乐之情，皆由六气发生。所以要审慎妥善地应对，以制约这六志。譬如哀痛则会哭泣，欢乐就会有歌舞，高兴了有所施舍，发怒则可能有战斗。高兴从爱好而来，发怒从厌恶而生。“哀乐不失，乃能协于天地之性，是以长久。”②如果悲哀与欢乐之时都不失于礼节，就能协调天地自然本性，因而能够长久。

这段话言及“好、恶、喜、怒、哀、乐”，其实就是后人所称“六情”。但当时只提到“六气”“六志”，尚未用“情”的概念去概括。往往经过普遍运用才有理论上的阐释。

《周易·系辞》推衍“情”为天地万物本有的实际现象，“圣人立象以尽意，设卦以尽情伪”。孔颖达《正义》解释说“设卦以尽百姓之情伪也”。因而《系辞》又说“圣人之情见乎辞”，其一即“理财正辞，禁民为非曰义”。③

《国语·晋语》记述宁嬴氏评价阳处父曰：“吾见其貌而欲之，闻其

---

① 《周书·康诰》，《尚书正义》，《十三经注疏》上册，中华书局1980年版，第203页。

② 《春秋左传正义》“昭公二十五年”，《十三经注疏》下册，中华书局1980年版，第2108页。

③ 《周易正义》，《十三经注疏》上册，中华书局1980年版，第82页、第86页。

言而恶之。夫貌，情之华也；言，貌之机也。”①其中的“情”，既指内心情感，也有实情本性之意。

《荀子》概括说：“悦、故、喜、怒、哀、乐、爱、恶、欲，以心异。”(《正名》篇)七情六欲皆发自于心，故常将心情连用，动心就是动情，陶冶情性亦即美化心灵。荀子一方面认为“人之性恶”，“人情甚不美”。(《性恶》篇)另一方面，荀子又认为君子可以通过修身养性改变其恶而具有美好的性情，从而提出君子以情爱人的主张：士君子“体恭敬而心忠信，术礼义而情爱人。横行天下，虽困四夷，人莫不贵。”(《荀子·修身》篇)以情爱人，颇有向社会奉献爱心之义。荀子批评世俗人情不美，而以君子“爱人”之情为美。情并不只是个人的喜怒爱恶，而且渗入群体公德意识成分。“故以人度人，以情度情，以类度类，以说度功，以道观尽，古今一度也。”②(《荀子·非相》篇)

关于“情”的单篇专论最早见于《吕氏春秋》中的《情欲》篇。其文曰：“天生人而使有贪有欲。欲有情，情有节。圣人修节以止欲，故不过行其情也。故耳之欲五声，目之欲五色，口之欲五味，情也。此三者，贵、贱、愚、智、贤、不肖，欲之若一。虽神农、黄帝，其与桀、纣同。圣人之所以异者，得其情也。”《吕氏春秋》客观地肯定人皆有情欲，“其情一体也。”主张有节有止亦有行，将社会群体意识与个人养生需求合一于“情”，视“情”为本。其《侈乐》篇说：“乐之有情，譬之若肌肤形体之有情性也。”其《适音》篇论及心对五官美感的制约：“耳之情欲声，心不乐，五音在前弗听；目之情欲色，心弗乐，五色在前弗视；鼻之情欲芬香，心弗乐，芬香在前弗嗅；口之情欲滋味，心弗乐，五味在前弗食。欲之者，耳、目、鼻、口也，乐之弗乐者，心也。”③就是

① 《国语·晋语五》，《国语》，河南大学出版社 2008 年版，第 259 页。

② 《荀子》，《百子全书》第一册，岳麓书社 1993 年版，第 209 页、第 212 页、第 132 页、第 140 页。

③ 《吕氏春秋》，《吕氏春秋集释》，中国书店 1985 年版，上册，《情欲》篇，卷二第 8 页；《侈乐》篇，卷五第 9 页；《适音》篇，卷五第 10 页。

说，声、色、香、味之美，虽由耳、目、鼻、舌接收，但无心的征知则失效，有心的适同才有美感。即以心为感知中心，情感活动的世界，想象思维的主体与道德良知的根本。

汉代的《古诗十九首》吟道：“荡涤放情志”，“音响一何悲!”①(《东城高且长》)唐代诗人杜甫则平静而执著地写道：“人传世上情。”②(《宗武生日》)

清代曹雪芹自述一部《红楼梦》大旨“谈情”，《红楼梦》第五回所载“红楼梦曲”天问式地唱道：“开辟鸿蒙，谁为情种?”③

自有人类以来就有情，就有喜与悲，爱与恨；就有了撩拨人心，如火如冰的，说不完道不尽的情。如果以绘画为喻，构成人生之美的色彩正是这喜、怒、哀、乐、挚爱、憾恨、愁苦、畏惧等形容万千难穷难尽的情。

2. 性

性，简言之，就是性质、本性。许慎《说文解字》：“性，人之阳气，性善者也。从心、生声。”④性字亦未见于甲骨文，与“情”字同为“从心”旁的形声字。

在古籍中“性”字出现较晚，春秋时期尚不多见。仅有《论语》记载子曰：“性相近也，习相远也。”《孝经》曰：“天地之性，人为贵。”(《圣治章》)⑤

《国语·晋语》记载：公元前586年，晋国栾伯请示委任教育贵族子弟的公族大夫，晋悼公说：“夫膏粱之性难正也，故使惇惠者教之，使文敏者导之，使果敢者谂之，使镇静者修之。惇惠者教之，则遍而不

① 逯钦立辑校：《古诗十九首》，《先秦汉魏晋南北朝诗》上册，中华书局1983年版，第332页。

② 杜甫诗，仇兆鳌注：《杜诗详注》，中华书局1979年版，第四册，第1478页。

③ 曹雪芹《红楼梦》，人民文学出版社1964年版，第一册，第61页。

④ 许慎：《说文解字》，中华书局1963年版，第217页。

⑤ 《孝经注疏》，《十三经注疏》下册，中华书局1980年版，第2553页。

倦；文敏者导之，则婉而入；果敢者谂之，则过不隐；镇静者修之，则壹。”①意思是说，那些贵族子弟生性骄横难以矫正，所以让朴实宽厚的人去教育，让聪明好学的人去辅导，让果敢决断的人去告诫，让沉着镇定的人指导他们修养。朴实宽厚的人去教育，他们就会虑事周全而不懈怠；聪明好学的人去辅导，他们就会柔顺而明事理；果敢决断的人去告诫，他们就会知道过失而不隐瞒；沉着镇定的人去指导，他们就会稳重而专一。于是委任了荀家、荀会、栾黡、无忌四个人担任公族大夫。(《国语·晋语》)

再如《左传》“昭公十九年”（公元前523年）记载，楚国大臣沈尹戌预感楚军在州来将会“必败”，说：“吾闻抚民者，节用于内，而树德于外，民乐其性，而无寇仇。今宫室无量，民人日骇，劳罢死转，忘寝与食，非抚之也。”②大意为，沈尹戌说：“我听说安抚百姓，对内节约开支，对外树立德行，百姓合于性情生活安乐，而没有仇敌。现在宫室的规模没有限度，百姓时刻惊恐不安，辛劳疲乏至死没有人管，无法正常饮食睡眠，这不是安抚他们。”

战国时期，孟子提出“人性之善”(《孟子·告子上》)。

荀子将“性”与“情”“欲”作比较来明确它们的含意。《荀子·正名》指出：“生之所以然者谓之性。”并区别“性”与“情”说：“不事而自然谓之性；性之好、恶、喜、怒、哀、乐谓之情。”又进而指出“性”与“情”“欲”之间的联系与区别，下定义说：“性者，天之就也；情者，性之质也；欲者，情之应也。”③通过比较而明确，荀子认为：性是人的自然本能，情是性的种种表现，欲是情对现实的要求。

---

① 《国语》，河南大学出版社2008年版，第277页。

② 《春秋左传正义》昭公十九年，《十三经注疏》下册，中华书局1980年版，第2088页。

③ 《荀子·正名》，《百子全书》第一册，岳麓书社1993年版，第208-211页。

西汉董仲舒提出：“性者，生之质也；情者，人之欲也。”①(《汉书·董仲舒传》)东汉班固所编《白虎通义》的《情性》篇说：“性者，阳之施；情者，阴之化。”又说：“故情有利欲，性有仁也。”②许慎《说文解字》则用“阴气”“阳气”来区分情与性：“情，人之阴气，有欲者。”而“性，人之阳气，性善者也。”南北朝时期的刘昼所撰《刘子》说：

“情出于性而情违性；欲由于情而欲害情。情之伤性，性之妨情，犹烟冰之与水火也。烟生于火而烟郁火，冰出于水而冰遏水。故烟微而火盛，冰泮而水通；性贞则情销，情炽则性灭。”(《刘子·防欲》篇)刘昼将“情”与“性”对立起来，视“情”为“是非之主，而利害之根”(《刘子·去情》)③。局限于泯灭情欲以避祸养生，过于狭隘。

其实“情”与“性”，有区别也有联系。

那么，情与性究竟是什么关系呢？南北朝梁代学者贺玚提出“情波说"，以水波之喻阐明了情与性的关系：

> 性之与情，犹波之与水。静时是水，动时是波；静时是性，动则是情。④

这就是说，性是人的心理本能，情是人性的动态表现。《周易·乾·文言》：“利贞者，性情也。”孔颖达疏：“性者，天生之质，正而不

---

① 《汉书·董仲舒传》，《二十五史》第一册，上海古籍出版社1986年版，第599页。

② 班固：《白虎通》，《百子全书》第四册，岳麓书社1993年版，第3560页。

③ 《刘子·防欲》《去情》，《刘子集校》，上海古籍出版社1985年版，第6页、第11页。

④ 《中庸》，《礼记正义》，《十三经注疏》下册，中华书局1980年版，第1625页。

邪；情者，性之欲也。”①《礼记·乐记》曰：“人生而静，天之性也；感于物而动，性之欲也。”②即以动静解释情性。但都不如贺玚“情波说”明确。水动而生波，是与外物接而产生的。

“情”与“性”都是由“心”派生而出的概念。《说文解字》曰：“凡心之属皆从心。”“情”“志”“性”“意”“感”“愤”“思”“怨”等术语，都“从心”，可以说，都属于心理范畴。有关心、性、情、义的描叙与议论，普遍存在于古代典籍中。譬如《淮南子·本经训》说：“凡人之性，心和欲得则乐”，“人之性，心有忧丧则悲，悲则哀。”③七情六欲，都是人性的表现。

3. 陈义持情

民间的情性历来受制于官方传统的礼义。代表观点为“以义治情”或“陈义持情”说。见于《礼记》所言“修义之柄、礼之序以治人情”，且“陈义以种之”，乃“持情而合危”。(《礼记·礼运》篇)这种“以义治情”的观点其实出自孔子。如《论语》记述孔子说：

“上好礼，则民莫敢不敬，上好义，则民莫敢不服；上好信，则民莫敢不用情。”④(《论语·子路》篇)这段话大意为：上面的官员注重“礼”，百姓就不敢不敬畏；上面的官员注重“义”，百姓就不敢不服从；上面的官员注重“信”，百姓就不敢不显露实情。

上文所引《左传》记载子产语“审则宜类，以制六志。”制志，就是制心。又如《左传·僖公二十四年》记述富辰劝谏周王曰：“耳不听五声之和为聋，目不别五色之章为昧，心不则德义之经为顽，口不道忠信之言为嚚。”⑤意思是：耳朵不能听到五声的唱和就是聋，眼睛不能辨别五色

① 《周易正义》，《十三经注疏》上册，中华书局1980年版，第17页。

② 《乐记》，《礼记正义》，《十三经注疏》下册，中华书局1980年版，第1529页。

③ 《淮南子》，《淮南鸿烈集解》(刘文典)，中华书局1989年版，第265页。

④ 杨伯峻译注：《论语译注》，中华书局1980年版，第135页。

⑤ 《春秋左传正义》僖公二十四年，《十三经注疏》下册，中华书局1980年版，第1818页。

的文饰就是暗，心中不以德义为准则就是顽劣，口里不说忠信的话就是奸邪。由这段话可知，先秦时期的道德家认为，"义"就是规范制约"心"的准则。

再如《毛诗序》曰："故变风发乎情，止乎礼义。发乎情，民之性也；止乎礼义，先王之泽也。"①既肯定民间情性的自然发生，又以官方礼义统一规范之。上引《吕氏春秋》所言"圣人修节以止欲"。也属于"止欲"说教。《礼记·礼运》阐述得较为详细。摘录于此：

> 故圣王修义之柄、礼之序，以治人情。故人情者，圣王之田也。修礼以耕之，陈义以种之，讲学以耨之，本仁以聚之，播乐以安之。故礼也者，义之实也。（《礼记·礼运》篇）

在以农为本的时代，《礼记》作者以耕田设喻，通俗易懂。这段话大意是：圣明的君王用"礼义"为工具，来治理人情。人情就像田地，圣王就像农夫，礼治就像耕耘，陈说义理就像播种，教学就像耨草，行仁爱以收获，备乐舞以犒劳。由此礼义就落实了。《礼记·礼运》篇接着说："所以持情而合危也。故圣王所以顺。"意为：这样便能制约人情，和睦安定。所以圣王得以合顺。

与"治情""持情"相参证的是"品节"说。见于《礼记·檀弓下》篇所记载子游说："人喜则斯陶，陶斯咏，咏斯犹，犹斯舞，舞斯愠，愠斯戚，戚斯叹，叹斯辟，辟斯踊矣。品节斯，斯之谓礼。"大意为：人们遇到喜事就感到开心，感到开心就想唱歌，唱歌还不尽兴，就摇摆，摇摆还不够，就跳舞，舞跳累了会不舒服，不舒服又会伤感，伤感又会叹息，叹息还不够，就会捶胸，捶胸还不够味，那就要顿足。将这种种情态加以区别和节制，就叫做礼。据唐孔颖达疏："品，阶格也。节，制断也。"

---

① 《毛诗正义》，《十三经注疏》上册，中华书局1980年版，第272页。

无论情、性、心、志，都属于个人心理内涵，都需要“义”来节制。《礼记·少仪》指出：“不贰问，问卜筮曰：‘义与志与？’义则可问，志则否。”①其大意为：问卜的时候必须专心致志。在卜筮以前先要扪心自问：我来求卜签是为了公家正事呢？还是为了个人目的？如果是为了公家正事，才可以问；为了个人目的，就不可以问。由此可知，“义”与“心性情志”的区别在于：为了公家的集体的他人的道德才是“义”，而个人自己的心志情性须服从于“义”。

《荀子》论及君子“诚心行义”说：“惟仁之为守，惟义之为行。诚心守仁则形，形则神，神则能化矣。诚心行义则理，理则明。”②（《荀子·不苟》篇）意为：君子务须保持仁德，奉行道义。真心实意坚持仁德，就会彰显神明，有所感化。真心实意奉行道义，就会明察事理。亦如荀子《乐论》所言“以道制欲”。（《荀子·乐论》）

汉代的《诗纬》论诗云：“诗者，持也。”③（《诗纬·诗含神雾》）持其性情，使不暴去也。刘勰《文心雕龙》引作：“诗者，持也，持人情性。”④（《文心雕龙·明诗》）唐代孔颖达《毛诗正义》认为：“诗有三训：承也，志也，持也。”其一为“持人之行使不失坠”。代表儒家诗教观、持情论。所谓持，即约束，就是鲁迅所说的“设范以囚之”，“乃云持人性情”，“许自由于鞭策羁縻之下”，使文艺“拘于无形之囹圄，不能舒两间之真美”。⑤

这种持情说合于孔子论诗“思无邪”的观点（《论语·为政》），“乐而不淫，哀而不伤”（《论语·八佾》）。亦如《国语》所言：“事君者险而

---

① 《礼记》之《礼运》《檀弓下》《少仪》，《礼记正义》，《十三经注疏》下册，中华书局 1980 年版，第 1426 页、第 1304 页、第 1511 页。

② 《荀子》，《百子全书》第一册，岳麓书社 1993 年版，第 135 页。

③ 《诗纬》，《诸子百家丛书》第二卷，黄奭辑，上海古籍出版社 1993 年版，第 2 页。

④ 刘勰：《文心雕龙注》，范文澜注，人民文学出版社 1958 年版，第 65 页。

⑤ 鲁迅：《摩罗诗力说》，《中国历代文论选》第四册，郭绍虞主编，上海古籍出版社 1980 年版，第 450 页。

不怼，怨而不怒。”(《周语上》)①为了“持人情性”，如上文所述，《礼记》中提到“修义之柄、礼之序，以治人情”，也就运用“修礼以耕之，陈义以种之”，来疏导降温，消解怨愤，故而《礼记》概括说：“温柔敦厚，诗教也。”②(《礼记·经解》)现代钱锺书在《谈艺录》中指出：“吾国诗教，义在持情志，而使‘无邪’。”③

还是南北朝南朝齐梁时的钟嵘所作《诗品序》说得好：“气之动物，物之感人，故摇荡性情，形诸舞咏。”又说：“非陈诗何以展其义，非长歌何以骋其情。”④情、性，出于自然，展义、骋情，才是中国诗人学者的本色。

四、心镜心源

文学艺术自古与“心”结缘。《乐记》云：“音之起，由人心生也。”又说：“凡音者，生于人心者也。”⑤汉代扬雄说：“言，心声也；书，心画也。”⑥(《法言·问神》)刘勰《文心雕龙》论文，以“心”为书名。明代王守仁说：“心之体，性也；性之原，天也；能尽其心，是能尽其性也。”(《传习录中》)⑦宋明心性学派以“心”为本，雄踞思想界数百年。至今民间，仍普遍认同良心之说。

中国学者对于“心”本体作了深入发掘，“心镜”“心地”“心田”“心

---

① 《国语·周语上》，《国语》，河南大学出版社2008年版，第104页。

② 《礼记·经解》，《礼记正义》，《十三经注疏》下册，中华书局1980年版，第1609页。

③ 钱锺书：《谈艺录》，中华书局1984年版，第274页。

④ 钟嵘：《诗品序》，《历代诗话》上册，中华书局1981年版，第2-3页。

⑤ 《乐记》，《礼记正义》，《十三经注疏》下册，中华书局1980年版，第2527页。

⑥ 扬雄：《法言·问神》，《中国历代文论选》第一册，郭绍虞主编，上海古籍出版社1979年版，第97页。

⑦ 王阳明：《传习录中·答顾东桥书》，《中国哲学史资料选辑》宋元明之部下册，中华书局1982年版，第495页。

源”诸多词语的出现，丰富了中国心学的内涵。

建安时期诗人曹植写道：“精微烂金石，至心动神明。”①(《精微篇》)唐代诗僧寒山诗云：“吾心似秋月，碧潭清皎洁。”②唐代诗人杜甫有《江亭》诗写道：“水流心不竞，云在意俱迟。”中唐诗人白居易的《狂吟》诗吟道：“性海澄停平少浪，心田洒扫净无尘。”唐代画家张璪提出“外师造化，中得心源”之诀。③(见于张彦远《历代名画记》引)这些诗歌话语都表明，“心”之语已由情态主体扩展为精神世界，一个与外在世界相映照的美与艺术的本体。

再从中外比较来看，著名的“心镜”之喻，是世界文化中关于“心”与外界相映照的比喻之一。古希腊哲学家柏拉图在《国家篇》中就曾援引苏格拉底阐释诗歌形象的比喻：“只需旋转镜子将四周一照——在镜子里，你会很快得到太阳和天空、大地和你自己。”美国学者艾布拉姆斯的《镜与灯》引用了这个比喻，该书第二章第一节以“艺术犹如镜子”为题，列举了相当丰富的资料来论述，有亚里士多德、西塞罗、达·芬奇、约翰逊等人的言论，“有卡克斯通的《世界之镜》，巴尔克莱的《心灵之镜》”，等等，如歌德希望再现心中的形象，“使其成为我灵魂的镜子，就像我的灵魂是无所不知在上帝的镜子一样”。④

法国学者让·谢瓦利埃与阿兰·海尔布兰特合编的《世界文化象征辞典》列举大量资料说明镜子在世界各地的多种喻意，各个不同的古老民族几乎都以镜子为心灵与智慧的象征，基督教徒认为“人的心，是反映上帝的镜子”；佛教则称清净之心如镜，认为“心镜反映佛陀的本

① 曹植：《精微篇》，《先秦汉魏晋南北朝诗》上册，逯钦立辑校，中华书局1983年版，第429页。

② 寒山诗：《全唐诗》第二十三册，卷八百六，中华书局1960年版，第9069页。

③ 张彦远：《历代名画记》卷十，《中国书画全书》第一册，上海书画出版社1993年版，第156页。

④ [美]艾布拉姆斯：《镜与灯》，郦稚牛等译，北京大学出版社1989年版，第42页--第60页。

性”，《圆觉经》曰：“慧目肃清，照曜心镜。”在古印度，名作《梨俱吠陀》歌唱镜子“表现为一切形状，一个接着一个……”还有七世纪诗论家檀丁的《诗镜》，十四世纪又有综合性的文论著作《文镜》；道教徒则认为，“心镜反映的是天和地”。①

镜子，以它的空明澄彻与映照万物的特点，被赋予宗教与哲学的寓意，并成为文学艺术的一个著名比喻。在中国古代，《庄子》早已举到心镜之喻，其《应帝王》篇曰：“至人之用心若镜。”《天道》篇曰：“圣人之心，静乎！天地之鉴也，万物之镜也。”②又有明代陆时雍的《古诗镜》《唐诗镜》《诗镜总论》，清代李汝珍的小说《镜花缘》等。

然而东西方的心镜之喻又颇有差异。西方文艺复兴时期画家达·芬奇说：“画家的心应当像一面镜子，将自己转化为对象的颜色，并如实摄进摆在面前所有物体的形象。”③可见达·芬奇的镜子说秉承古希腊美学家，实为模仿说的一个形象比喻。

中国的“心镜”说则熔佛、道于一炉，“镜”既有映照万象的功能，又有本体清静的特点。譬如释慧远曰：“鉴明则内照交映，而万象生焉。”(《念佛三昧诗集序》)陆机的镜喻也指出澄心虚己的本体要求：“镜无畜影，故触形则照；是以虚己应物，必究千变之容。”(《演连珠》)平静的水亦如明镜(鉴)，因而“心镜”或作“水镜(鉴)”。《文心雕龙·养气》篇便以“水停以鉴”说明清心养气，方能使万象纷生。唐代诗人刘长卿概括“心”的创作功能说：“心镜万象生，文锋众人服。”(《赠别韦群》)明代吴宽评论王维创作道：“右丞胸次洒脱，中无障碍，如冰壶澄澈，水镜渊停。”(《书画筌影》)中国文化重内省，中国美学重内照，审美观照之心虚静澄明，故能容纳万物形象。“澄观一心而腾踔万象”。

① [法]让·谢瓦利埃与阿兰·海尔布兰特合编，“世界文化象征辞典编写组”译：《世界文化象征辞典》，湖南文艺出版社1994年版，第455页。

② 王夫之解：《庄子解》，中华书局1964年版，第75页、第115页。

③ [意]达·芬奇：《芬奇论绘画》，戴勉编译，人民美术出版社1979年版，第41页。

(如冠久《都转心庵词序》)这种心镜说不同于西方的镜子说。西方艺术家的“心”主智，力求像镜子一样如实再现自然。中国艺术家的“心”重性灵，要求像镜子一样明净透彻。二者都讲映物，但西方讲反映，中国则称映照。西方多从智力方面表现主体性；中国人多从情性方面表现主体性，故“心镜”与“心源”同一。

“心源”说指以内心为创作本原的美学观点。“心源”一语，出自佛学。北朝高僧慧思曾悟得“业由心起，本无外境，反见心源”。①（道宣《续高僧传·慧思传》)慧思又作偈曰：“顿悟心源开宝藏，隐现灵通现真相。”②(《五灯会元》卷二)禅宗提出“自心是佛”，以心为精神与世界的本原。被中国文人接受与吸收，纳入传统思想体系。唐代颜真卿诗云：“流华净肌骨，疏瀹涤心源。”(《啜茶》)刘禹锡以“心源为炉，笔端为炭”。(《董氏武陵集纪》)

秦汉以前虽无“心源”之说，却不乏文学艺术自内心而出的观念。战国末年《吕氏春秋·音初》专论音乐的产生说：“凡音者，产乎人心者也。”《乐记·乐象》篇又说：“诗，言其志也；歌，咏其声也；舞，动其容也；三者本于心，然后乐气从之。”已明确提出文艺“本于心”的观点。汉代《淮南子》进而认为，歌舞须有“根心”：若逆于根心，则出现“心哀而歌不乐，心乐而哭不哀”的现象。(《缪称训》)“不得已而歌者，不事为悲；不得已而舞者，不矜为丽；歌舞而不事为悲丽者，皆无有根心者”。(《诠言训》)③“心”既为文艺之根本；那么，文艺也就是心志的表现。王充认为“文由胸中而出，心以文为表”。(《论衡·超奇》)刘勰《文心雕龙》更明确论及“心生而言立”与“心生文辞”，并且提出“情源”一语。足见唐代出现“心源”说并不偶然。

---

① 道宣：《续高僧传·慧思传》，《中国佛教思想资料选编》第一卷，中华书局 1981 年版，第 420 页。

② 普济：《五灯会元》卷二，中华书局 1984 年版，上册，第 119 页。

③ 《淮南子》之《缪称训》《诠言训》篇，《淮南鸿烈集解》(刘文典)，中华书局 1989 年版，第 329 页、第 480 页。

在唐代诗僧禅客笔下，常出现“心源”一类话语。诗僧皎然有诗曰：“偶然寂无喧，吾了心性源。”(《偶然》)又曾写道：“心冥自不言”，“静坐照清源”。(《题山壁示道维上人》)诗人权德舆也写道：“事简见心源”(《暮春闲居示同志》)，又说：“宰物归心匠，虚中即化源。”(《奉和于司空》)

与张璪论画的“心源”说相呼应，中唐诗人刘禹锡论文学创作亦主“心”。他在《卢公集纪》中提出：“心之精微，发而为文。文以神妙，咏而为诗。”又在《赠别君素上人诗引》中说：“悟不因人，在心而已。”怎样的“心”才能有“精微”之作呢？刘禹锡从两个方面作了探索。一是明鉴功能，二是熔炼功能。

刘禹锡诗云：“心如止水鉴常明，见尽人间万物情。”(《和仆射牛相公寓言二首》)他吸取老庄的“虚静”说与禅宗的“明镜”说，指出“心”的明鉴功能来自虚静，而虚静的前提是“去欲”。他意识到：“能离欲，则方寸地虚，虚而万景入。入必有所泄。乃形乎词。”(《秋日过鸿举法师寺院便送归江陵引》)这里“方寸”指心。清去欲望而清静的心方能明鉴万物、容纳万象。其说吸收“心镜”说，又有创意。“入必有所泄”，则将“心镜”与“心源“统一起来。映照万象的“心镜”，同时也是“发而为文”的“心源”。

刘禹锡还提出“心源为炉”之说，指出“心”的熔炼功能，写道：“心源为炉，笔端为炭。锻炼元本，雕砻群形，纠纷舛错，逐意奔走，因故沿浊，协为新声。”①(《董氏武陵集纪》)这是把主体心灵比喻为一座洪炉，语言思维好比是“炭”。经过一番炉火熔冶，主体的本性元质得到锻炼，犹如杜甫诗云“陶冶性灵存底物”(《解闷》)；客体物象不断雕塑、磨炼为艺术形象。有此熔炼功能，心灵才能称之为心源，才能成为新的作品产生之源。心源为炉，不但炼出了作品形象，而且陶冶了自我

---

① 刘禹锡：《董氏武陵集纪》，《全唐文》第三册，上海古籍出版社 1990 年版，第 2708 页。

性灵。这种见解，涵盖了“言志”“写心”“心镜”诸说，标志着本体论的深化。

由“意境”说、“妙悟”说相羽翼，唐宋以来的学者进一步肯定并发挥了心源本体说。如宋代郭若虚论画出于“灵府”“心源”，说：“本自心源，想成形迹，迹与心合，是之谓印。蚓乎书画，发之于情思，契之于绡楮，则非印而何？”（《图画见闻志》）①欧阳修论琴诗云：“音如石上泻流水，泻之不竭由源深。弹虽在指声在意，听不以耳而以心。”（《赠无为军李道士二首》）都以“心”为文艺之本源。南宋陆象山又说：“万物森然于方寸之间，满心而发，充塞宇宙”，“宇宙便是吾心，吾心即是宇宙。”②（《象山先生全集》）故而元代郝经提出心中“内游”说，方回《心境记》认为“心即境也”。明代李贽则说：“琴者心也，琴者吟也，所以吟其心也。”（《焚书·读史·琴赋》）清代袁枚说：“诗如鼓琴，声声见心。心为人籁，诚中形外。”③（《续诗品》）各从不同角度阐述了心源本体说。

然而，中国学者并不以“心”为唯一的本原。《乐记》既言音生于心，又接着说：“人心之动，物使之然也。”《吕氏春秋·大乐》则认为音乐的由来“本于太一”。太一即“太极”，就是“道”。《老子》曰：“道法自然。”自然，或称“造化”。张璪的“外师造化，中得心源”乃从两个方面探求文艺之本源。一是“造化”，一是心源。“造化”即外在自然本原，乃是“道”“气”存在的宇宙。《庄子·大宗师》早就说：“以天地为大炉，以造化为大冶。”故万物从中化生。张璪之语可以说是：外取造化之源，内得心中之源，艺术之源乃外内二源的感应统一，分言之，一为外源，

① 郭若虚：《图画见闻志·论气韵非师》，《中国书画全书》第一册，上海书画出版社1993年版，第468页。

② 陆九渊：《象山先生全集·杂说》《语录》，《中国哲学史资料选辑》宋元明之部下册，中华书局1982年版，第312页、第315页。

③ 袁枚：《续诗品·斋心》，《中国历代文论选》第三册，上海古籍出版社1980年版，第478页。

一为内源。

“造化心源”影响深广。唐代白居易也说：“学在骨髓者自心术得，工侔造化者由天和来。”(《记画》)①亦如明代袁宏道说：“善画者，师物不师人；善学者，师心不师道；善为诗者，师森罗万象，不师先辈。”(《袁中郎全集·叙竹林集》)明代画家王履更明确地说：“吾师心，心师目，目师华山。”(《华山图序》)②这一组层递句表明客观外物(造化)，例如华山，乃是心源之源。张璪将“外师造化”放在首位，当有以造化为第一本源之义。阐发者将“心”与“造化”、物象对举，发挥补充了张璪的本源说。

不过，“心源”既然是“源”，是艺术创作之内源，并且是可以直接体验的对象，常有妙得于心的悟见，因而“心”在哲学与美学艺术论中受到高度重视，既受到中国哲学的影响，又来自艺术创作体验的总结。中国艺术重内心审美体验，中国文化基于天人合一的观念。因此，以心为源与以造化为源并不矛盾，而能统一于天人感应的审美体验中。

因此，中国的心源说，不同于西方以心为本的唯心主义。宋代理学家程颐认为“心即性也。”又说：“圣人本天，释氏本心。”将中国传统思想与印度佛学加以区别。程颐又说：“在天为命，在义为理，在人为性，主于身为心，其实一也。”③他讲的是儒学与佛学的共同点。儒学所崇尚的天道，实际为人道，人心之道，“亦本心”。孟子说：“仁，人心也。”又说“仁义礼智根于心。”根于心就是以心为本。所谓天，就是合于群体之心的道德规范。

中国文学艺术的“心源”说，也不同于哲学思想的“本心”说。它不

---

① 白居易：《记画》，转引自《中国美学史资料汇编》上册，中华书局1980年版，第301页。

② 袁宏道、王履语转引自《中国美学史资料汇编》下册，中华书局1981年版，第115页、98页。

③ 程颐：《程氏遗书》卷21、卷18，《中国哲学史资料选辑》宋元明之部，上册，中华书局1982年版，第242页。

是以心的理性为本源，而以心对物的“感”为源起，以心对美的“悟”为契机。心，既不是唯一之本，也不是终极之源。《乐记》早已指出，“其本在人心之感于物也。”《文心雕龙》则曰：“物色之动，心亦摇焉。”①刘熙载《艺概》说：“书也者，心学也。”(《书概》)“在外者物色，在我者生意，二者相摩相荡而赋出焉。”(《赋概》)②所谓“心源”说的提出，是对“我心”的开掘，是对内宇宙的洞察；与此同时，中国学者不断强调身历目见，阅世笃行，认为心物感应，物我交融，才是艺术发生之源。

在西方美学史上，有关艺术本体的心灵之喻发生了“从镜到泉，到灯”的变迁，美国学者艾布拉姆斯研究了这种变迁，将他的著作题为《镜与灯》，认为“在任何时期，心灵论与艺术论往往都联成一体，相互关联，所用的比喻也常常是相似的”。西方的传统观念为“心灵有如一面镜子”。19 世纪以来，浪漫主义诗论一变而以灯、烛、泉来比喻心灵的表现，例如埃肯赛德就曾套用一种隐喻唱道：“心灵，只有心灵(天地为证!)/才是生命的源泉，它包容着/美和崇高”。③

然而西方的“镜子说”不同于中国的“心镜”说；西方浪漫主义的“源泉”与“灯烛”说也不同于中国的“心源”说。中国的“心镜”不能说是对外物原样的反映，中国的“心源”也不是纯然自我宣泄。西方的艺术本体论从外向中心逆转为中心外化。而中国的“心镜”与“心源”却互补与共，无论映照或倾泻都以内心清澄为前提，以感物会心为旨归。

“心灵之喻”的异与同，体现出中西文化的异与同。中国艺术之心在天人和谐中犹如映照物我之镜，在人伦和睦中好似清澄明净之泉。

在中国文人志士的体验中“心镜如水”，映照于“义心”；“心源如

---

① 刘勰：《文心雕龙·物色》，《文心雕龙注》，人民文学出版社 1958 年版，第 693 页。

② 《艺概》之《书概》《赋概》，刘熙载《艺概》，上海古籍出版社 1978 年版，第 169 页、第 98 页。

③ [美]艾布拉姆斯：《镜与灯》，郦稚牛等译，北京大学出版社 1989 年版，第 81 页、第 99 页、第 92 页。

炉”，冶炼的也是“义心”。譬如《左传》有言：“心能制义曰度。”①《礼记》主张以“礼义忠信诚悫之心”对待百姓。(《礼记·檀弓下》)司马迁《史记·吴太伯世家》评曰：“延陵季子之仁心，慕义无穷，见微而知清浊。”《袁盎列传》则称赞袁盎“仁心为质，引义慷慨”。②唐代诗人冯友仁诗：“义心既重利心轻，分异何乖手足情。”(《寄弟》)宋代诗人许景衡《题坡竹》赞美苏东坡：“劲节风霜日，平生忠义心。”明代王守仁认为：“理义之说我心”，同时“人心本自说理义。”(《王阳明集·语录一》)“义极义，则尽义之性矣。”③《四溟诗话·序》中高扬“义”而道：“义心侠骨，非徒以风雅见重。”④都表明中国学者文人看重有情有义、善待他人的“义心”。

---

① 《左传》昭公二十八年，《春秋左传正义》，《十三经注疏》下册，中华书局1980年版，第2119页。

② 《史记·吴太伯世家》《袁盎列传》，《史记》，中华书局1982年版，第五册，第1475页；第八册，第2748页。

③ 王守仁：《王阳明集》《传习录中》，《中国哲学史资料选辑》宋元明之部，下册，中华书局1982年版，第498页。

④ 胡曾：《四溟诗话》序，《历代诗话续编》(丁福保辑)下册，中华书局1983年版，第1135页。

第九章 “义”与“文”

自有人类，既有文明，就有“义”与“文”结缘。“文”以明“义”，“义”以“文”传。文化、文明、人文精神皆以“义”为尚；道义、仁义、正义皆著之于“文”，世代传承。南北朝梁代萧统编辑了《文选》，他所撰《文选序》中引《周易》“观乎人文，以化成天下”之语，接着赞美道：“文之时义远矣哉！”①又如唐代权德舆诗中写道：“道义集天爵，菁华极人文。”②其所言“道义”“人文”皆与天地人并生长存。

一、“文”义考略

《周易》“贲卦”《彖》辞曰：“文明以止，人文也。”《周易·系辞》曰：“其旨远，其辞文。”又说：“物相杂，故曰文。”大千世界万事万物自然呈现种种形象与色彩。仁人志士来描绘这些事物并表现自我，又有深远的旨义与丰富的文采。因而“精义入神，以致用也。”③

---

① 萧统：《文选序》，《文选》上册，中华书局1977年版，第1页。

② 权德舆：《伏蒙十六叔寄示喜庆感怀三十韵因献之》，《全唐诗》第十册，中华书局1960年版，第3620页。

③《周易正义》，《十三经注疏》上册，中华书局1980年版，第37页、第89页、第90页、第87页。

“文”字甲骨文

“文”字金文

1. “文”

许慎《说文解字》早已指出“文”属于象形字，曰：“文，错画也，象交文。凡文之属皆从文。”错，即交错。就是说，“文”的字形由交错的笔画表示，象形，像交叉的图纹。段玉裁《说文解字注》认为：错当作逪，逪画者，文之本义。又说：“象交文，像两纹交互也。”许慎《说文解字序》写道：“仓颉见鸟兽蹄迒之迹，知分理之可相别异也。初造书契”，“仓颉之初作书，盖依类象形，故谓之文。其后形声相益，即谓之字。文者，物象之本；字者，言孳乳而浸多也。”①在“六书”之中，“文”属于象形字的范例。

已发现的甲骨文字中有此“文”字，证实“文”字确是以人自身象形的一个象形字。其甲骨文字形像一个正面站立着的人形，上为头部，中为身体，向左右伸展两臂，下面是两条腿，在身体上绘有花纹，由众多线条交错而成，表示“文身”。一说，“文”字原本是特殊的人形描画。从上古金文来看，当指美饰大人之象征。②《诗经·大雅·江汉》“告于文人”句，郑玄笺：“文人，文德之人也”，“告其先祖诸有德美见记者。”③所谓“文人”，即先祖大人之偶像。“文”字交错为美之义，乃由上古美饰大人形象转化而来。金文字形大致相似。

或认为“文”字的本义指“文身”。据说吴国的开创者是周文王姬昌

---

① 许慎：《说文解字》，中华书局1963年版，第185页、第314页。

② 康殷：《文字源流浅说》，荣宝斋1979年版，第10页。

③ 《毛诗正义》，《十三经注疏》上册，中华书局1980年版，第574页。

的两位伯父太伯、仲雍，他们当年让贤于姬昌之父而奔江南。司马迁《史记·吴太伯世家》记述：“太伯、仲雍二人乃奔荆蛮，文身断发。”①身上刺花纹，头上剪短发。“文身”亦见于《左传》《礼记》《庄子》《淮南子》等文献。古代有“文身”习俗。文身的“文”就是“纹”的古字，本指在身体上刺画花纹，文身。

然而“文”字并不限于文身，早已由表示花纹、纹理的“文”，引申为文字、文饰、文采的文，以及自然界呈纹理现象的“天文”“水文”等，进而引申为“文章”“文学”“文化”“文明”的“文”。

上古文献《尚书·尧典》一开头就用“文”来赞美尧帝：“昔在帝尧，聪明文思，光宅天下。将逊于位，让于虞舜，作《尧典》。曰若稽古，帝尧曰放勋，钦明文思、安安，允恭克让，光被四表，格于上下。”大意为：以前，尧帝耳聪目明，治理天下虑事通敏，他的光辉事迹充满天下。后来他打算把帝位禅让给虞舜。于是史官写作了《尧典》。查考往事，帝尧名叫放勋，他处理政务恭敬节俭，明察四方，善于治理天下，思虑通达，道德纯备，温和宽容。他忠实不懈，确实对人恭敬，又能让贤，光辉普照四方，思虑至于天地上下。经学家解释这段话中的“文”字：“经纬天地谓之文”，指治理天下井井有条。足见“文”的宏美之意与重要价值。又据《尚书》记载：舜“受终于文祖”(《尚书·舜典》)。②大舜在帝尧的始祖宗庙接受了禅让。以“文祖”尊称帝尧始祖之庙。而后，西伯姬昌也被尊称为周“文”王。足见“文”的意义不一般，是值得尊崇的称号。

再如儒家《论语》记述孔子曰：“修文德以来之。”(《论语·季氏》篇)而道家《道德经(老子)》也写道：“服文采。”(《老子》第五十三章)

---

① 司马迁：《史记·吴太伯世家》，《史记》，中华书局1982年版，第五册，第1445页。

② 《尚书·尧典》《舜典》，《尚书正义》，《十三经注疏》上册，中华书局1980年版，第118页、第126页。

墨家《墨子》说：“刻镂文采。”(《墨子·辞过》篇)①儒家、道家、墨家看待“文”的观点不一样，但都言及“文”与“文采”，在古代典籍中“文”字显然用以表示美德辞采之义。

2.“文义”

《文心雕龙》有言：“文之为德也大矣。”然而刘勰“咀嚼文义”，设问“何哉”？他描述“日月叠璧，以垂丽天之象。”又说：“心生而言立，言立而文明，自然之道也。”(《文心雕龙·原道》)②在人与人的交流中，“文义”脱颖而出。

我们的先民是如何将描画自身之“文”与高举羊首祭神之“义”联系到一起的，已不得而知了。当先秦荀子写出“礼义之文”，当汉代孔安国提出“考论文义，定其可知者”(孔安国《尚书序》)之时，中华大地已然是文明大国、礼仪之邦。

从现存古籍资料看，最早论及“义”与“文”的当数《易传》。其中《系辞》说：“其旨远，其辞文。”就表达了对卦爻文辞意义的思考。“旨”即意旨、含义。又如《文言》解析：“修辞立其诚，所以居业也。知至至之，可与几也。知终终之，可与存义也。”意为：修饰文辞务必诚信，事业才有依托。知其可为而为，方能把握时机。知其所止而止，故始终保持人格道义。例如，《坤》卦“六二”爻辞：“直、方。”《文言》解释说：“直，其正也，方，其义也。君子敬以直内，义以方外，敬义立而德不孤。”释意为：直是内心正直，方是行为合义。君子心正而恭敬，以道义原则处事，恭敬合义，德行服众。《坤》卦“六五”爻辞：“黄裳，元吉。”黄色衣裳，美善吉利。《象》曰：“文在中也。”③意为，文理美善

---

① 杨伯峻译注：《论语译注》，中华书局 1980 年版，第 172 页。《老子新译》，任继愈译，上海古籍出版社 1985 年版，第 175 页。《墨子》，《百子全书》第三册，岳麓书社 1993 年版，第 2370 页。

② 刘勰：《文心雕龙·原道》，《文心雕龙注》，人民文学出版社 1958 年版，上册，第 1 页。

③ 《周易·文言》《系辞》，《周易正义》，《十三经注疏》上册，中华书局 1980 年版，第 15-85 页。

保持本色。《周易》经传解说卦爻辞之文义，给人们留下了深远的启示。

《论语》所记述孔子言辞，已提到"文"与"义"。譬如，子曰："文之以礼乐，亦可以为成人矣。"又曰："见利思义，见危授命，久要不忘平生之言，亦可以为成人矣。"(《论语·宪问》)在同一篇章讲"成人"的言谈中，孔子一方面肯定礼乐之"文"，一方面又讲面对利益必须考虑"道义"的要求。孔子既强调"义以为上"(《论语·阳货》)，又称赞"文质彬彬"(《论语·雍也》)，①主张"文"以尚"义"。

战国时期，《庄子》也谈到"文"与"义"，但常以质疑与否定态度来说，譬如《庄子·马蹄》篇有言："道德不废，安取仁义！性情不离，安用礼乐！五色不乱，孰为文采！"庄子认为："文灭质，博溺心，然后民始惑乱。"(《庄子·缮性》)因而主张"灭文章，散五采。"(《庄子·去箧》)②

《荀子》一书多处言及"文"与"义"，予以正面肯定。例如："礼义文理"(《礼论》篇)，"礼义以为文"(《臣道》篇)，"被文学，服礼义，为天下列士。"(《大略》篇)《荀子》说："是君子之道，礼义之文也。"(《荀子·礼论》)③又如《礼记》所写道："义理，礼之文也。"(《礼记·礼器》)"义而顺，文而静。"(《礼记·表记》)④"文"与"义"相得益彰。

时至西汉，孔安国《尚书序》写道："以所闻伏生之书，考论文义，定其可知者，为隶古定，更以竹简写之。"⑤其中"文义"盖指文本的义理内容。而班固言及："今扬子之书文义至深。"(《汉书·扬雄传》)据

---

① 杨伯峻译注：《论语译注》，中华书局 1980 年版，第 149 页、第 190 页、第 28 页、第 61 页。

② 《庄子》之《马蹄》《缮性》《去箧》篇，《庄子解》，王夫之解，中华书局 1964 年版，第 83 页、第 136 页、第 87 页。

③ 《荀子》之《礼论》《臣道》《大略》篇，《荀子》，《百子全书》第一册，岳麓书社 1993 年版，第 198 页、第 175 页、第 222 页。

④ 《礼记正义》，《十三经注疏》上册，中华书局 1980 年版，第 1430 页、第 1638 页。

⑤ 孔安国：《尚书序》，《尚书正义》，《十三经注疏》上册，中华书局 1980 年版，第 115 页。

南北朝宋刘义庆《世说新语》记述，东晋名相谢安在某个寒雪天聚集本家族人“与儿女辈讲论文义”。引出其侄女谢道韫的“咏雪”名句：“未若柳絮因风起。”(《世说新语·言语》)①

可见此时“文义”已普遍用以为指称诗文之义，或指文本、文字、文章的内容、含意，乃至义理、意义。故而南北朝梁代昭明太子萧统将“事出于深思，义归乎翰藻”的文章编成历史上第一部《文选》，并作《序》赞曰：“文之时义远矣哉！”

3. “人文”之义

人，是“文”与“义”的本体，“文”与“义”是人的美称。既表现人的形象之美，更体现人的精神之美。

“人文”一语出自《周易》。先秦《周易·贲卦》保留了“文”的美饰之义，其《彖》辞曰：“刚柔交错，天文也。文明以止，人文也。观乎天文以察时变，观乎人文以化成天下。”其中，天文，指自然天象；人文，指人伦文化。全句大意为：阳刚与阴柔交错形成的“文”，是自然天象。人类社会形成礼仪规范之“文”，是人类特有的人伦文化。观察自然天象，可以察觉到时序变化。考察人伦文化，就可以通过教化建成文明社会。据王弼《周易》注曰：“刚柔不分，文何由生？”又：“止物不以威武而以文明，人之文也。”孔颖达《周易正义》疏“人文”句曰：“言圣人观察人文，则诗书礼乐之谓，当法此教而化成天下也。”②这些注解启示我们认识“人文”的基本意思。“人文”，既有人伦关怀，又有宏伟美德之义。

中国文化历来崇尚人文。孔子曾赞美尧的功德说：“焕乎其有文章。”(《论语·泰伯》)又称赞周代文治曰：“郁郁乎文哉。”(《论语·八佾》)③孔子称美的“文”，指伦理教化之善、文采光辉之美。《荀子》继

---

① 刘义庆：《世说新语》，上卷上《言语》，上海古籍出版社1982年版，第84页。

② 《周易正义》，《十三经注疏》上册，中华书局1980年版，第37页。

③ 杨伯峻译注：《论语译注》，中华书局1980年版，第83页、第28页。

承此意而赞：“达爱敬之文，而滋成行义之美者也”，又说“立文，尊尊亲亲之义至矣。”(《荀子·礼论》)并且“重义轻利行显明。”①(《荀子·成相》)意在表明，美之“文”成就“义”之美，人伦之“义”，则展现于美之行与文。

法家之作《韩非子》也说：“义者，仁之事也。事有礼而礼有文；礼者，义之文也。”(《解老》篇)又说：“修行义而习文学。”(《五蠹》篇)②《韩非子》并不肯定“文”与“义”的文化价值，而仅注重为君王效力的功用，但法家也需要用“文”来表达“义”。

汉魏六朝至唐代，引用“人文”之“义”与称赞“人文”之“美”的语句更为多见。譬如，司马迁《史记》写道：“使人方正而好义。”(《史记·乐书》)又说：“故礼因人质为之节文。”(《史记·太史公自序》)③东汉郑玄注《礼记·乐记》“礼减而进，以进为文；乐盈而反，以反为文”之句，解释道：“文，犹美也，善也。”④又如，韦昭注《国语》曰：“文者，德之总名也。”梁代刘孝绰《昭明太子集序》写道：“若夫天文以烂然为美，人文以焕乎为贵。”另一篇《昭明太子集序》为梁简文帝萧纲所作，其中写道：“文之为义，大哉远矣。”接着说：“文籍生，书契作，咏歌起，赋颂兴，成孝敬于人伦，移风俗于王政，道绵乎八极，理浃乎九垓，赞动神明，雍熙锺石，此之谓人文。”

唐代学者文人的人文意识更为自觉。譬如权德舆提出以“仁义”为根柢的文学主张：“以仁义之根柢，发文学之英华。”(权德舆《奉送韦十

---

① 《荀子》之《礼论》《成相》，《荀子》，《百子全书》第一册，岳麓书社 1993 年版，第 199 页、第 218 页。

② 《韩非子》，《百子全书》第二册，岳麓书社 1993 年版，第 1678 页、第 1790 页。

③ 司马迁：《史记》，中华书局 1982 年版，第四册，第 1175 页；第十册，第 3304 页。

④ 《礼记正义》，《十三经注疏》上册，中华书局 1980 年版，第 1544 页。

二丈长官赴任王屋序》)①再如梁肃高扬“人文”精神的言谈：“夫大者天道，其次人文。”故而“道德仁义，非文不明；礼乐刑政，非文不立。”②(梁肃《常州刺史独孤及集后序》)还有贾至称美“人文”的评论：“美极人文，人文兴则忠敬存焉。”③(《旧唐书》卷一百十九《杨绾传》)

这些论述至少告诉我们如下三点：其一，“人文”是自然生成的，不是奉令而为。其二，“人文”是人类共同的仁善伦理成果，不是个别的专利。其三，“人文”是合乎人性的表现与享受，不受任何限制而能自由长久。

“文”与“义”合而为“人文之义”。诚如唐代李善所言：“垂象之文斯著，含章之义聿宣。协人灵以取则，基化成而自远。”④(李善《上文选注表》)意为：上天光彩照临的天象之文开始显明，蕴含美质的人文义理渐渐传播。正好协和人的性灵以确立规范，奠基而为人伦教化延伸久远。

二、“诗有六义”

古代文献以“义”论文，最有代表性的是《毛诗序》的“诗有六义”说。

《诗经》是中国最早的一部诗歌总集，传承至今的《诗经》读本，为战国秦汉年间毛亨和毛苌所传，故称《毛诗》。《毛诗》305 篇每篇下都有小序，首篇《关雎》则有长序，称为《诗大序》或《毛诗序》，被称为第一篇论诗专著。其中写道：

---

① 权德舆：《奉送韦十二丈长官赴任王屋序》，《全唐文》，上海古籍出版社 1990 年版，第三册，第 2221 页。

② 梁肃：《常州刺史独孤及集后序》，《全唐文》，上海古籍出版社 1990 年版，第三册，第 2329 页。

③ 《旧唐书》卷一百十九《杨绾传》，刘昫等《旧唐书》，《二十五史》第五册，上海古籍出版社 1986 年版，第 3890 页。

④ 李善：《上文选注表》，《文选》上册，中华书局 1977 年版，第 3 页。

"故诗有六义焉：一曰风，二曰赋，三曰比，四曰兴，五曰雅，六曰颂。"①由此提出了中国古代诗论的代表性观点："诗有六义"说，简称"六义"说。

1. "六诗"

"诗有六义"被认为出自《周礼》所说的"六诗"。《周礼·春官宗伯》记载："大师掌六律、六同以合阴阳之声"，接着写道："教六诗：曰风、曰赋、曰比、曰兴、曰雅、曰颂。以六德为之本，以六律为之音。"由这段话可以得到如下三层认识：

其一，《周礼·春官》称为"六诗"的"风、赋、比、兴、雅、颂"，就是《毛诗序》所说的"六义"，且排列次序一样。六诗，即《诗经》之诗。

其二，上面这段话说"六诗"皆"以六德为之本"，表明对诗德诗教的重视。"六德"又见于《周礼·地官司徒》，其中的《大司徒》记载："以乡三物教万民而宾兴之。一曰六德：知、仁、圣、义、忠、和；二曰六行：孝、友、睦、姻、任、恤；三曰六艺：礼、乐、射、御、书、数。"周代司徒之职负责教化，六德、六行、六艺，合称"乡三物"。东汉郑玄注："乡里教以道义"。"义"在"六德"之中。

其三，所言"六诗"皆合于音乐"以六律为之音"。所言"大师"就是执掌"六律、六同"的乐师。"六律、六同"都是古代音乐术语，"六律"指属于阳声的六项音律：黄钟、大簇、姑洗、蕤宾、夷则、无射。"六同"即"六吕"，指属于阴声的六项音律：大吕、应钟、南吕、函钟、小吕、夹钟。合称"十二律"。又见于《周礼·春官·典同》："典同掌六律、六同之和，以辨天地四方之声，以为乐器。"郑玄注："书'同'作'铜'。郑司农云：阳律以竹为管，阴律以铜为管。竹，阳也；铜，阴也，各顺其性，凡十二律。"古乐十二律也称十二调，是按音阶长短高

---

① 《毛诗序》，《毛诗正义》，《十三经注疏》上册，中华书局 1980 年版，第 271 页。

低，分为六律和六吕，排列奇数的六个调叫“律”，属阳声；排列成偶数的属于阴声，称为“吕”或“同”。合称为十二律。

《周礼》郑玄注云：“风，言贤圣治道之遗化也。赋之言铺，直铺陈今之政教善恶。比，见今之失，不敢斥言，取比类以言之。兴，见今之美，嫌于媚谀，取善事以喻劝之。雅，正也，言今之正者，以为后世法。颂之言诵也，容也，诵今之德，广以美之。”他主要以伦理教化解说“六诗”，也兼及表现方法，例如，“赋”的方式是铺陈；“比”的方式是取比类；“兴”的方式是喻劝；“颂”的方式是诵美。

除记有“六诗”之外，《周礼》还有以六种“乐德”“乐语”“乐舞”教国子的记载，其“乐语”之首，便是“兴”。见于《春官·大司乐》：“以乐语教国子：兴、道、讽、诵、言、语。”此处郑玄注云：“兴者，以善物喻善事。”与他对“六诗”中的“兴”解释一致。以下郑注云：“道读曰导，导者，言古以剀今也。倍文曰讽。以声节之曰诵。发端曰言。答述曰语。”所谓“乐语”，是指合乐歌词的说白及其表达方式。章炳麟曾说：“古者，大司乐以乐语教国子，盖有韵之文多矣。”(《辨诗》)“兴”在乐语中居首位，且唯有“兴”既是上述“六诗”之一，又列为六种“乐语”之一，足见它在上古礼制中的重要性。①

“六诗”又须“以六律为之音”，可知“诗”当与音乐相合。据司马迁《史记》言及孔子删《诗》得三百零五篇，“《关雎》之乱以为《风》始，《鹿鸣》为《小雅》始，《文王》为《大雅》始，《清庙》为《颂》始。三百零五篇，孔子皆弦歌之。以求合韶武雅颂之音。”②(《史记·孔子世家》)三百零五篇，为《诗经》篇数。就是说，《诗经》的诗篇都是可以配乐歌唱的。

---

① 《周礼》之《春官宗伯第三》《地官司徒第二》《春官·典同》《春官·大司乐》，《周礼注疏》，《十三经注疏》上册，中华书局1980年版，第795页、第707页、第797页、第787页。

② 司马迁：《孔子世家》，《史记》，中华书局1982年版，第六册，第1936页。

2.“六义”

“六诗”在《毛诗序》中称为“六义”，曰：“故诗有六义焉：一曰风，二曰赋，三曰比，四曰兴，五曰雅，六曰颂。”

《毛诗序》直接解释了风、雅、颂。所谓“风，风也，教也。风以动之，教以化之”。所谓“雅者，正也，言王政之所由废兴也”。所谓“颂者，美盛德之形容，以其成功告于神明者也”。①都是从教化作用来释义，与郑玄《周礼》注以教化作用释“六诗”一致，只是改称为“六义”。

由于《毛诗序》所言甚简，引起后人众多注疏解释。

其一是对“六义”分类。盖因《诗经》已编次为“风、雅、颂”三部分。或如《毛诗序》所说“四始”，亦即《史记》言“《风》始”“《小雅》始”“《大雅》始”“《颂》始”四个部分（见上文）。可以概言“风、雅、颂”三部分，此三者显然不同于“赋、比、兴”。因此孔颖达《毛诗正义》将“六义”分为两组，解说道：“然则风、雅、颂者，《诗》篇之异体；赋、比、兴者，《诗》文之异辞耳。大小不同，而得并为六义者：赋、比、兴是《诗》之所用，风、雅、颂是《诗》之成形。用彼三事，成此三事，是故同称为‘义’。非别有篇卷也。”（孔颖达《毛诗正义》）此说被概括为“三体三用”说，后人沿用，将“六义”二分，一般认为“风、雅、颂”是《诗经》的体制分类，“赋、比、兴”则是诗的表现方式。

另一说，“风、雅、颂”是按不同的音乐来区分的。宋代郑樵云：“风土之音曰风，朝廷之音曰雅，宗庙之音曰颂。”（《通志序》）《诗经》分为风、雅、颂三部分。“风”是各诸侯国的民间乐调；“雅”是京城地区的正乐；“颂”是宗庙祭祀之乐。“大雅”和“小雅”也当从音乐划分，“广大而静，疏达信者，宜歌《大雅》；恭俭而好礼者，宜歌《小雅》。”②

其二是讨论次序。“六义”既分两类，为什么将“风”放在首位，而

---

① 《毛诗序》，《毛诗正义》，《十三经注疏》上册，中华书局 1980 年版，第 271-272 页。

② 《乐记》，《礼记正义》，《十三经注疏》下册，中华书局 1980 年版，第 1545 页。

不接着说“雅、颂”呢?《毛诗正义》解释道:“六义,次第如此者,以《诗》之四始,以‘风’为先,故曰‘风’。‘风’之所用,以‘赋、比、兴’为之辞,故于‘风’之下即次‘赋、比、兴’,然后次以‘雅、颂’。”又说:“以‘风’是政教之初,‘六义’,‘风’居其首。”意思是说,从政教的需要来看,“风”诗最重要,因此放在首位。《诗经》的编次也是《国风》在前,同于“六义”以“风”为先。因为“赋、比、兴”是《国风》诗辞的表现方式,所以接着“风”排列,然后才说“雅、颂”。其实也可以理解为:普通的先说,民间“风”诗在前;高贵的后说,祭祀之乐“颂”最后出场。

其三是对“六义”分别作解释。《毛诗序》仅从教化功用解释“风、雅、颂”。《周礼》郑玄注亦从诗教对“风、赋、比、兴、雅、颂”逐一作了简释,已见上文。郑玄又引郑众解释“比、兴”说:“比者,比方于物也。兴者,托事于物。”孔颖达《毛诗正义》引郑注“解六义之名”,并进一步阐释,对“赋、比、兴”的解释作了补充:“‘赋’者,直陈其事,无所避讳,故得失俱言。‘比’者,比托于物,不敢正言,似有所畏惧,故云‘见今之失,取比类以言之’。‘兴’者,兴起志意赞扬之辞,故云‘见今之美以喻劝之’。”认为“郑以‘赋’之言铺也,铺陈善恶,则诗文直陈其事,不譬喻者,皆‘赋’辞也。”又引郑司农云:“比者,比方于物。诸言如者,皆比辞也。”司农又云:“兴者,讬事于物,则兴者起也。取譬引类,起发己心,诗文诗举草木鸟兽以见意者,皆兴辞也。”《毛诗正义》认为:“言事之道,直陈为正,故《诗经》多‘赋’在‘比、兴’之先。‘比’之与‘兴’,虽同是附讬外物,‘比’显而‘兴’隐。当先显后隐,故‘比’居‘兴’先也。毛传特言‘兴’也,为其理隐故也。”(孔颖达《毛诗正义》)

其四,“六诗”为什么称“六义”?孔颖达《毛诗正义》说:“上言《诗》功既大,明非一义能周,故又言‘诗有六义’。”既然“风、雅、颂”为《诗》之“体”;“赋、比、兴”为《诗》之“用”。因此难以用“六诗”概括。而“义”既可以表示原则、方式，也可以指类别、意思等，故称为“六义”。①

用今天的观点，可以说“六义”相当于《诗经》的六个关键词。

3. “诗有三义”

在《诗经》的六个关键词中，“风、雅、颂”作为《诗经》的三大部分，无须争议。历来讨论不休的是“赋、比、兴”。在众说纷纭中，最有价值的是钟嵘《诗品》提出的“诗有三义”说。

钟嵘南北朝南朝梁代文人。他所著《诗品序》写道：“故诗有三义焉：一曰兴，二曰比，三曰赋。文已尽而意有余，兴也；因物喻志，比也；直书其事，寓言写物，赋也。宏斯三义，酌而用之，干之以风力，润之以丹彩，使味之者无极，闻之者动心，是诗之至也。”②钟嵘此说与众不同，略去“风、雅、颂”，专论“兴、比、赋”，独具慧眼地将“兴”提到“三义”之首，并以“文已尽而意有余”来解释。

“兴”在“六义”之中最有审美意蕴。孔子论诗特别称举“诗可以兴”（《论语·阳货》）。《周礼·春官》将“兴”列于六种“乐语”之首。《毛传》以对具体诗篇标明“兴也”的方式突出“兴”的意义。例如《关雎》《蒹葭》篇都注明“兴也”。在《诗经》305 篇中，标明“兴也”的有 116 篇，而对“赋、比”之义并无标明。刘宝楠《论语正义》说：“赋、比之义，皆包于兴，故夫子止言兴。《毛诗传》言兴百十有六，而不及赋、比，亦此意也。”《毛诗正义》也认为：“《毛传》特言‘兴’也，为其理隐故也。”而刘勰《文心雕龙》说：“诗文弘奥，包韫六义，毛公述传，独标‘兴’体。岂不以‘风’通而‘赋’同，‘比’显而‘兴’隐哉！”③

那么，“兴”之隐义如何阐明？历来解说不少于四种。其一是释

---

① 孔颖达：《毛诗正义》，《十三经注疏》上册，中华书局 1980 年版，第 271 页。

② 钟嵘：《诗品序》，《诗品》，《历代诗话》，中华书局 1981 年版，第 3 页。

③ 刘勰：《文心雕龙·比兴》，《文心雕龙注》下册，人民文学出版社 1958 年版，第 601 页。

“兴”为“起”，《说文解字》云：“兴，起也。从舁，从同。同力也。”① 东汉包咸注《论语》：“兴，起也。”《尔雅》亦云：“兴，起也。”其二是从“兴”所含“上举”之义引申为托物引喻，如孔安国注曰“引譬连类”，郑众注曰“托事于物”。又如王充《论衡》云：“兴，喻人皆引人事。”②其三是从教化作用释“兴”，兼及美感之喻，以郑玄所谓“善事喻劝”为代表。其四是感兴之说。汉代王延寿《鲁灵光殿赋》写道：“诗人之兴，感物而作。”③曹植《赠徐干》诗云：“慷慨有悲心，兴文自成篇。”④唐代诗人更明确地说：“感物曰兴。”（贾岛《二南密旨》）

所谓“引譬连类”，实当包含“比、兴”二义，指借助相关他物之形象而言。郑众、郑玄将“比”与“兴”分开解说，但划分方式不一。郑众从表现手法分：“比方于物”为比，“托事于物”为兴。而郑玄却从美刺褒贬划分，以“斥失”为比，以“美善”为兴。汉代王逸《离骚经序》论楚辞“比兴”，仍沿用此说：“《离骚》之文，依《诗》取兴，引类譬喻。故善鸟香草，以配忠贞；恶禽臭物，以比谗佞。”⑤西晋挚虞著《文章流别论》，对“比、兴”重新解释，突出了“兴”的美感特点，认为“赋者，敷陈之称也。比者，喻类之言也。兴者，有感之辞也”。⑥

与钟嵘同时代的刘勰在《文心雕龙》专列《比兴》一篇，综合各家之说，指出“比、兴”作为艺术手法的特征：“故比者，附也；兴者，起也。”并且又指出“比兴”的共同要求是“拟容取心”，而区别在于“兴之托谕”，“触兴致情”（《诠赋》篇）这就深入一步窥见“比兴”的艺术思维

① 许慎：《说文解字》，中华书局1963年版，第59页。

② 《论衡·物势》，王充《论衡》，上海人民出版社1974年版，第48页。

③ 王延寿：《鲁灵光殿赋》，《文选》上册，中华书局1977年版，第168页。

④ 曹植：《赠徐干》，《先秦汉魏晋南北朝诗》上册，逯钦立辑校，中华书局1983年版，第451页。

⑤ 王逸：《离骚经序》，《中国历代文论选》第一册，上海古籍出版社1979年版，第155页。

⑥ 挚虞：《文章流别论》，《中国历代文论选》第一册，上海古籍出版社1979年版，第190页。

内涵和“兴”的隐义所在。认识到“兴”较“比”更为含蓄，不必“切类附意”，只需依托一定的事物形象，借以引发主体的情意，委婉象征，以小见大。

钟嵘《诗品》提出“诗有三义”：“兴、比、赋”。特别将“兴”提到第一位。他用“因物喻志”解释“比”；以“直书其事，寓言写物”解说“赋”。皆简明扼要。重点在“文已尽而意有余”指明了“兴”的特点。诗歌既由感兴而引起，言辞所托之物，必有余意。即诗歌的语言要有言外之意、韵外之旨，让读者在语言之外、文字之外还能感受到更深远的意境、韵味和情感，向往“味之者无极”的诗歌至美境界。

此后的诗人学者对诗的“三义”多有发挥。如唐代孔颖达《毛诗正义》云：“兴是譬喻之名，意有不尽故题曰‘兴’”。又曰：“兴者，起也。取譬引类，起发已心。《诗》文诸举草木鸟兽以见意者，皆兴辞也。”孔颖达的疏解，融汇“取譬”“起情”“余意”说，点出“兴”的本义为“起”与“举”。例如，“关关雎鸠”，即为取譬；其“意有余”，在于“引类”，由此起动主体之心，引发情感：就叫做"兴"。

宋代朱熹也对“赋、比、兴”作了解释，认为：“赋者，敷陈其事而直言之也。”即叙事。“比者，以彼物比此物也。”即比喻。“兴者，先言他物而引起所咏之词也。”①(朱熹《诗集传》)即起兴。

宋代又有李仲蒙论述“赋、比、兴”的特点：“叙物以言情，谓之赋，情尽物者也。索物以托情，谓之比，情附物者也。触物以起情，谓之兴，物动情者也。”②(亦见于胡寅《斐然集·与李叔易书》)此三句排比说明“赋、比、兴”的区别，采用的是同中见异的方法，先抓住三者都是“以物表情”的共同点，再指出其区别在于如何表情，说明了“兴”之起情不同于“赋、比”在于“物动情”。此说之前，《文心雕龙》已说到

① 《关雎》注、《葛覃》注、《螽斯》注，朱熹《诗集传》，上海古籍出版社 1980 年版，第 1 页、第 3 页、第 4 页。

② 李仲蒙语，见刘熙载：《赋概》，《艺概》，上海古籍出版社 1978 年版，第 86 页。

"触兴致情。"《诗品序》已提出"文已尽而意有余"。当为一脉相承。

三、人文高义

诚如唐代诗人张籍称颂韩愈之诗："德义动鬼神"，"发为古文章。"(《祭退之》)①中国文人志士，历来最重德义人品，诗品文品皆出于人品高义。

屈原楚辞弘文丽辞，出于"正道直行"。司马迁为屈原作传，热忱赞美"其志絜，其行廉"，"举类迩而见义远。"屈子高义"虽与日月争光可也。"②(司马迁《史记·屈原列传》)

再如东晋陶渊明不为五斗米折腰，解印弃官而归，其诗文咏志曰："朝与仁义生，夕死复何求!"(陶渊明《咏贫士》其四)又写道："虽好学与行义"，"生信义于乡闾。"③(陶渊明《感士不遇赋》)历来被称为"高义""大贤""高士"。

人文高义不胫而传，仅从唐诗中摘录如下：

平生闻高义，书剑百夫雄。(陈子昂《送别出塞》)
名与日月悬，义与天壤俦。(卢照邻《咏史四首》)
精诚动天地，忠义感明神。(杨炯《和刘长史答十九兄》)
施恩浃寰宇，展义该文质。(李峤《扈从还洛呈侍从群官》)
由来重义人，感激事纵横。(姚系《送周愿判官归岭南》)
劈破天地来，节义可屈指。(卢仝《寄赠含曦上人》)
君子抱仁义，不惧天地倾。(王建《赠王侍御》)

---

① 张籍：《祭退之》，《全唐诗》第十二册，中华书局1960年版，第4301页。

② 司马迁：《屈原列传》，《史记》，中华书局1982年版，第八册，第2482页。

③ 逯钦立校注：《陶渊明集》，中华书局1979年版，第125页、第145页。

一闻激高义，义重利固轻。（柳宗元《韦道安》）

君为著作诗，皆以义烈闻。（元稹《和乐天赠樊著作》）

一时节义动贤君，千年名姓香氛氲。（鲍溶《辞辇行》）

心事相期节义高。解下佩刀无所惜。（姚合《裴大夫见过》）

舍杖随之去，天下钦高义。（皮日休《奉献致政裴秘监》）

男儿徇大义，立节不沽名。（聂夷中《胡无人行》）

义心孤剑直，学海怒涛深。（韦庄《和薛先辈见寄初秋寓怀即事之作》）

言端信义如明月，笔下篇章似涌泉。（徐夤《送刘常侍》）①

以上“高义”“节义”“忠义”“义烈”洋溢于唐诗中，即见唐人敬重“高义”“义烈”之品行。如唐代诗人白居易诗中写道：“况君秉高义，富贵视如云。”(《酬张十八访宿见赠》)白居易还有诗称赞诗人张籍：“为诗意如何？六义互铺陈。风雅比兴外，未尝著空文”，“所以读君诗，亦知君为人。”(《读张籍古乐府》)②诗歌吟咏中，人品与文义相融共美。唐代殷璠编有唐诗选辑《河岳英灵集》，论诗亦主人文“风骨”共美，例如评薛据诗：“为人骨鲠有气魄，其文亦尔。”(殷《河岳英灵集》评薛据诗)③

又如宋代苏轼诚挚地品评其弟苏辙文如其人，说：“其文如其为人。故汪洋澹泊，有一唱三叹之声，乃其秀杰之气终不可没。”(《答张文潜书》)④可见“言为心声”，“文如其人”。这里仅以唐末诗人司空图

---

① 《全唐诗》，中华书局 1960 年版，第三册第 900 页，第 2 册第 513 页、617 页，第 9 册第 3369 页，第 11 册第 3945 页，第 12 册第 4388 页、第 4459 页，第 19 册第 7296 页，第二十一册第 8165 页。

② 白居易：《酬张十八访宿见赠》《读张籍古乐府》，《全唐诗》，中华书局 1960 年版，第十三册，第 4736 页、4654 页。

③ 殷璠：《河岳英灵集》，《唐人选唐诗》（十种），中华书局 1958 年版，第 86 页。

④ 苏轼：《答张文潜书》，《苏东坡全集》，中国书店 1986 年版，第 376 页。

为代表，简述其人文高义。

司空图（837—908年），字表圣，咸通十年（869年）进士，多次辞官归隐。著有《二十四诗品》《司空表圣文集》。他被誉为“高士”，称赞为“总结唐家一代诗”之人。其传记列入《新唐书·卓行传》。

身处盛世末代的司空图，心中充满矛盾，他自号“知非子”，又号“耐辱居士”，不得不徘徊在入世与出世之间，痴与醒之间，生与死之间。

诗人的忧愁在“痴”与“醒”之间。司空图真是一个痴诚的文人。他中进士不久，恩师王凝遭遇贬谪，司空图不忍心离开恩师，宁愿失去御史官职，而始终跟随王凝，直到恩师去世后，他才回朝廷为官。司空图作有《故宣州观察使检校礼部王公行状》称赞王凝“博厚深宏，端洁明懿”，而自己“忝迹门下，义服终始”。唐末，司空图盛有文名，一位节度使为求他写作碑文，送来数千匹绢。司空图将这些绢全部放于家乡集市上，任乡民各自取回。（《新唐书·卓行传》）这种与众不同的痴行，也许是一种清醒，他借品诗表明：“神存富贵，始轻黄金。”（《绮丽》）司空图曾作有《冯燕歌》，其中写道：“魏中义士有冯燕，游侠幽并最少年”，“唯将大义断胸襟”，“千古三河激义风。”实际是司空图的胸中“大义”与人品“义风”的一种表白。诗人在天然世界里寻找幽人、幽境。可爱的幽境何在？《自然》一品指点：“幽人空山，过雨采苹。”《纤秾》一品传言：“窈窕深谷，时见美人。”《实境》一品揭示：“忽逢幽人，如见道心。”原来“遇之自天”，而“妙不自寻”。（司空图《二十四诗品》）

司空图的忧愁更在入世与出世的矛盾之间。他满怀报国之志，考取进士功名而入仕。可是唐末的战乱使他很快就感受到：“风波一摇荡，天地几翻覆。”（司空图《秋思》诗）身为一介书生，无法力挽狂澜，他悲怆地吟道：“空将忧国泪，犹拟洒丹墀。”（司空图《乱后》诗）他多次选择退隐，又直陈肺腑：“语不涉己，若不堪忧。”（《二十四诗品·含蓄》）尽管他以“修竹”中“佳士”自诩，“人淡如菊”（《二十四诗品·典雅》）却依然忍不住吟道：“成家报国亦何惭。”（司空图《漫书》诗）他在

《春愁赋》中写道：“愿昭畅于春台，雪胸襟之滞义。”又说：“推怨何以为义”，“怠天下之事，何以为敬？”他执着于人生之“义”：“变唯尚质，贵在扬清。动以数愉，绰之仁义。”(司空图《成均讽》)他始终不忘报国，坦言：“壮士拂剑，浩然弥哀。”(司空图《二十四诗品·悲慨》)慷慨表达报国之义。他的一生就这样在出世入世的矛盾中陷于永久的忧愁。

人的忧愁在于生与死之间。司空图珍重生命，曾有宏伟的抱负，但是战乱浩劫打碎了他的梦，“泛彼浩劫，窅然空踪。”(《二十四诗品·高古》)在残酷的现实面前他感到：“适苦欲死”，“富贵冷灰。”他可以淡富贵、轻死生，却始终追求着精神世界的自由，排遣不开的仍是忧愁。故直言不讳：“生者百岁，相去几何。欢乐苦短，忧愁实多。”(《二十四诗品·旷达》)司空图写过一篇《共命鸟赋》，序曰：“西方之鸟，有名共命者，连腹异者，而爱憎同一。”所谓共命鸟，即佛经所称的雪山神鸟，一身两头，人面禽形，自鸣其名。赋曰：“惟斯鸟者，宜禀乎义。首尾虽殊，腹背匪异。”虽言“共患”，而无法避祸，结句为“国如之何”。①

于是他将忧心移向自然界与艺术界的花：“浮世荣枯总不知，且忧花阵被风欺。”(司空图《力疾山下吴村看杏花》)②乃是忧生与忧世矛盾心情的吐露。萦绕在他心头的是末世情结，他并不惧怕死亡，他曾在自己的墓穴中款待友人，并说：“生死一致，吾宁暂游此中哉。”他担忧的只是世道，当司空图听到唐朝最后一个皇帝被弑，终于“不食而卒”。③

在中国历史上往往有这样一种现象，每逢世乱，或遭贬谪，总有一些才华出众的文人走向山水，走向自然。例如陶渊明、柳宗元等人，司空图也是一例。他们在自然山水之间洗去了尘世的烦恼，也发现了大自

---

① 司空图：《春愁赋》《共命鸟赋》《成均讽》《故宣州观察使检校礼部王公行状》，《全唐文》第三册，上海古籍出版社 1990 年版，第 3760-3778 页。

② 司空图：《秋思》《乱后》《力疾山下吴村看杏花》《漫书》《二十四诗品》，《全唐诗》，中华书局 1960 年版，第十九册，第 7245 页、7255 页、7276 页、7281 页、7284-7288 页。

③ 《司空图传》，《新唐书·卓行传》，《二十五史》第六册，上海古籍出版社 1986 年版，第 4720 页。

然无与伦比的魅力；大自然抚慰了他们不安的灵魂，使他们找回了失落的自我。他们不知不觉融入大自然，将人与自然和谐相处的情怀化为山水诗、山水画，《二十四诗品》的产生也是如此。司空图留下的《二十四诗品》犹如一组山水风物的长卷，将自然之美与人格之“义”融为一体，展现出亲和自然的魅力和人品高义的情怀。从《二十四诗品》文本来看，这部杰作不失为一首美丽的挽歌，一曲末世的绝唱。

四、“群善之蕝”

出土楚简文献记载：“义也者，群善之蕝也。”文本言辞之“义”，频频见于从古至今的众多文献典籍，以上各章已举例说明。这里再集中选取郭店楚简以及《史记》与《文心雕龙》等有代表性的著述，择要如下。

1. 楚简中的“义”

“惟楚有材”。郭店出土的楚简为人们再现了二千多年前战国初期一部分文化典籍的原貌。据考古人员介绍，郭店楚墓中与竹简同时出土的耳杯上刻有“东宫之师”字样，由此推断墓主可能是楚国太子之师。①因而这批竹简文献很可能是用以教授楚国太子及贵族之子的教材或者说是课本。作为教材，既有道家的《老子》，也有儒家文献，合情合理。其中有一篇《鲁穆公问子思》，明显以问“子思”为题。研究者也认为郭店楚简的儒家文献出自子思学派，“补足了孔、孟之间思想链条上所曾经缺失的一环”。②子思，就是孔伋(公元前483年—前402年)，孔子的孙子，孔子之子孔鲤的儿子，孔子弟子曾参的学生。据《史记》记载，孟轲“受业子思之门人”。③据《韩非子·显学》，孔子之后，“儒分为

① 湖北省荆门市博物馆：《荆门郭店一号楚墓》，《文物》1997年第7期。

② 庞朴：《孔孟之间：郭店楚简的思想史地位》，《中国社会科学》1998年第5期。

③ 《孟子列传》，司马迁《史记》第七册，中华书局1982年版，第2343页。

八”，其一为“子思之儒。”①子思学派，正是孔子到孟子之间传承的重要环节。

郭店楚简文献中有数十处论及“义”，并且其论述十分精彩，发此前传世文献之未发。其论可以从这样三个方面来看。

第一，楚简以“义”为“五行”“六德”之一，即儒家文献的关键词。郭店楚简中有《五行》篇、《六德》篇。楚简《六德》篇：“何谓六德？圣、智也，仁、义也，忠、信也。”②标举六项德行，与《周礼》所言“六德”基本相同。楚简《五行》篇所言“五行”即“仁、义、礼、智、圣”，概论五项德行，与汉代董仲舒所称“五常”也基本相同。所谓“五行”“六德”都是指儒家所尊崇的基本德行，最重要的人伦道德元素，显然属于儒家文献的关键词。楚简文献所列举的道德项目中都有“义”。足见“义”的重要性。

楚简关于“义”的解说也很有意义。楚简《尊德义》篇说：“尊德义，明乎人伦。”又强调说：“义为可尊也。”尊奉贤德就是“义”。亦如楚简《五行》篇所言：“贵贵”“尊贤”为“义”。《五行》篇“经20”指出：“贵贵，其等尊贤，义也。”其“说20”进一步解释道：“‘贵贵’者，贵众贵也。贤贤，长长，亲亲，爵爵，选贵者无私焉。‘其等尊贤，义也。’尊贤者，言等贤者也，言选贤者也，言加诸上位。此非以其贵也，此其义也。贵贵而不尊贤，未可谓义也。”所谓“贵贵”就是以贵为贵，所谓“尊贤”就是以贤为尊。

而楚简《性自命出》篇则从陶冶性情的角度来阐发“义”的功能，说：“厉性者，义也。”厉即砥砺、磨砺。就是讲，“义”能够磨炼人，磨砺性情，使之与社会道德规范相适应。

---

① 《韩非子·显学》，《百子全书》第二册，岳麓书社1993年版，第1793页。

② 本章引郭店楚简文字均见于荆门市博物馆编：《郭店楚墓竹简》，文物出版社1998年版。并参考李零：《郭店楚简校读记》，《道家文化研究》第17辑，生活·读书·新知三联书店1999年版。郭沂：《性自命出校释》，《管子学刊》2014年第4期。

第二，楚简多方面讨论了“义”与其他关键词的区别与联系。特别是常将“义”与“仁”比较来论述。譬如，《尊德义》篇指出：“仁为可亲，义为可尊也。”就是说，“仁”出于血缘亲情，而“义”乃是尊贤崇德的社会公德。亦如《礼记·大传》所言：“亲亲也，尊尊也。”《礼记·中庸》所说：“仁者，人也，亲亲为大；义者，宜也，尊贤为大。”①

再如，《性自命出》篇比较说：“义，敬之方也。敬，物之节也。笃，仁之方也。仁，性之方也。”这些句子里的“方”大约为标准、准则、方式的意思。参考《论语·雍也》所记孔子语：“夫仁者，己欲立而立人；己欲达而达人。能近取譬，可谓仁之方也已。”②楚简中还有《语丛三》记载说：“义，德之进也。义，善之方也。”因此说：“义，宜也。爱，仁也。义，处之也。礼，行之也。”综合来看，是讲“义”是适宜的处理方式。

楚简《五行》之“经 23”从刚柔的角度来比较“义”与“仁”，指出：“简，义之方也。匿，仁之方也。强，义之方。柔，仁之方也。”其“说 28”解释道：“言仁义之用心之所以异也。义之尽，简也；仁之尽，匿。大义加大者大仁加小者，故义取简而仁取匿。”又引《诗》云：不刚不柔，此之谓也。“非刚之也，非柔之也，言无所争焉也。此之谓者，言仁义之和也。”《五行》之“经 18”比较“仁、义、礼、智”说：“见而知之，智也。知而安之，仁也。安而行之，义也。行而敬之，礼也。”再如“经 28”又比较说：“闻道而悦者，好仁者也。闻道而畏者，好义者也。闻道而恭者，好礼者也。”其“说 28”解释道：“道也者，天道也，言好仁者之闻君子道，而以之其仁也，故能悦。悦也者，形也。”而“好义者之闻君子道，而以之其义也，故能威。”以“威”代替了“畏”。又“言好礼者之闻君子道而以之其礼也，故能恭。”楚简《忠信之道》也说：“忠，仁之实也。信，义之期也。”这些阐说都能帮助人们理解“义”的丰富精深

① 《礼记正义》，《十三经注疏》下册，中华书局 1980 年版，第 1506 页、1629 页。

② 杨伯峻译注：《论语译注》，中华书局 1980 年版，第 65 页。

的含意。

第三，楚简“义也者，群善之蕝也”释义。

楚简《性自命出》简 13 记载道：“义也者，群善之蕝也。习也者，有以习其性也。道者，群物之道。”句中“蕝”字，楚简的整理者释为“表”“表征”。①此句意为：“义”是众善美德的表征。习惯是性致积累而成的。道是万物本生的自然。

此句以善德解说“义”，有概括总结之意。据许慎《说文解字》：“善，吉也，从誩，从羊。此与义、美同意。”《说文解字》同时又解释说：“誩，竞言也。从二言。”善，即道德、美德。“孟子道性善。”（《孟子・滕文公上》）

蕝，音 jué，《说文解字》：“蕝，朝会束茅表位曰蕝。从艹，绝声。春秋《国语》曰：致茅蕝表坐。”②就是说，蕝，原指古代朝会时表示位次的茅束，有标志、标准、表征的意思。又以群善解说“义”，可以说，“义”是群善之极，至善之征，是各种美德善行的集中表征。“群善”当指各种道德规范和行为准则的总和。“群善之蕝”，指群善之极，至善之征，就是说“义”是美德善行的表现，是各种美德的集中表征。③

研究郭店楚简的美国学者顾史考著书说：“‘义也者，群善之蕝也’，也可以说是人类伦理关系中至善至正的标准，而此种义道亦未尝不是奠定于人们心性之情为其基础的。”④

纵观关于“义”的种种阐释，都表达了人伦道德的肯定性价值。《礼记》：“义，宜也。”《墨子》：“义者，正也。”《孟子》：“敬长，义也。”再看楚简中的“义，敬之方也”，“义，德之进也”，“义，善之方也”，

---

① 荆门市博物馆编：《郭店楚墓竹简》，文物出版社 1998 年版，第 179 页、第 134 页。

② 许慎：《说文解字》，中华书局 1963 年版，第 58 页，第 24 页。

③ 郭沂：《性自命出校释》，《管子学刊》2014 年第 4 期。

④ ［美］顾史考：《郭店楚简先秦儒书宏微观》，上海古籍出版社 2018 年版，第 111 页。

“简，义之方也”，“强，义之方”，“厉性者，义也。”不一而足，唯有“群善之蕝”，是对“义”之义的最精妙解说。

2.《史记》中的“义”

《史记》之《乐书》说：“礼义立，则贵贱等矣；乐文同，则上下和矣”；“仁以爱之，义以正之，如此则民治行矣。”可见司马迁主张以“礼义”治国，以“礼乐”安定人心。因而说：“仁近于乐，义近于礼。”在《乐书》篇末，太史公说：“故宫动脾而和正圣，商动肺而和正义，角动肝而和正仁，徵动心而和正礼，羽动肾而和正智。”认为“宫、商、角、徵、羽”五音对应于“圣、义、仁、礼、智”人伦五德。“故乐音者，君子之所养义也”，“所以养行义而防淫佚也。”①(司马迁《史记·乐书》)

司马迁借音乐来表明他的正直义心。从《史记》的著录来看，司马迁重视“五德”，特别看重“义”。其书所言“义”，有“天义”、有“仁义”，有“道义”、有“高义”，有“春秋之义”有帝王之义，有民间之义，也有作者倾心高扬的江湖侠义。

譬如：《史记·五帝本纪》所言“顺天之义”即指“天义”。《周本纪》中的“积德行义” 讲的是“仁义”。《伯夷列传》所说“义不食周粟”，讲的是“道义”。《儒林列传》所记“通古今之义”，讲的是“理义”。对他所心仪的人物司马迁往往称之为“高义”“大义”等，仅从《史记》篇章摘要如下：

《吴太伯世家》篇末太史公曰：“延陵季子之仁心，慕义无穷”。延陵季子就是春秋时期吴国公子季札，曾出使鲁国及齐、晋等国，《左传》襄公二十九年(公元前544年)记载有一篇“季札观乐”，从季札的欣赏评论中体现出高深的文艺修养，当时诸侯各国常见兄弟父子争夺君位而互相残杀，而季札淡泊权位，人品高尚。司马迁特别赞慕季札“闳览博物”的君子之美。②(《吴太伯世家》)

---

① 司马迁：《史记·乐书》，《史记》，中华书局1982年版，第1175页、第1187页、第1193页、第1237页。

② 司马迁：《史记》第五册，中华书局1982年版，第1445-1475页。

《韩世家》：“以成程婴、公孙杵臼之义。”程婴、公孙杵臼二人都是春秋时晋国的义士。为了救护赵氏孤儿，公孙杵臼奉献了自己的生命，程婴则忍辱负重历尽艰难抚养孤儿成人。赵氏复仇之后程婴自尽。《史记·赵世家》记述了这个故事，又在《韩世家》中颂扬程婴、公孙杵臼的高尚德义；同时赞许韩厥的仁义。

《魏公子列传》：“公子之高义。”在战国时期著名的四公子中，司马迁特别赞美信陵君礼贤下士、窃符救赵的仁德之义。

《廉颇蔺相如列传》：“君之高义。”司马迁记述了赵国抗秦时期蔺相如出使不辱君命，以及高义谦让与廉颇将相和的故事，以太史公曰高度赞扬蔺相如“一奋其气，威信敌国，退而让颇，名重太山”的智勇之义。

《田儋列传》：“田横之高节，宾客慕义而从横死，岂非至贤！”秦末群雄纷争，田横作为齐国的后裔，誓死不向汉刘邦投降，田横及部下五百壮士居然集体自尽。司马迁作传赞叹田横等人宁死不屈的节义。

司马迁的重义情怀还体现在普通人物之上，如《史记·田单列传》记载了一位布衣王蠋的义烈事迹。其文曰：“燕之初入齐，闻画邑人王蠋贤，令军中曰：环画邑三十里无入，以王蠋之故。已而使人谓蠋曰：‘齐人多高子之义，吾以子为将，封子万家。’蠋固谢。燕人曰‘子不听，吾引三军而屠画邑。’王蠋曰：‘忠臣不事二君，贞女不更二夫。齐王不听吾谏，故退而耕于野。国既破亡，吾不能存。今又劫之以兵为君将，是助桀为暴也。与其生而无义，固不如烹。’遂经其颈于树枝，自奋绝脰而死。齐亡大夫闻之，曰：‘王蠋，布衣也，义不北面于燕，况在位食禄者乎！’”画邑，齐国地名。脰，脖颈。王蠋身为布衣，只是齐国一位普通老百姓，然而遭受外敌侵犯时，王蠋拒绝封官利诱，宁愿挂在树上断脖自尽，展现了中华民族自古已有的纯朴义气。

司马迁又在《太史公自序》中表明写作动机意图，从而彰显义德伟行的人物。例如：

评述“明礼义之统纪，绝惠王利端。”因此作《孟子荀卿列传》。

赞扬屈原“作辞以讽谏，连类以争义，《离骚》有之。”由是作《屈原列传》。

称赞曹沫、专诸、聂政、荆轲五人之义，特别赞叹“豫让义不为二心。”作《刺客列传》。

评赞“义者有取”，以功见信的“侠客之义”。而作《游侠列传》。①

《史记》还多用“质仁秉义”“重义轻生”“轻财重义”“慕义怀德”“义不忘贤”“义不苟取”“引义慷慨”等词语赞美历史人物，表现司马迁对高义人格的肯定与向往。

3.《文心雕龙》之文“义”

《文心雕龙》是第一部也是最宏美的一部论文著作。作者刘勰，字彦和，南朝齐梁时期文人。据统计，“义”字在《文心雕龙》中出现110多次，“文”字在《文心雕龙》中出现390多次。其中写道：“若夫立文之道，惟字与义。字以训正，义以理宣。”(《文心雕龙·指瑕》篇)字，就是文字。义，就是文义。这段话大意是：创作文章的基本规律，就是选取文字和表达文义。文字要本意纯正，文义要合理阐明。《文心雕龙》中的“义”，大致表现在这样三个方面。

其一，表示与文辞相应的文意内容，说明“义”通过“文”辞来表达的关系。例如：

> 彪炳辞义，故知道沿圣以垂文，圣因文而明道。(《原道》篇)
>
> 义既埏乎性情，辞亦匠于文理。(《宗经》篇)
>
> 《离骚》之文，依《经》立义。(《辨骚》篇)
>
> 丽词雅义，符采相胜。(《诠赋》篇)
>
> 义典则弘，文约为美。(《铭箴》篇)
>
> 义欲婉而正，辞欲隐而显。(《谐隐》篇)
>
> 故其义贵圆通，辞忌枝碎。(《论说》篇)

---

① 司马迁：《史记》，中华书局1982年版，第六册，第1865页、第七册，第2377页、第八册，第2439页、第2643页、第2453页、第十册，第3314-3318页。

必雅义以扇其风，清文以驰其丽。(《章表》篇)

拙辞或孕于巧义，庸事或萌于新意。(《神思》篇)

显附者，辞直义畅。(《体性》篇)

故能外文绮交，内义脉注。(《章句》篇)①

其二是《文心雕龙》继承“诗有六义”说继续发挥。譬如《文心雕龙·风骨》篇说：“《诗》总六义，风冠其首。”《诠赋》篇说：“《诗》有六义，其二曰赋。”《明诗》篇指出：“四始彪炳，六义环深。”《辨骚》篇举例说：“虬龙以喻君子，云蜺以譬谗邪，比兴之义也。”

并且专门作有《比兴》篇说：“《诗》文宏奥，包韫六义。”其中论“比”与“兴”写道：

故比者，附也；兴者，起也。附理者，切类以指事；起情者，依微以拟议。起情，故兴体以立；附理，故比例以生。比则畜愤以斥言，兴则环譬以记讽。②

大意为：“比”就是比喻，“兴”就是起兴。比喻事理，需要切合类型来比方事物；引起情感，需要把握细微特征来寄托意义。由情之起，才有起兴之义；由比附理，才称为比喻。用“比”的手法，把内心的情绪化为语言；用“兴”的方法，是以相关的形象来寄托情义。

其三是《文心雕龙》提出独特的“体有六义”说：“故文能宗经，体有六义。一则情深而不诡，二则风清而不杂，三则事信而不诞，四则义直而不回，五则体约而不芜，六则文丽而不淫。”(《文心雕龙·宗经》)

---

① 刘勰：《文心雕龙》，《文心雕龙注》，范文澜注，人民文学出版社 1958 年版，上册，第 3 页、第 21 页、第 46 页、第 136 页、第 195 页、第 271 页、第 328 页；下册，第 408 页、第 495 页、第 505 页、第 571 页。

② 刘勰：《文心雕龙》，《文心雕龙注》，范文澜注，人民文学出版社 1958 年版，下册第 513 页；上册第 134 页、第 65 页、第 46 页；下册第 601 页。

刘勰明知《毛诗序》“诗有六义”说，且在《文心雕龙》中多次引述。偏偏又在《宗经》篇再提出“体有六义”。尽管内涵不同，但依然用了“六义”这个词，并在这六项之中又出现一个“义贞”的“义”。足见刘勰对“义”的注重和偏爱。“体有六义”自然完全不同于“诗有六义”。刘勰论文主张“宗经”，宗法于经典；在《文心雕龙·序志》篇又说“体乎经”，也是依据经典之意。“体有六义”是指依据经典的六项基本原则，也就是六组关键词。其一，“情深而不诡”，即情致深沉而不离正道；其二，“风清而不杂”，指风格清纯而不杂乱；其三，“事信而不诞”，即叙事可信而不荒诞；其四，“义直而不回”，意义正直而不曲解；其五，“体约而不芜”，指结构精简而不繁杂；其六，“文丽而不淫”，词采美而不过分。

此外，《文心雕龙》中的“义”字有多方面运用，其含意丰富。例如《明诗》篇说道：“三百之蔽，义归‘无邪’。”《附会》篇指出：“是以附辞会义，务总纲领。”并且说：“必以情志为神明，事义为骨髓。”《隐秀》篇则认为：“夫隐之为体，义主文外”《事类》篇论述：“据事以类义，援古以证今者也。”《知音》篇提出“六观：一观位体，二观置辞，三观通变，四观奇正，五观事义，六观宫商。”其中就有“事义”。《序志》篇陈述“释名以章义”的论文方法。尽管“精义坚深”(《原道》篇)，仍不断“咀嚼文义。”(《序志》篇)①

在东西方文化交流中，《文心雕龙》已逐渐传播海外，有了多种译本。其中“义”的翻译诠释始终是重点难点之一。美国学者宇文所安的著作《中国文论：英译与评论》一书专门设有《术语集释》对这一类关键词作了解释。对“义”解释如下：

义：“a truth”(一个真理)、“duty”(义务)、“righteousness”(正义)、“principles”(理)、“significance”(意味)，有时还是“meaning”(意义)。“义”与“意”经常可以互换，二词在宋代成了同音词。“义”是“一

① 刘勰：《文心雕龙》，《文心雕龙注》，范文澜注，人民文学出版社 1958 年版，上册第 23 页、第 65 页；下册第 651 页、第 632 页、第 614 页、第 715 页、第 727 页；上册第 2 页；下册第 728 页。

个真理”意义上的“真理”，它适用于人和大世界而非事物，你可以说树有“理”，可是，水随物赋形的事实既有“理”也有“义”。“意”主要发生在内心；而“义”虽然可以被心发现，但它外在于心。你可以说一个诗人有“奇意”(奇特的概念)，但你绝不能说一个诗人说出了“奇义”(奇特的真理)。以“a truth”译“义”有时不合适，于是我选择了不同的词，其中包括“significance”(意味)。①

宇文所安从英语世界的角度对“义”的诠释可以帮助我们反观与反思。

① 宇文所安：《中国文论：英译与评论》，上海社会科学院出版社 2003 年版，第 665-666 页。

第十章 “义”之“传”

自有人与人的交流，就有传播。古往今来，“义”的行为及其含意都是在人际传播中形成和丰富的。从先民在祭祀活动中为表示庄重、神圣、公正的威仪而创造出“义”这个字，到引申为适宜、合理、公平、正义、美善道德之意，乃至壮烈的舍生取义之行、义薄云天之举，都是在人们的传播中进行，在传播中领会，在传播中发展的，并且跨越时空，从古到今，传向四海五洲，延续无尽。

《说文解字》曰：“传。遽也。从人，专声。”本义为传递、传送。“传”为形声字，“专”本义为转动。《说文解字》又说：“遽，传也。”①驿递曰传，意指送信的快车或快马，指出“遽”“传”二字“互训”。引申指传达、传闻、相传。

甲骨文“传”

金文“传”

篆书“传”

刘勰《文心雕龙 · 指瑕》曰：“立文之道”，“义以理宣”，即言“义”

---

① 许慎：《说文解字》，中华书局 1963 年版，第 165 页，第 42 页。

需要传播。《文心雕龙·史传》又说：“传者转也”，“以授于后”。①通过传播，“义”方能延续于后世。正如唐代诗人杜甫诗中写道：“终古立忠义”，“人传世上情。”②

一、江湖传义

“江湖”是中国文化特有的隐喻词语，往往指远离官场的民间。行走江湖，不同于庙堂朝廷。但无论庙堂、江湖，无不尚义，无不以“义”为重，也是中国文化特有的一种现象。自古莽林草泽，筚路蓝缕，“义”就被先民视为高尚德行，崇扬传播。大庭广众、里巷山村，都少不了“义”。数千年以来，在常言“德、行”之中，唯“义”有其特殊性，既为官方认可，又在民间不胫而走，代代流行。在官方传播为主流的时代，依然可以窥见“义”在江湖民间传播的痕迹。

1.“义士”

江湖民间自古多义士。“义士”，即见义勇为、仗义执言的民间人士。例如，春秋时期《左传》记载不知名的“义士”曾批评周武王：“武王克商，迁九鼎于雒邑，义士犹或非之。”(《左传》“桓公二年”引鲁国正卿臧哀伯之语)《左传》又引宋国司马子鱼所说：“齐桓公存三亡国以属诸侯，义士犹曰薄德。”(《左传》“僖公十九年”)③三亡国盖指邢国、杞国、卫国。这两处所引“义士”都是不知名的民间人士。无名“义士”的存在，体现了“义”在民间的影响与传播。

春秋战国时期有一位“义士”豫让，因其特立独行、舍身刺杀的义

---

① 刘勰：《文心雕龙》之《指瑕》《史传》篇，《文心雕龙注》，范文澜注，人民文学出版社1958年版，下册，第638页，上册，第284页。

② 杜甫：《陈拾遗故宅》《宗武生日》，《杜诗详注》，仇兆鳌注，中华书局1979年版，第949页、第1477页。

③ 《左传·桓公二年》《左传·僖公十九年》，《春秋左传正义》，《十三经注疏》下册，中华书局1980年版，第1743页、第1810页。

举被《战国策》与《史记》记录。当时，晋国的智氏被赵、韩、魏三家攻灭，豫让誓为智伯报仇，多次设法刺杀赵襄子，却被赵家护卫发现，准备诛杀。但赵襄子放了他，说："彼义士也，吾谨避之耳。"然而豫让并不甘心，自言："士为知己者死，女为悦己者容。今智伯知我，我必为报雠而死，以报智伯，则吾魂魄不愧矣。"豫让竟然"漆身为厉，吞炭为哑"，埋伏于赵襄子将要经过的桥下准备行刺。结果又被捕捉。赵襄子问他为什么不替范氏中行氏报仇，而独为智伯报仇？豫让回答说："范、中行氏皆众人遇我，我故众人报之。至于智伯，国士遇我，我故国士报之。"他请求赵襄子把外衣给他，让他象征性地刺击以"报智伯"，然后豫让伏剑自杀，豫让宁愿舍身以"报恩"。如何报是有区别的，所谓"众人遇我，我故众人报之"，得到一般性的待遇，我便一般性地报答。"国士遇我，我故国士报之"，若是得到像"国士"一样的特别待遇那我就舍命去报答，亦即"士为知己者死"。①

豫让的悲壮义行不胫而走，迅即传播，"赵国志士闻之，皆为涕泣"。"士为知己者死"体现了民间流行的"义"。"义士"之行并不仅在"报恩"。从记载来看，豫让还有以"死名之义"为"人之美"而"魂魄不愧"的动机。赵襄子已释放过豫让一次，称他为"天下之贤人"，又同意"使使持衣与豫让"，被誉为"襄子大义之"。史家对双方的行为都称为"义"，民间则更同情豫让。义士"为知己者死"，而其视死如归之"义"则远超出报恩本身，体现出高尚无私的人生价值。

"义士"一语已常见于《墨子》《荀子》等先秦及历代文籍，高尚的"义士"精神不断被后人传颂。

例如，班固《汉书·苏武传》记载苏武出使匈奴，被扣十九年，持汉节牧羊，誓死不降，李陵"见其至诚，喟然叹曰：嗟乎，义士！"而惭

① 《史记·刺客列传》，司马迁《史记》第八册，中华书局 1982 年版，第 2519-2521 页。

愧自责，泣下沾衿。①

《汉书·司马迁传》记述司马迁之父前任太史公司马谈遗言道：“今汉兴，海内一统，明主贤君，忠臣义士，予为太史而不论载，废天下之文，予甚惧焉，尔其念哉！”②就是嘱咐司马迁要将“忠臣义士”的事迹记录入史册，否则，“我会十分不安，你可要记在心啊！”(《汉书·司马迁传》)

范晔《后汉书》著有《独行列传》赞扬“蹈义陵险，死生等节”的“义士”之行。其中记述：彭脩年十五时，父子俩在半路遇到强盗打劫，彭脩“乃拔佩刀前持盗帅曰：‘父辱子死，卿不顾死邪？’盗相谓曰：‘此童子义士也，不宜逼之。’遂辞谢而去。”(《后汉书·独行列传》)又有袁宏《后汉纪》记述颍川太守寇恂曰：“昔蔺相如不畏秦王而屈于廉颇者，为国也。区区之赵尚有此义士，吾安可以忘之乎！”(袁宏《后汉纪·卷四》)寇恂铁面无私处罚了贾复的一名部下，又以蔺相如之大义善待贾复，传为义士美谈。此例也可见蔺相如廉颇将相和故事传播的影响力。

《后汉书》所记“义士”中还有西汉末年一位普通人刘平的“义”事。刘平的兄弟不幸遇害，为了抚养年方一岁的侄女和侍奉老母亲，刘平在逃难中只得舍弃自己的亲生儿子，此为大义之一。刘平在山野中采食，遇到山中强贼要杀他，他涕泣恳请将菜食送给老母之后再来就死。“贼见其至诚，哀而遣之。”之后，刘平果然返回，说“属与贼期，义不可欺。”结果感动了众强贼，惊谓：“常闻烈士，乃今见之。子去矣。”放走了刘平。此见刘平大义之二。其后，刘平在担任郡吏时遭遇叛军攻击郡守。刘平冒死伏在郡守身上，号泣：“愿以身代府君。”叛军被感动，

① 《苏武传》，班固《汉书》卷五十四，《二十五史》第一册，上海古籍出版社1986年版，第595页。

② 《司马迁传》，班固《汉书》卷六十二，《二十五史》第一册，上海古籍出版社1986年版，第616页。

说："此义士也，勿杀。"遂解去。① 由此可见刘平之大义之三。(《后汉书·刘赵淳于江刘周赵列传》)作为平民百姓与普通官吏，刘平的大义行为体现了"义"在民间的传播，不能仅用报恩或为公来解释，应该说，是中国人高义卓行的表现。

2."江湖"

古代"义士"相聚的地方被称为"江湖"。"江湖"一语或出自《庄子》："相濡以沫，不如相忘于江湖。"(《庄子·大宗师》)②或出自春秋时期的范蠡，《史记》载，范蠡为越王雪耻复仇之后，"乃乘扁舟浮于江湖"，号为陶硃公，"三致千金"。③(《货殖列传》)

浪迹江湖，即远离朝廷，不同于"庙堂之高"的"江湖之远"，处身民间，人在江湖。所谓江湖，大致可分两类。一种是隐士："或遁迹江湖之上，或藏名岩石之下。"(《南史·隐逸传序》)另一种是侠客，游走于不受官府控制的民间。据《汉书》记载，秦朝末年，吴芮"甚得江湖间民心"。④天下大乱时，吴芮"率越人举兵"，跟随刘邦，从而走向官场，做了长沙王。(《汉书·吴芮传》)

西汉陆贾《新语·思务》说："故仁者在位而仁人来，义者在朝而义士至。是以墨子之门多勇士，仲尼之门多道德。"⑤

先秦时期曾出现一种墨家江湖，以"义"为重。民间墨家首领称为"钜子"，特别重"义"。例如《吕氏春秋·离俗览·上德》记载的"墨者钜子孟胜"殉城之事。

---

① 范晔：《后汉书·独行列传》《刘赵淳于江刘周赵列传》，《后汉书》，《二十五史》第二册，上海古籍出版社 1986 年版，第 1035 页，第 918 页。

② 王夫之解：《庄子·大宗师》，《庄子解》，中华书局 1964 年版，第 61 页。

③ 司马迁：《史记·货殖列传》，《史记》第十册，中华书局 1982 年版，第 3257 页。

④ 《汉书·吴芮传》，班固《汉书》，《二十五史》第一册，上海古籍出版社 1986 年版，第 544 页。

⑤ 陆贾：《新语·思务》，《百子全书》第一册，岳麓书社 1993 年版，第 302 页。

墨家钜子孟胜受楚国阳城君之托，守卫阳城，分璜玉为两半作符节，约定合符方可信。但是楚国发生内乱，阳城君逃走。楚军兵临城下，没有符节却要靠武力攻取。孟胜自知力不能禁，但不能背约弃信，他拒绝了弟子徐弱的劝谏，决心以死捍卫“墨者之义”。

孟胜曰：“不死，自今以来，求严师必不于墨者矣，求贤友必不于墨者矣，求良臣必不于墨者矣。死之，所以行墨者之义而继其业者也。我将属钜子于宋之田襄子。田襄子，贤者也，何患墨者之绝世也?”徐弱曰：“若夫子之言，弱请先死以除路。”还殁头前于孟胜。因使二人传钜子于田襄子。孟胜死，弟子死之者百八十三人。二人以致令于田襄子，欲反死孟胜于荆，田襄子止之曰：“孟子已传钜子于我矣，当听。”但二人“遂反死之”。①

《吕氏春秋》记载的这段话大意如下。孟胜说：“如果我不死，今后，拜严师的人就不会来找墨家了，访贤友的也不会来找墨家了，推荐良臣的也不会来找墨家了。我正是为了践行墨家的道义、延续墨家的事业而牺牲。我将把钜子之位托付给宋国的田襄子。田襄子乃是贤德之人，怎么会担心墨家绝世呢?”徐弱说：“先生既如此说，那就请让我先赴黄泉开路吧。”他于是抢先而刎颈自尽。孟胜委派了两人出城，传钜子令牌给田襄子。然后，孟胜果然在守城中牺牲，他的弟子追随他作战赴死的有一百八十三人。出城的两人将钜子令牌交给田襄子之后，也准备返回追随孟胜赴死。田襄子劝阻他们说：“现在应当听我的命令。”但这两位墨家信徒还是返回追随孟胜牺牲了。

人在江湖，“信义”第一，生命可以舍弃，决不能背信弃义。故墨家被称为“墨侠”，他们尚武崇勇，锄强扶弱，除暴安良，匡扶正义，能够舍生取义。

3. “侠义”

“侠”，指行侠仗义之士。先秦时，《庄子》有言：“侠人之勇力而以

① 《吕氏春秋·离俗览·上德》，《吕氏春秋集释》下册，中国书店 1985 年版，卷十九第 12 页。

为威强。”①又如《韩非子》说：“侠以武犯禁。”②侠士尚义重信以任侠，扶弱除暴，是中国文化的一种特殊现象。

上文已提到，最早将民间“侠客之义”写入史册的是司马迁的《史记》。司马迁专门为侠义之士作《游侠列传》：其中写道：“今游侠，其行虽不轨于正义，然其言必信，其行必果，已诺必诚，不爱其躯，赴士之戹困，既已存亡死生矣，而不矜其能，羞伐其德，盖亦有足多者焉。”此处“正义”一语指官方正统之意。这段话是说：当今游侠的行为尽管不合于官方观念，但是他们说话守信用，行事果断，凡是答应，必定兑现，敢于牺牲，解救弱者危难，经历生死存亡的考验却不自夸，且以自夸为耻，因而特别值得赞扬。③

《游侠列传》又说：“布衣之徒，设取予然诺，千里诵义，为死不顾世，此亦有所长，非苟而已也。”况且“要以功见言信，侠客之义又曷可少哉！”意为：平民百姓都看重取予有信义的承诺，千里之外也要追寻“义”，为之牺牲也不顾，这是他们的长处，并非随便可以做到的。从行事的功效和言必有信来看，侠客的正义行为怎么可以缺少呢！司马迁接着写道：“自秦以前，匹夫之侠，湮灭不见，余甚恨之。以余所闻，汉兴有硃家、田仲、王公、剧孟、郭解之徒，虽时扞当世之文罔，然其私义廉洁退让，有足称者。名不虚立。”（《游侠列传》）意为：先秦时期平民侠客的事迹湮没无闻，非常遗憾，以我的见闻，汉代以来有朱家、郭解这些游侠，虽然时常违反当时的禁令，但是他们个人尚义，廉洁谦让，值得称赞，并非虚名。

司马迁还在《太史公自序》中说明：“救人于厄，振人不赡，仁者有

---

① 庄周：《庄子·盗跖》篇，《庄子解》，王夫之解，中华书局1964年版，第262页。

② 《韩非子·五蠹》篇，《百子全书》第二册，岳麓书社1993年版，第1788页。

③ 司马迁：《游侠列传》，《史记》第十册，中华书局1982年版，第3181-3183页。

乎；不既信，不倍言，义者有取焉。作《游侠列传》。”①就是说，《游侠列传》写的是侠客救人于危难中，助人于贫困中，不失信用，不背诺言的合乎仁义的美德，都有可取之处。《史记·游侠列传》记述了朱家、郭解等侠客的事迹，史记《季布列传》和《游侠列传》写到大侠朱家敢冒风险救助被悬赏追捕中的季布，通过汝阴侯滕公进言刘邦求得赦免，此后季布尊贵，而朱家却“终身不见”。体现出朱家救人于危难而不求回报的大侠风范。

《史记》中的《魏公子列传》描写魏公子信陵君有侠义之风，“为人仁而下士，士无贤不肖皆谦而礼交之，不敢以其富贵骄士。”称颂“公子之高义，为能急人之困”。其中信陵君从侯嬴计，请如姬盗兵符，夺晋鄙军以救赵的故事特别激动人心。侯嬴、朱亥，成为后世侠客的典范。司马迁在《孟尝君列传》中也写道：“孟尝君招致天下任侠。”②对任侠之士给予深情。《史记》从道德观上肯定了民间游侠的正义性，率先为民间侠义唱了赞歌，被称为开侠义文学之先河。

唐初，房玄龄《晋书》记载，十六国时期北燕第二位君主冯跋之弟冯素弗，“慷慨有大志，姿貌魁伟，雄杰不群，任侠放荡。”故而“当世侠士莫不归之”。③

唐代中叶，李德裕撰《豪侠论》，论述说：“夫侠者，盖非常之人也，虽以然诺许人，必以节义为本。义非侠不立，侠非义不成，难兼之矣。”称颂豪侠“守节死义”，“气盖当世，义动明主”。④在一定程度上反映了江湖民间侠义之风的流行。

---

① 司马迁：《太史公自序》，《史记》第十册，中华书局 1982 年版，第 3318 页。

② 司马迁：《季布列传》，《魏公子列传》《孟尝君列传》，《史记》，中华书局 1982 年版，第八册，第 2729 页，第七册，第 2377 页，2351 页。

③ 房玄龄：《晋书·载记第二十五》，《二十五史》第二册，上海古籍出版社 1986 年版，第 1611 页。

④ 李德裕：《豪侠论》，《全唐文》第三册，上海古籍出版社 1990 年版，卷 709，第 3224 页。

二、救孤存义

"赵氏孤儿"出自春秋时期的一段史实，义士舍身救孤的故事，是在民间尚义的取向与传播中形成与丰富的，经过两千多年的流传成为中国"义"文化的典型代表，"仗义救孤"而传义，成为中国文化的经典故事，这实在是"义"在传播中创造的奇迹。

1."下宫之难"与义士救孤

春秋时期晋国发生"下宫之难"，就目前资料来看，见于《春秋左传》与《史记·赵世家》等史籍记载。

据《春秋》经文"成公八年"载："晋杀其大夫赵同、赵括。"事在公元前583年。《左传》与《国语》亦有记述，《左传》云："晋赵庄姬为赵婴之亡故，谮之于晋侯，曰：'原、屏将为乱。'栾、郤为征。六月，晋讨赵同、赵括。"且"以其田与祁奚。"晋国公主赵庄姬是赵朔的夫人，赵朔亡故，赵庄姬与其叔赵婴要好，主持赵家的赵同、赵括将弟弟赵婴放逐到齐国。而赵庄姬向晋景公诬告赵家，说：赵同、赵括将要叛乱。栾氏、郤氏可以作证。于是晋国派兵讨伐赵家，杀了赵同、赵括等人。并且夺去赵氏的田地赐给祁奚。当时"武从姬氏畜于公宫"。就是说，赵朔之子赵武跟随母亲庄姬住在晋国宫中，没有遇害。尚无屠岸贾搜捕赵孤之语。由于大臣韩厥向晋侯进言：功臣不能无后。因而晋侯"明德"，立赵武为赵氏继承人，归还了赵氏的田地。①

四百多年之后，司马迁作《史记》时应当读过《春秋左传》《国语》及更多的资料，并且会选择他认为最可靠的材料。我们不能因为某些原始资料失传，而出现与其他资料不合的情况就否定《史记》的记述。据《春秋》，赵家遇难既为事实，而《左传》与《国语》记述过于简单，没有记录

---

① 《春秋左传正义》，成公八年，《十三经注疏》下册，中华书局1980年版，第1904页、第1905页。

赵氏几乎被灭族的细节，而“义士”救孤的感人事迹当在民间代代流传。我们应该感谢司马迁“网罗天下放失旧闻，略考其行事，综其终始，稽其成败兴坏之纪”，发愤之作。①（司马迁《报任安书》）于是“赵氏孤儿”的传播才不至于中断。

《史记·赵世家》所记晋景公三年，“大夫屠岸贾欲诛赵氏”经过如下：“屠岸贾者始有宠于灵公，及至于景公而贾为司寇，将作难，乃治灵公之贼以致赵盾，遍告诸将曰：‘盾虽不知，犹为贼首。以臣弑君，子孙在朝，何以惩罪？请诛之。’韩厥曰：‘灵公遇贼，赵盾在外，吾先君以为无罪，故不诛。今诸君将诛其后，是非先君之意而今妄诛。妄诛谓之乱。臣有大事而君不闻，是无君也。’屠岸贾不听。韩厥告赵朔趣亡。朔不肯，曰：‘子必不绝赵祀，朔死不恨。’韩厥许诺，称疾不出。贾不请而擅与诸将攻赵氏于下宫，杀赵朔、赵同、赵括、赵婴齐，皆灭其族。赵朔妻成公姊，有遗腹，走公宫匿。赵朔客曰公孙杵臼，杵臼谓朔友人程婴曰：‘胡不死？’程婴曰：‘朔之妇有遗腹，若幸而男，吾奉之；即女也，吾徐死耳。’居无何，而朔妇免身，生男。屠岸贾闻之，索于宫中。夫人置儿绔中，祝曰：‘赵宗灭乎，若号；即不灭，若无声。’及索，儿竟无声。已脱，程婴谓公孙杵臼曰：‘今一索不得，后必且复索之，柰何？’公孙杵臼曰：‘立孤与死孰难？’程婴曰：‘死易，立孤难耳。’公孙杵臼曰：‘赵氏先君遇子厚，子彊为其难者，吾为其易者，请先死。’乃二人谋取他人婴儿负之，衣以文葆，匿山中。程婴出，谬谓诸将军曰：‘婴不肖，不能立赵孤。谁能与我千金，吾告赵氏孤处。’诸将皆喜，许之，发师随程婴攻公孙杵臼。杵臼谬曰：‘小人哉程婴！昔下宫之难不能死，与我谋匿赵氏孤儿，今又卖我。纵不能立，而忍卖之乎！’抱儿呼曰：‘天乎天乎！赵氏孤儿何罪？请活之，独杀杵臼可也。’诸将不许，遂杀杵臼与孤儿。诸将以为赵氏孤儿良已死，皆喜。

① 司马迁：《报任安书》，《汉书·司马迁传》，《二十五史》第一册，上海古籍出版社1986年版，第618页。

然赵氏真孤乃反在，程婴卒与俱匿山中。”①

“下宫之难”由司寇屠岸贾挑起，凶残地抄斩赵氏家族三百余口。只有怀孕的公主躲在晋宫中逃过一劫，公主刚生下赵朔的遗腹子，尚未被屠岸贾搜出。关键时刻幸得义士联手救孤，一是赵家门客公孙杵臼，一是赵朔的友人程婴。他们救出赵氏孤儿之后，为了躲过屠岸贾的追杀，而谋以他人婴儿代替。当搜索兵将发现之时，公孙杵臼临危不惧，大义凛然，仰天高呼：“赵氏孤儿何罪？”而与之慷慨赴死。程婴则忍辱负重，将赵氏真婴藏匿山中，千辛万苦抚养孤儿成人。他们为赵氏孤儿牺牲了自己的一切，并非限于所谓“报恩”，而是高尚无私的义举。

过了十五年，晋景公生病，占卜说“大业之后不遂者为祟”。景公问韩厥，韩厥乘势谏言：赵氏有功于晋，不能无后。于是晋景公通过韩厥引见，“谋立赵孤儿”，而召赵武。诸将都说：“昔下宫之难，屠岸贾为之。”于是遍拜诸将，反攻屠岸贾。复与赵武田邑如故。

2. 义士救孤故事的传播

据山西民间传说，义士程婴救出赵武即逃入山中藏匿15年之久。程婴带着赵氏孤儿习文练武，把一个婴儿抚养成英俊少年，直至赵家冤屈得以昭雪。今山西盂县有山名“藏山”，有藏孤洞，“相传即为当时程婴藏孤之处。依据2600年前发生的惊心动魄的史实，围绕救孤、藏孤和育孤等有关‘赵氏孤儿’的传说，形成了独特的藏山文化”。盂县周边地区，有藏山村、藏孤台、慌鞍岭、宝剑沟、落箭山、报恩祠、藏山祠等。金大定十二年，即1172年，由智楫撰写的《神泉里藏山神庙记》碑文说藏山祠是为祭祀程婴而修建的：“公之生，其义存焉。”此方之人“岁岁血祭”。元代至大三年、明代成化二十年、万历三十二年又曾较大规模重修。明万历四十年即1612年《太原府志》记录：“藏山行祠，城西北藏山下，元至正年建，祀晋大夫赵武，以程婴、公孙杵臼藏武于

---

① 司马迁：《史记·赵世家》，《史记》第六册，中华书局1982年版，第1783-1785页。

此，故立庙。”在当年程婴携孤远逃追杀的相关地区，流传着口头传说故事，形成了一个“史实传说群”。“当地老百姓为保忠良之后，送水送饭，体现重然诺、轻生死、舍身救人、崇尚忠义的风习。主要通过老百姓间‘叨古话’的方式口耳相传，承传2600多年，经久不衰。”①

另据考察，“赵氏孤儿”传说在山西襄汾、忻州和盂县三地民间传播。今山西忻州市西郊和垣曲县中条山各有一处“藏山”。据北宋吴处厚《青箱杂记》卷九，宋神宗时曾“立程婴、公孙杵臼庙，优加封爵，以旌忠义”。访寻遗迹，得其冢于绛州太平县。“诏封婴为成信侯，杵臼为忠智侯，因命绛州立庙，岁时致祭。”表现出官方对忠义的宣扬和民间对忠义的传承。据山西省沂州市整理的文史资料，有金代何师常所作《公孙厚士祠记》颂扬公孙杵臼和程婴：“忠臣烈士，见德思义，见危授命，有杀身以成仁，使称名于后世。”②据研究整理，“赵氏孤儿传说发源于以襄汾为中心的晋南地区，随着赵氏家族政治中心的北移传播至忻州，在民间信仰的推动下辐射至盂县藏山等地，在晋地形成了三个各具特色的传说亚区，分别衍生出祖先崇拜、家国意识、民间情怀的主题”。忻州当地流传着程婴以子替孤将赵武救出后藏孤、育孤的一系列民间传说，并存在相关的风物遗址，有程婴墓、程侯山、忠义祠、程婴故里坊、公孙杵臼墓、忠烈祠等。“忻州赵氏孤儿人物传说形成以反映历史事件为基础的程婴传说系列和以弘扬侠义精神为目的的韩厥传说系列。以程婴为核心风物传说群体现着民众对忠义之士的敬仰，是忠义精神的物化体现与传承载体。”③

歌咏义士救孤的诗歌作品传诵不绝。例如唐代李白诗云：“提携袴

① 王若楠：《民间文学资源使用与景区文化——赵氏孤儿传说》，《忻州师范学院学报》2016年第3期。

② 沂州市信义忻府文史资料：《春秋三义士》，2024年6月18日，校对：任琳，责编：寇建军。

③ 段友文等：《晋地赵氏孤儿传说的地域扩布与主题延展》，《山西大学学报》2018年第3期。

中儿，杵臼及程婴。立孤就白刃，必死耀丹诚。”(《自广平乘醉走马六十里至邯郸，登城楼览古书怀》)①

宋代文天祥诗：“夜读程婴存赵事，一回惆怅一沾巾。”(《无锡》)

明代祝灏七律诗：“血刃纵横遍天下，主家噍类一朝空。临危独任存孤责，后死徐图敌忾功。慷慨诀言明夙志，寂寥遗像凛英风。玳簪玉剑当时客，殉义忘身孰与同。”(祝灏《程婴厚士祠》)

冯梦龙《东周列国志》诗云：“阴谷深藏十五年，裤中儿报祖宗冤。程婴杵臼称双义，一死何须问后先？”(冯梦龙《东周列国志·第五十九回》)

清代傅山书写楹联：“打开生死路，生也在赵，死也在赵；识破难易关，难亦存孤，易亦存孤。”②

义救赵氏孤儿的公孙杵臼和程婴的壮烈义举不仅载入史册，而且被改编为戏剧上演，例如元代纪君祥的杂剧《赵氏孤儿大报仇》(简称《赵氏孤儿》)，被称为元杂剧艺术成就最高的作品之一。《赵氏孤儿》杂剧在历史与传说资料基础上进行了艺术创造，以搜孤灭门与救孤复仇为戏剧冲突，情节冲突更加激烈，人物性格更加鲜明。在剧中，赵朔之妻为救孤儿而自杀，将军韩厥放走程婴与孤儿后拔剑自刎。灭绝人性的屠岸贾宣布，如果找不到赵氏孤儿，就要把全晋国半岁以内的婴儿全部杀掉。血腥与恐怖让人揪心。程婴与公孙杵臼决心舍生取义，合谋救孤。程婴舍弃自己未满月的儿子顶替赵氏孤儿，按两人的约定寄托在公孙杵臼家，被屠岸贾发现当作是赵氏孤儿，公孙杵臼和程婴之子壮烈牺牲。程婴则因举报有功而取得信任受到屠岸贾奖赏。义士程婴把赵氏孤儿当作自己儿子养大。等赵氏孤儿长大成人后，程婴告诉他全部真相，最终复仇。王国维在《宋元戏曲考》中盛赞杂剧《赵氏孤儿》：“剧中虽有恶人交搆其间，而其蹈汤赴火者，仍出于其主人翁之意志，即列之于世界大

---

① 李白：《自广平乘醉走马六十里至邯郸登城楼览古书怀》，《全唐诗》第六册，中华书局1960年版，第1891页。

② 祝灏：《程婴厚士祠》，《忻州志·艺文》，沂州市信义忻府文史资料。

悲剧中，亦无愧色也。”①赵氏孤儿故事蕴含的核心价值为忠义观和惩恶扬善精神。如孟子曰：“舍生而取义者也。”(《孟子·告子上》)亦如《礼记》云：“大道之行也，天下为公。”②(《礼记·礼运》)杂剧《赵氏孤儿》通过激烈的戏剧冲突集中地弘扬了“舍生取义”精神，彰显了中华文化“大道为公”、家国天下、除暴安良、匡扶大义的思想价值取向。

三、“义圣”关公

在中国“义”文化的传播中，影响最大最广最深的是推崇关羽称为关公，乃至“义神”，尊为“武帝”，崇拜“关圣”的现象。关羽是“三国”时期特别重“义”的著名武将。“三国”是中国历史上一个特殊的时期，是特别重“义”的时代。在三国故事的流行传播中，关羽逐渐成为“义”文化的代表，成为受人们崇拜的“武圣”与“义神”，是一件令人感慨和值得思考的文化传播范例。

经久不息的民间崇拜是一种自发形成的历史事实，体现了民心，有其深刻的文化因素。据多方面考察，至少有五个方面，一是中国老百姓崇尚“义”的心理与传统，二是史家如实记录，三是佛教道教将关羽神化借以传教的需要，四是官方表彰忠义给关羽封侯、封王、封帝以安定民心的需要，五是文学艺术包括诗歌、说书、戏剧、小说的渲染鼓舞。关羽的“义”交织着神化、平民化、艺术化；可能是三方面合力形成了这种崇拜“义神”关羽的现象。

1.《三国志》等史书《关羽传》及其传播

关羽(约160—220年)，字云长，三国蜀汉时称为“勇而有义”“万

---

① 王国维：《宋元戏曲考》，《中国历代文论选》第四册，上海古籍出版社1980年版，第389-390页。

② 朱熹注：《孟子·告子上》，《孟子》，上海古籍出版社1987年版，第89页。《礼记·礼运》，《礼记正义》，《十三经注疏》下册，中华书局1980年版，第1414页。

人之敌”“有国士之风”的虎将。最早记述关羽英雄事迹并流传至今的首先是西晋陈寿的《三国志》，其中卷三十六《蜀书·关张马黄赵传》，传首就是《关羽传》。以千余字篇幅简介关羽生平，主要以斩颜良、攻樊城和刮骨自若三件事表现关羽之“勇”。一是描述关羽斩“大将军颜良”之勇：“羽望见良麾盖，策马刺良于万众之中，斩其首还，绍诸将莫能当者，遂解白马围。”同时特别突出关羽辞曹归刘之义。曹操“壮羽为人”，“礼之甚厚”，先“拜为偏将军”，又“表封羽为汉寿亭侯”，特派张辽劝关羽留下，羽叹曰：“吾极知曹公待我厚，然吾受刘将军厚恩，誓以共死，不可背之。吾终不留，吾要当立效以报曹公乃去。”“辽以羽言报曹公，曹公义之。”果然此后“羽尽封其所赐，拜书告辞，而奔先主”。其二是写关羽“率众攻曹仁于樊”，擒于禁，斩庞德。“羽威震华夏，曹公议徙许都以避其锐”。其三是写关羽曾被流矢射中左臂，令医“破臂作创，刮骨去毒”，而关羽当场与诸将饮食引酒，“言笑自若”。这三件事例主要表现关羽勇武善战、镇定自若的形象。《三国志·关羽传》还引诸葛亮致书答关羽：“孟起兼资文武，雄烈过人，一世之杰，黥、彭之徒，当与益德并驱争先，犹未及髯之绝伦逸群也。”称马超虽然不错，但还是比不上美髯公关羽超群绝伦，令关羽大悦。①

陈寿在《关张马黄赵传》传末评曰：“关羽、张飞皆称万人之敌，为世虎臣。羽报效曹公，飞义释严颜，并有国士之风。”

《三国志》中引用了当时多位名人对关羽的评价，例如：

《程昱传》引程昱语：“关羽、张飞皆万人敌也。”

《郭嘉传》引郭嘉语：“张飞、关羽万人之敌也。”

《刘晔传》引刘晔语：“关羽、张飞勇冠三军。”

《温恢传》引温恢语：“关羽骁锐。”

《周瑜传》引周瑜语：“有关羽、张飞雄虎之将。”

---

① 《蜀书·关羽传》，陈寿《三国志》，《二十五史》第二册，上海古籍出版社1986年版，第1180页。

《吕蒙传》引吕蒙语：“关羽实雄虎也。”

另有蜀汉时的杨戏作《季汉辅臣赞》将关羽、张飞合赞云：“关、张赳赳，出身匡世，扶翼携上，雄壮虎烈。藩屏左右，翻飞电发，济于艰难，赞主洪业，侔迹韩、耿，齐声双德。”载于陈寿《三国志·蜀书》卷末。①

这些褒扬评赞都肯定关羽是三国时期赫赫有名的“万人敌”的骁勇虎将。说明在陈寿《三国志》中关羽还主要是“万人敌”的勇将形象。

南北朝南朝宋代裴松之注《三国志》引用史料对关羽形象作了重要补充，一是明确突现出了关羽之“义”。譬如《关羽传》引傅玄《傅子》所记曹操评赞关羽曰：“事君不忘其本，天下义士也。”《先主传》引《傅子》评赞：“张飞、关羽勇而有义，皆万人之敌。皆人杰也。”与上面所引众赞关张之“勇”的同时增补了“义”字。二是《关羽传》裴注引《江表传》曰：“羽好左氏传，讽诵略皆上口。”②关羽好读《左传》，并能讽诵上口，甚有儒将风度。这两点文字不多，但十分重要，由此可知关羽并非只有匹夫之勇。又据统计，“义”在《裴注三国志》中出现了1020次以上。裴松之注如实反映“三国”是一个重“义”的时代，关羽正是特别重“义”的代表。

关羽之“义勇”多为魏晋以来史籍文墨所记。例如东晋李暠作《述志赋》写道：“咏群豪之高轨，嘉关张之飘杰。誓报曹而归刘，何义勇之超出。”③(《晋书》卷八十七)崔鸿的《十六国春秋》曰：“昔关羽见重曹公，犹不忘先主之恩。”北魏孝文帝拓跋宏曾致书南齐将军曹虎劝降道：

① 陈寿：《三国志》，《二十五史》第二册，上海古籍出版社1986年版，第1117-1220页。

② 裴松之注：《三国志》，《二十五史》第二册，上海古籍出版社1986年版，第1172-1180页。

③《晋书·凉武昭王传》，《晋书》，《二十五史》第二册，上海古籍出版社1986年版，第1508页。

“卿进无陈平归汉之智，退阙关羽殉节之忠。”(《南齐书》卷三十)①再如北朝西魏琅琊王拓跋虎的墓志有云：“子颜敌国，云长绝伦。”和绍隆的墓志有云：“气陵韩白，勇夺关张。”匹娄欢的墓志有云：“关张之勇捍，复见于兹矣。”②(《新出魏晋南北朝墓志疏证》)

宋代司马光《资治通鉴》亦云：曹操“壮关羽之为人”，重加赏赐，尽管关羽不留，而“操义之”。(《资治通鉴》六十三卷)元代郝经《续后汉书》曰：“羽仪状雄伟，岳岳尚义，俨若神人。”又载“羽以死事昭烈，昭烈与飞以死报羽，君臣三人始终不渝，共死一义，古所未有也。”③(郝经《续后汉书》)

经由史家文士之笔，千百年来，关羽之“义”与“忠勇”的传播不绝如缕。

2.“关公”的民间传说、庙堂祭祀与宗教传播

三国以来，关公的形象与尚义的故事就在民间广泛流行传播。关羽既是“万人敌”的勇武之神，又是亲近百姓的忠义之神。历代流传着关公除暴、怒杀当地恶霸的传说，关于红脸关公的传说，关羽妻室胡金定的传说，“关三郎”关索的传说，桃园三结义的传说，关公善待部下普通士兵的传说，关公于荆州显圣的传说，关公大战蚩尤使解州盐池恢复产盐的传说，山西红石崖关公饮马斩妖的传说等，甚至在满族、蒙古族、藏族民间都出现战神关羽显圣的传说。关公深得平民百姓爱戴，例如，传说曾有人化妆成红脸关公的模样来盗马，当即被捕获，询问得知此人叫姚斌，是为母亲治病而来，关公大义而宽恕了他，免他死罪，只是让部下用篾子象征性地对他敲打。

又如，目前武昌的“卓刀泉”，传说出自关羽所卓。当年关羽在此屯兵，因缺饮水，关羽仗义，亲手用青龙偃月刀卓出泉水，其泉清冽，

---

① 《南齐书·曹虎传》，《南齐书》，《二十五史》第二册，上海古籍出版社1986年版，第1971页。

② 罗新、叶炜：《新出魏晋南北朝墓志疏证》，中华书局2016年版。

③ 郝经：《续后汉书》，中华书局1985年版，第167页。

便于兵将饮水。至今存在卓刀泉井与卓刀泉寺，位于华中师范大学东门附近。武昌县志称"城东十五里有卓刀泉者，吾楚胜迹也。汉寿亭侯关公治兵江陵时卓刀于此故名"。①

佛教与道教都借助于关羽的忠义威望与民间影响以扩大传播。尤其是佛教传入中国之后需要本土化扩大其影响。天台宗的智顗巧妙地利用关公的影响，造出神话故事，在湖北当阳玉泉山创建寺庙。据《佛祖统纪》所述：智者大师智顗"到荆州，欲创精舍。一日，见关羽神灵告之，愿建寺护持佛法。"关公显圣，七日自成栋宇。智顗奏于晋王杨广，遂封关公为守护佛法的"伽蓝护法神"，使关公成为中国本土佛教菩萨。时在隋开皇十二年，即公元 592 年。(释志磐《佛祖统纪——智者传》)于是有了玉泉寺和最早的关庙。另据唐代《荆南节度使江陵尹裴公重修玉泉山关庙记》，智顗禅师夜与关羽神遇的故事发生在陈朝光大年间(567—568 年)，关羽显圣云："愿捨此地为僧坊。"总之是公元六世纪，在天台宗智顗(538—597 年)的推动下，关公成了中国佛教的本土神。唐代董侹于贞元十八年撰《荆南节度使江陵尹裴公重修玉泉山关庙记》云：当阳玉泉寺西"有蜀将军都督荆州事关公遗庙存焉"。并赞颂关羽说："惟将军当三国之时，负万人之敌，孟德且避其锋，孔明谓之绝伦。其于殉义感恩，死生一致，斩良擒禁，此其效也。呜呼！生为英贤，殁为神灵。所寄此山之下。"于是乎系。②

楚地自古信巫。关羽遇害之后忠魂不散，屡屡在荆州一带显圣，本来就与本土宗教信仰相关。天嘉三年，即 562 年，陈文帝借"关公显灵"在湖北当阳建显烈祠，以关公"忠义"威名来维护政权，乃第一座关庙。唐朝范摅《云溪友议》记关圣事云："蜀前将军关羽守荆州，梦猪啮足，自知不祥。"又说："玉泉祠，天下谓四绝之境。或言此祠鬼助土木之功而成。"唐末五代，各地纷纷兴建关庙。佛教借关羽为"护法神"，

① 《关公卓泉的故事流传千年》，2024 年 2 月 24 日《长江日报》。

② 董侹：《荆南节度使江陵尹裴公重修玉泉关庙记》，《全唐文》第三册，卷六百八十四，上海古籍出版社 1990 年版，第 3102 页。

道教自然不能旁观。

宋代真宗迷信道教，龙虎山道士趁机装神弄鬼请关公解难，传说关公大战蚩尤，解州盐池果然恢复产盐。于是朝廷安排祭祀关公。追封为“忠惠公”。崇宁年间，龙虎山道士奏称请关羽神灵磔死解州盐池之蛟，促使崇信道教的宋徽宗赐封关羽为崇宁真君，成为道教奉祀的神。此后又加封为“昭烈武安王”“义勇武安王”(《茶香室丛钞》卷十五)南宋皇帝继续加封关公为“英济王”“义勇武安英济王”。

元朝为顺应汉民信仰，曾举行“游皇城”盛典祭祀关公。据《元史·祭祀六》文献记载，至元七年(1270年)正月十五日，在京城举行浩大仪式，以千人之众抬着关公神像游行半个北京城。又在各地加修关公祠庙，加封关公为“显灵义勇武安英济王”。

明代皇帝罢祀其他武庙，以关公为“武庙独尊”，将全国所有的关公祠庙统改为“忠武庙”，万历年间封关公为“协天大帝”，不久又加封为“协天护国忠义大帝”；万历四十二年即1614年加封为“三界伏魔大帝神威远镇天尊关圣帝君”。

清代，关公祀典更为隆重，朝廷称关公为“忠义神武关圣大帝”，与孔子并称文武二圣，并不断加封，至光绪时封为“忠义神武灵佑仁勇威显护国保民精诚绥靖翊赞宣德关圣大帝”，竟然用到26个字。①

于是，一个受人尊敬的义勇将军生前封侯，身后成为神，隋唐建庙，宋封王，明封大帝，清封武圣；儒称圣、释称菩萨、道称天尊，得到三教供奉。

如关庙中一副对联写道：

儒称圣，释称佛，道称天尊，三教尽皈依，式詹庙貌长新，无人不肃然起敬；

① 于志斌：《关羽：儒称圣，释称佛，道称天尊——文化的“变异复合”》，《苏州大学学报》1996年第1期。

汉封侯，宋封王，明封大帝，历朝加尊号，矧是神功卓著，真所谓荡乎难名。

关羽由人而圣而神，集儒、释、道于一身，以至于“九州无处不焚香”，四方百姓自发兴建关公庙宇，称关羽为关公或关帝，奉之为神，几乎各县都有关庙，有人统计全国关庙数以万计，超过孔庙之数。例如山西解州的关帝庙创建于隋开皇九年，已有一千多年。关羽或与孔子并称武圣、文圣，形成关公崇拜，通过诗歌、戏曲、小说乃至庙宇香火而纵向延伸，实为中国“义”文化的奇迹。

3.《三国演义》等作品与“义”的传播

在“义”文化的传播中，文学艺术起着推波助澜的作用，也是不容忽视的一个方面。历代文人墨客出于关羽之“义”的敬仰多有歌咏赞叹。譬如：

唐代诗人郎士元有诗赞颂关羽：“将军秉天姿，义勇冠今昔。走马百战场，一剑万人敌。”(《关羽祠送高员外还荆州》)①

北宋宰相张商英褒扬关羽“辞曹”之义，写道：

月缺不改光，剑折不改铓。月缺白易满，剑折尚带霜。势利寻常事，难屈志士肠。男儿有死节，可杀不可量。(《咏辞曹事》)

元代文人郝经既为关羽作传称之“尚义”，又高歌关羽“国士”风范：

跃马斩将万众中，侯印赐金还自封。横刀拜书去曹公，千古凛凛国士风。(《重建庙记》)

---

① 郎士元：《关羽祠送高员外还荆州》，《全唐诗》第八册，中华书局 1960 年版，第 2782 页。

唐代诗人杜甫则表示惋惜：

训练强兵动鬼神。湘西不得归关羽。①（《奉寄章十侍御》）

宋代诗人陆游吟道："关羽张飞死可伤。等是人间号骁将。"（《读史》）南宋陈普诗云："但得关髯师广武，北州韩信在南州。"（《咏关羽四首其一》）刘克庄称赞关羽道："名将为神自古然。生不封侯三万户，死犹庙食数千年。"（《灵著祠》）金朝诗人张珣赞扬关将军："桓桓胆气万人敌，卧龙独许髯将军。"（《义勇行》）元代李俊民咏关羽："曹吴不是中原手，天下英雄有使君。"（《襄阳咏史·关将军庙》）明代唐胄的《关羽濑》诗赞关羽："破虏忠名万古秋。"陈子升的《感讽》则云："何论关羽有春秋。"郑学醇作诗感叹道："吴蜀山川一水通，荆襄偏据地图雄。云长千载英魂在，江左谁令数阿蒙。"（《三国志·蜀书二首其二·关羽》）

明代学者李贽诗云：

世人结交须黄金，黄金不多交不深。谁识桃园三结义，黄金不解结同心。（《过桃园谒三义祠》）②

此外，话本说书、戏曲传奇、小说刊印，都少不了关羽的故事。宋代汴梁瓦舍众艺中有"说三分"与"弄影戏"，即说书及皮影戏，表演三国故事。其中最感动人的就是关羽的义勇事迹。据宋代张耒在《明道杂志》记载："京师有富家子，少孤专财，群无赖百方诱导之。而此子甚好看弄影戏，每弄至斩关羽辄为之泣下，嘱弄者且缓之。"连富家子都

① 杜甫：《奉寄章十侍御》，《杜诗详注》第三册，仇兆鳌注，中华书局1979年版，第1093页。

② 王齐洲：《论关羽崇拜》，《天津社会科学》1995年第6期。

被关公的悲剧感动得流泪。此后，元代又有讲史话本《三国志平话》，宋元话本对罗贯中创作《三国志通俗演义》产生了一定影响。

据传，宋元时期以三国历史为题材的元杂剧共四十余种，其中关公戏就有12部，主要剧目如次：《关大王独赴单刀会》《关张双赴西蜀梦》《虎牢关三英战吕布》《刘关张桃园三结义》《关云长单刀劈四寇》《关云长千里走单骑》《关云长大战蚩尤》等。其中关汉卿的《单刀会》就以关羽为主角塑造尚义的英雄形象，广大观众喜闻乐见。

元末明初罗贯中的《三国演义》章回小说传播以来，义勇关羽的故事更是深入人心。其作第一回“宴桃园豪杰三结义”开宗明义，直奔主题“结义”。结义是一种仪式。“义”的传播少不了仪式，人间大事需要通过仪式传播。美国詹姆斯·凯瑞说得不错：“在仪式观中，传播一词的原型则是一种以团体或共同的身份把人们召集在一起的神圣典礼。”①（詹姆斯·凯瑞：《作为文化的传播：“媒介与社会”》）

从远古的祭祀仪式，到荆轲仗义出行前的壮歌“风萧萧兮易水寒”，到桃园三结义，都是这种仪式。体现于“结义”的誓词：“虽然异性，既结为兄弟，则同心协力，救困扶危；上报国家，下安黎庶。不求同年同月同日生，只愿同年同月同日死。皇天后土，实鉴此心，背义忘恩，天人共戮。”

描写关羽之义勇还见于《三国演义》第五回“破关兵三英战吕布”之“温酒斩华雄”一节，第25回“屯土山关公约三事，救白马曹操解重围”，其中“降汉不降曹”“秉烛达旦不近女色”两段令人感叹，斩颜良一节浓墨重彩，第26回“关云长挂印封金”足见忠义，第27回“美髯公千里走单骑，汉寿侯五关斩六将”，第28回“会古城主臣聚义”，第50回“关云长义释曹操”，乃义气之举，第53回“关云长义释黄汉升”，第66回“关云长单刀赴会”，第74回“关云长放水淹七军”，活捉于禁、斩庞

① ［美］詹姆斯·凯瑞：《作为文化的传播：“媒介与社会”论文集》，丁未译，中国人民大学出版社2019年版，第18页。

德，第75回"关云长刮骨疗毒"，第76回"关云长败走麦城"，第77回"玉泉山关公显圣"，等等。①

处处展现关羽之"勇"与"义"。这些有声有色的故事在亿万老百姓心目中刻印了关羽义勇的形象。其中最为动人晓义的是如下三点。

一是写关公神勇，以第五回"温酒斩华雄"为代表。先说曹操"教酾热酒一杯"，而关公提刀飞身上马。"众诸侯听得关外鼓声大振，喊声大举，如天摧地塌，岳撼山崩，众皆失惊。正欲探听，鸾铃响处，马到中军，云长提华雄之头，掷于地上。其酒尚温。"斩华雄之例虽移花接木，但其描写高超，足见"万人敌"并非虚言。

二是写关公忠义，见于第二十六回"关云长挂印封金"。关公得到刘备的消息后回复书信："窃闻义不负心，忠不顾死。羽自幼读书，粗知礼义，观羊角哀、左伯桃之事，未尝不三叹而流涕也。"于是挂印封金，辞谢曹操："新恩虽厚，旧义难忘。兹特奉书告辞。"所谓"挂印封金"，就是将曹操累次所赐金银，一一封置库中；将汉寿亭侯印悬于堂上；还有曹操所送美女十人全都留下，告辞而别。为的是回应"桃园三结义"的誓词："背义忘恩，天人共戮。"然后"千里走单骑"，过五关斩六将，终于"会古城主臣聚义"。后人有诗叹曰："挂印封金辞汉相"，行千里，出五关，"忠义慨然冲宇宙"，今古留题翰墨间。

三是写仗义报恩，见于第五十回华容道"关云长义释曹操"。火烧赤壁之后，曹军残兵狼狈不堪，逃经华容道，迎面正遇大将关云长截住去路。操军亡魂丧胆，面面相觑。谋士程昱向曹操进言："某素知云长傲上而不忍下，欺强而不凌弱；恩怨分明，信义素著。丞相旧日有恩于彼，今只亲自告之，可脱此难。"于是曹操向关羽陈以昔日之情、《春秋》信义。"云长是个义重如山之人，想起当日曹操许多恩义，与后来五关斩将之事，如何不动心？又见曹军惶惶，皆欲垂泪，一发心中不忍。于是把马头勒回，谓众军曰："四散摆开。"这个分明是放曹操的意

① 罗贯中：《三国演义》，人民文学出版社1973年版，第4-663页。

恩。操见云长回马，便和众将一齐冲将过去。云长回身时，曹操已与众将过去了。云长大喝一声，众军皆下马，哭拜于地。云长愈加不忍。正犹豫间，张辽纵马而至。云长见了，又动故旧之情，长叹一声，并皆放去。后人有诗曰：“曹瞒兵败走华容，正与关公狭路逢。只为当初恩义重，放开金锁走蛟龙。”

《三国演义》中多处引诗赞颂关羽，嘉靖元年本《三国志通俗演义》颂扬道：“彻胆长存义，终身思报恩。”又如第七十七回赞曰：“神威能奋武，儒雅更知文。天日心如镜，《春秋》义薄云。”①

“义重如山”的关羽被清代毛宗岗称为“义绝”：“古今来名将中第一奇人”。他的《读三国志法》评点《三国演义》中有三绝：“诸葛亮为智绝，曹操为奸绝，关公为义绝。”他赞颂关羽：“青史对青灯，则极其儒雅；赤心如赤面，则极其英灵；秉烛达旦，人传其大节；单刀赴会，世服其神威；独行千里，报主之志坚；义释华容，酬恩之谊重。”又称赞：“拼将一死酬知己，致令千秋仰义名。”评价说：“事主不忘其本，乃天下之义士也；来去明白，乃天下之丈夫也。”（《读三国志法》）②

由于多方面缘由的推动，关羽之“义”形象与故事家喻户晓，长传千年，远播四海。

四、侠义之歌

汉末魏初诗人曹植所作《白马篇》高歌“游侠”，可称咏侠诗开篇。诗曰：

> 白马饰金羁，连翩西北驰，借问谁家子？幽并游侠儿。
> 少小去乡邑，扬声沙漠垂。宿昔秉良弓，楛矢何参差。

---

① 罗贯中：《三国演义》，人民文学出版社 1973 年版，第 435 页、第 662 页。

② 毛宗岗：《读三国志法》，《中国历代小说论著选》，黄霖等选注，上册，江西人民出版社 1982 年版，第 336 页。

控弦破左的，右发摧月支。仰手接飞猱，俯身散马蹄。
狡捷过猴猿，勇剽若豹螭。边城多警急，虏骑数迁移。
羽檄从北来，厉马登高堤。长驱蹈匈奴，左顾凌鲜卑。
弃身锋刃端，性命安可怀？父母且不顾，何言子与妻？
名编壮士籍，不得中顾私。捐躯赴国难，视死忽如归。①

此诗《太平御览》卷三五九题作《游侠篇》，朱乾《乐府正义》认为“寓意于幽并游侠，实自况也”。

晋代诗人张华也作有《游侠篇》称赞信陵君等四公子：“翩翩四公子，浊世称贤名。”感叹道：“美哉游侠士。”②

到了唐代，游侠之风颇为盛行，诗人天生侠骨，《旧唐书·高适传》写道：高适“喜言王霸大略，务功名，尚节义。”③《新唐书·王翰传》记述：王翰“少豪健恃才，及进士第”，“徙仙州别驾，日与才士豪侠饮乐游畋，伐鼓穷欢。”《新唐书·孟浩然传》则记录：孟浩然“少好节义，喜振人患难。”④又据《唐才子传》记载，王之奂“少有侠气，所从游皆武陵少年，击剑悲歌，从禽纵酒。”⑤

唐代诗人热衷于抒写江湖任侠之趣，歌咏侠客义气。据《全唐诗》摘录如下：

骆宾王的《畴昔篇》自称：“少年重英侠，弱岁贱衣冠。”又作《送郑少府入辽共赋侠客远从戎》诗写道：“边烽警榆塞，侠客度桑乾。柳叶

---

① 曹植：《白马篇》，《先秦汉魏晋南北朝诗》上册，逯钦立辑校，中华书局 1983 年版，第 432 页。

② 张华：《游侠篇》，《先秦汉魏晋南北朝诗》上册，逯钦立辑校，中华书局 1983 年版，第 611 页。

③ 《旧唐书》，《二十五史》第 5 册，上海古籍出版社 1986 年版，第 3878 页。

④ 《新唐书》，《二十五史》第 6 册，上海古籍出版社 1986 年版，第 4741-4743 页。

⑤ 辛文房：《唐才子传》，《唐才子传校正》，周本淳校，江苏古籍出版社 1987 年版，第 64 页。

开银镝，桃花照玉鞍。满月临弓影，连星入剑端。不学燕丹客，空歌易水寒。”

王维的《陇头吟》：“长安少年游侠客，夜上戍楼看太白。”《少年行》：“新丰美酒斗十千，咸阳游侠多少年。”

高适的《邯郸少年行》：“邯郸城南游侠子，自矜生长邯郸里：千场纵博家仍富，几度报仇身不死。”

钱起的《逢侠者》：“燕赵悲歌士，相逢剧孟家。”

元稹的《侠客行》：“侠客不怕死，怕在事不成。”

贾岛的《剑客》：“十年磨一剑，霜刃未曾试。今日把示君，谁有不平事？”

又如齐己《剑客》诗：“拔剑绕残尊，歌终便出门。西风满天雪，何处报人恩？勇死寻常事，轻雠不足论。翻嫌易水上，细碎动离魂。”

李商隐的《赠郑说处士》诗：“浪迹江湖白发新，浮云一片是吾身。”

聂夷中的《胡无人行》：“男儿徇大义，立节不沽名。腰间悬陆离，大歌胡无行。不读战国书，不览黄石经。醉卧咸阳楼，梦入受降城。更愿生羽仪，飞身入青冥。请携天子剑，斫下旄头星。”①

最富有侠肝义胆的诗人，首推李白，李白在青少年时既以侠自任，心雄万夫，仗义疏财，喜结交豪侠。《新唐书·李白传》记载说：李白“喜纵横术，击剑为任侠，轻财重施。”②诗人歌咏侠客义士的诗篇激扬人心。譬如：李白在《赠韦秘书子春》诗中写道：“谈天性浩荡，说剑纷纵横。”他的《赠崔司户文昆季》诗也说：“千金散义士，四座无凡宾。”其《赠友人》三首其二吟道：“廉夫惟重义，骏马不劳鞭。”还有《送张秀才谒高中丞》云：“英谋信奇绝，夫子扬清芬。”又有《题嵩山逸人元丹丘山

---

① 骆宾王、王维、高适、钱起、元稹、贾岛、齐己、李商隐、聂夷中的诗见于《全唐诗》，中华书局 1960 年版，第三册至第二十四册，第 835-9452 页。

② 《李白传》，《新唐书》，《二十五史》第六册，上海古籍出版社 1986 年版，第 4741 页。

居》诗写道:“故人契嵩颖,高义炳丹雘。”①其诗无不洋溢着侠义精神,代表之作是他的《侠客行》,其诗如下:

赵客缦胡缨,吴钩霜雪明。银鞍照白马,飒沓如流星。
十步杀一人,千里不留行。事了拂衣去,深藏身与名。
闲过信陵饮,脱剑膝前横。将炙啖朱亥,持觞劝侯嬴。
三杯吐然诺,五岳倒为轻。眼花耳热后,意气素霓生。
救赵挥金槌,邯郸先震惊。千秋二壮士,烜赫大梁城。
纵死侠骨香,不惭世上英。谁能书阁下,白首太玄经。②

这首诗中的侠客形象鲜明生动。同时歌颂了侯嬴、朱亥舍己救赵的侠义精神,表现了功成身退的高风亮节。

后人往往讨论,为何李白唱出了古今诗人的最强音:“仰天大笑出门去,我辈岂是蓬蒿人。”(《南陵别儿童入京》)道出不受一切束缚的自由心态:“安能摧眉折腰事权贵,使我不得开心颜。”(《梦游天姥吟留别》)原来李白首先是一位信义为尚的侠士,其次才是卓越的诗人诗仙。

晚唐诗人司空图的七言长篇《冯燕歌》称赞平民侠义之士冯燕:“魏中义士有冯燕,游侠幽并最少年。”写冯燕作案,杀了一个偷情的女子:“唯将大义断胸襟,粉颈初回如切玉。”当他发现刑官误判那女子的丈夫即将斩首时,马上站出来自首,由于那女子把刀递过来希望杀掉她丈夫,而冯燕干脆杀了那女子。官府贾公“拜章请赎冯燕罪,千古三河激义风。”③这样一件颇为异端的案件,竟然被称为“义”事传诵,足见晚唐世道不安之中,人们期待侠义公正的心态。

---

① 李白:《李太白全集》,上海书店1988年版,第234页、第262页、第302页、第409页、第560页、第361页、第342页。

② 李白:《侠客行》,《李太白全集》,上海书店1988年版,第107页。

③ 司空图:《冯燕歌》,《全唐诗》第十九册,中华书局1960年版,第7282页。

宋代也不乏歌咏侠义之作，例如，宋代诗人胡仲弓的《侠客》吟道：“仗剑一长笑，出门游四方。雄心吞宇宙，侠骨耐风霜。”词人贺铸的《六州歌头》慷慨高歌：“少年侠气，交结五都雄。肝胆洞。毛发耸。立谈中。死生同。一诺千金重。”①可见侠义精神在唐宋诗词中不断传承。

侠义精神还体现于古代小说，譬如《水浒传》《西游记》《聊斋志异》《三侠五义》等作品。更不乏“侠义”之情。例如施耐庵所著《水浒传》，将民间侠义之情推入高潮，其中多处写到“聚义”“结义”“忠义”“义士”“义气”，赞扬梁山好汉“仗义疏财”，“惜客好义”，“义气深重”，“义胆忠肝”。譬如《水浒传》第七十一回所表述：“心情肝胆，忠诚信义并无差。”可见满篇尽是：“义气”“义侠”“义士”“结义”“仗义”“聚义”“忠义”等。且录数例如下：

只为衣冠无义侠，遂令草泽见奇雄。(《水浒传·第二回》)

林冲大喜，就当结义智深为兄。(《水浒传·第七回》)

独持义气薄黄金。辛苦惟存一片心。(《水浒传·第九回》)

义胆忠肝豪杰，超群出众果英雄。(《水浒传·第十三回》)

水浒请看忠义士，死生能守岁寒心。(《水浒传·第二十回》)

备说梁山泊晁、宋二公招贤纳士，如此义气。(《水浒传·第四十四回》)

诉说晁天王、宋公明仗义疏财，专只替天行道。(《水浒传·第五十三回》)

不好资财惟好义，貌似金刚离古寺。(《水浒传·第六十九回》)

仗义疏财归水泊，报仇雪恨上梁山。(《水浒传·第七十一回》)②

① 贺铸：《六州歌头》，《唐宋名家词选》，龙榆生编，上海古籍出版社1980年版，第152页。

② 施耐庵、罗贯中：《水浒全传》，第2回至第71回，浙江文艺出版社1995年版，第12-377页。

例如鲁达(鲁智深)，一听恶霸欺凌弱平民，便挺身而出，拔拳相助；剃度出家之后，依然行侠仗义，“禅杖打开危险路，戒刀杀尽不平人”，义气爽快，最受老百姓爱戴。

此后，明、清时期的小说中，侠义时有表现。例如清代石玉昆的长篇小说《三侠五义》，其中描写“五义”之一彻地鼠韩彰行侠仗义，救了豆氏父女，擒获抢劫民女的恶霸。豆老汉说：“不想这员外由庄上回来，看见小女，就要抢掠。多亏了一位义士，姓韩名彰，救了小老儿父女二人，又赠了五两银子。”①然而这些侠士都逐渐蜕变为依附朝廷的“御猫”鹰犬，其旨趣远不及《水浒传》《西游记》。

值得肯定在是清代蒲松龄的《聊斋志异》，有不少篇章写到侠义，例如《侠女》《青凤》《连琐》《五通》等篇，其中《聂小倩》篇写小倩感慨书生宁采臣：“郎君义气干云，必能拔生救苦。”又如《聂政》篇以“异史氏”称赞道：“其视聂之抱义愤而惩荒淫者，为人之贤不肖何如哉！”②《聊斋志异》借花妖狐魅鬼怪的虚拟故事来表达人间真情侠义，以浪漫幻想之笔谱写了一曲曲侠义之歌。

五、义传四海

中华文明传向四海，世界文化的交流传播，早已发生。二千年前，张骞、甘英等先行者已经穿越雪山、沙漠跨过西亚，“黑海东头望大秦”。一千多年前，唐僧取经，达摩来华，鉴真东渡，空海求法，“引慈云于西极，注法雨于东陲”，留下述不尽的传播佳话。近代以来，交通不断更新，世界逐渐缩为“地球村”，万里传讯变为瞬间之事，东西互通，南北对话已成为常态。“义”作为文化要素也渐渐传播于五洲四海。有学者指出：“21 世纪最重要的事是让西方了解中国文化，就是义

① 石玉昆：《三侠五义》上册，第五十回，团结出版社 2017 年版，第 359 页。
② 蒲松龄：《聊斋志异》，上海古籍出版社 1979 年版，第 69 页、第 357 页。

利之辨。”主张“以情补性，以义代利。”①

1. 中国文化经典传播简述

从目前可见的资料看，中国典籍向西方传播的早期代表是 1687 年在巴黎出版的《中国哲学家孔子》。这部书的翻译工作最后由比利时传教士柏应理完成。但实际上，来华传教士对《四书》的翻译经历了一个漫长的过程，从利玛窦就开始了，有不少传教士为之付出了心血。因而这部书的标题全称为：《中国哲学家孔夫子，或者中国知识，用拉丁文表述，通过殷铎泽、恩理格、鲁日满和柏应理的努力》。②

中国古老的《诗经》也早已传向海外。18 世纪的西方学者对《诗经》颇感兴趣。例如英国的威廉·琼斯(1746—1794)读到《诗经》中的《卫风·淇奥》时，就对“高古的情感”“深为感动”，他认为该诗“非常庄严”，风格“晦涩”，却“增加了它的壮丽”，这首诗“可以说是远古文明最有价值的瑰宝”。③此后，英国传教士理雅各于 1871 年出版了第一本《诗经》散体全译本，被称为“《诗经》乃至整个中国文学西播史上的一个里程碑”。④

唐诗的海外翻译也是传播热点之一。据了解，美国弗吉尼亚大学图书馆官方网站的“中华文学集锦”中所列研究中国唐诗的英文参考书就有七本之多。

然而唐诗的翻译并不容易。例如，王昌龄的《出塞》“秦时明月汉时关”是最耐人寻味的诗句。但是有的译者却机械地把“明月”划给秦朝，把“关”划给汉代。不顾互文的妙用，诗味荡然无存。

美国诗人维特·宾纳和中国学者江亢虎 1929 年合译了《群玉山头：

---

① 北京大学教授许渊冲语，见许渊冲等：《唐诗走向世界——〈汉英对照唐诗三百首〉众人谈》，《中国大学教学》2001 年第 8 期。

② 张西平：《中国哲学家孔子：儒学西传的奠基之作》，《光明日报》2014 年 3 月 18 日。

③ 范存忠：《中国文化启蒙时期的英国》，上海外语教育出版社 1991 年版，第 191 页。

④ 周发祥：《〈诗经〉在西方的传播与研究》，《文学评论》1993 年第 6 期。

唐诗三百首英译本》，宾纳在《群玉山头》的序言《诗歌与文化》中表达了对中国文化之“义”的敬仰。他称赞中国诗人：“为了国家利益，坚持正义，即使被降职、流放或者处死，都不退缩。”此书已近百年，常为美国人学习唐诗的参考书之一。①

中国戏曲《牡丹亭》的海外传播引起关注。在20世纪30年代，梅兰芳赴美演出的京剧中就有《牡丹亭》之一《春香闹学》。1939年，英国人哈罗德·阿克顿用英文节选翻译了《春香闹学》。据《中国出版》期刊2016年第9期统计，20世纪至21世纪初出版的《牡丹亭》英译本和节译本就有10种以上。美国伯克利大学的白芝教授1980年出版了《牡丹亭》全译本。《牡丹亭》戏剧在海外的演出接连不断。20世纪至21世纪之交，中国的好几家昆剧团都曾以《牡丹亭》先后到欧美演出。中央芭蕾舞团的芭蕾舞剧《牡丹亭》也于2016年赴英国巡演，电视剧《牡丹亭》在英国普罗派乐卫视开播。②中国文化元素之美：古香古韵的唱腔、精美绝伦的舞步舞姿、优雅得体的戏服都吸引着西方观众。

此外，中国小说《水浒传》《三国演义》《西游记》《红楼梦》等作品也都走出国门，传播于四海五洲。

2.《中国孤儿》的国际传播

重要意义还在于，杂剧《赵氏孤儿》早在18世纪已传播到国外，成为中国最早走出国门产生世界影响的戏剧作品。最早翻译《赵氏孤儿》的法国耶稣会士马若瑟（1674—1736）于1731年向法国同行寄去了该剧本的法译本。1735年，耶稣会士杜赫德编撰的《中华帝国全志》在巴黎出版，就收录了《赵氏孤儿》译本。

18世纪法国作家伏尔泰将《赵氏孤儿》改编成话剧《中国孤儿》，1755年8月20日，《中国孤儿》在法兰西剧院首演并大获成功，此后一连演出十六场，在当时的法国引起了巨大轰动。伏尔泰将故事背景改为

---

① 江岚：《唐诗西传史论：以唐诗在英美的传播为中心》，学苑出版社2009年版，第256页。

② 张一方：《昆曲〈牡丹亭〉的海外传播》，《当代音乐》2017年第17期。

成吉思汗率领蒙古大军侵入中原，孤儿则被改为皇室后裔。为救遗孤，忠臣臧悌说服妻子，准备献出他们的亲生孩子代替皇子赴死。成吉思汗被臧悌和他妻子伊达美的坚贞不屈、自我牺牲等美德所感动，最终放弃了屠杀孤儿。当成吉思汗被问到是什么使他发生转变、放弃屠杀时，回答是：“你们的道德。”伏尔泰设计出征服者被文明所征服的情节，是为了在剧中注入启蒙思想，宣扬文明对野蛮的胜利，传播仁爱精神。在《中国孤儿》序言中，伏尔泰宣称他要用这部“五幕孔子道德剧”在欧洲舞台上“大胆传播孔子的道德”。伏尔泰让野蛮的征服者因受到先进文明的精神感召而放下屠刀，体现了道德伦理对人类社会摆脱蒙昧、走向进步的引领作用。

以中国《赵氏孤儿》为蓝本的戏剧作品接连在法国、英国、意大利、德国、俄国出现。1736 年，耶稣会率先上演了以“救孤”为主题的戏剧《召公》。1741 年，英国人威廉·哈切特根据《赵氏孤儿》改编出版了《中国孤儿》，并在标题后配以说明：“一出历史悲剧，根据杜赫德的《中国通史》中的中国悲剧范本改编。”爱尔兰剧作家亚瑟·墨菲改编创作的《中国孤儿》于 1759 年上演。1748 年，意大利剧作家梅塔斯塔西奥改编创作了以“舍子救孤”为母题的戏剧《中国英雄》于 1752 年首演，褒扬了博爱与忠诚。1774 年，德国弗里德里希改编的《中国人或命运的公正》戏剧宣扬了善恶有报的观念，在前言中写道：“中国人是东方最为文明的一个民族。”1778 年，俄国戏剧家涅恰耶夫用诗体形式将伏尔泰的《中国孤儿》译成俄文，并在俄国上演。①各国改编“中国孤儿”故事的侧重不全相同，但“舍子救孤”的母题和蕴含的正义忠贞、自我牺牲核心价值基本不变。《中国孤儿》在欧洲各国上演，感动了千千万万的读者观众，赢得了很高的声誉。“赵氏孤儿”故事已成为中国文化品牌，推动了中国文化道德观念在西方的传播。

---

① 谭渊：《“中国孤儿”故事在 18 世纪欧洲的传播——〈赵氏孤儿〉的改编》，《同济大学学报》2023 年第 2 期、朱少华等：《〈赵氏孤儿〉在欧洲的传播》，《中国戏剧》2007 年 4 月号。

3. 关公“义”文化的国际传播

从目前所知的传播反馈来看，关羽为代表“义”文化已经走出国门。两百多年前的清代赵翼学者就已惊叹关公崇拜之盛：“今且南极岭表，北极寒垣，凡儿童妇女者，无不震其威灵。香火之盛，将与天地同不朽。”①如今不仅国内流行关公崇拜，而且关羽“义”文化已随着华人传向世界的东南西北。

关羽“义”文化的影响传播到世界上100多个国家地区，据不完全统计，世界各地建有关帝庙3万多座。特别是东南亚、东亚的日、韩地区，关羽“义”文化的影响更深更广。例如，越南的胡志明就曾写过一首中文诗《即景》：

> 树梢巧画张飞像，赤日长明关羽心。
> 祖国终年无信息，故乡每日望回音。（胡志明《狱中日记》）

这首诗借歌颂关羽的忠义来表达胡志明自己虽身陷囹圄仍对祖国忠心耿耿的情怀。

还有马来西亚、新加坡、泰国、韩国、日本等亚洲国家，美国、加拿大、古巴、巴拿马等美洲国家，澳大利亚、新西兰以及非洲、欧洲的许多国家的一些民众都很钦佩甚至崇拜关公，建有关公庙堂，联系着众多海外华侨华人和当地信众。特别是在东南亚崇尚关羽相当普遍，例如马来西亚就曾多次举办国际关公文化节。欧洲、美洲、大洋洲、非洲许多民族在逐步认识关公文化。关羽崇拜丰富的文化内涵引起了西方学者的兴趣与思考。

譬如一位美国教授芝加哥大学的焦大卫曾说；“我尊敬你们的这一位大神，他应该得到所有人的尊敬。他的仁、义、智、勇直到现在仍有意义，上帝的子民如果都像你们的关公一样，我们的世界就会变得更加

① 赵翼：《陔馀丛考》卷三十五，河北人民出版社1990年版，第622页。

美好。”另一位美国学者鲁尔曼在其著作《中国通俗小说与戏剧中的传统英雄人物》中专章论述了关羽，认为他是一个“综合型的英雄”。他既是武士，又是书生，并且具有帝王之相。他的故事说明了民间传说与制度化宗教间的相互作用，也证明着故事文学中的英雄一旦受到官方崇拜，会再影响故事内容。由于这类英雄深入人心，也鼓励官方设法把他们尊为值得推崇的行为楷模。但同时这位人物所表现出的人生复杂性引起了美国学者的困惑与思考。①

德国汉堡大学的一位荷兰籍汉学家田海专门出版了一部研究关羽的著作，题名《关羽：由凡入神的历史与想象》。②他指出，在通常认为文字已经占据压倒性优势的时代，口头文化以及通过口头方式进行文化传播，仍然是引人注目的。作者坚持口头文化在关公信仰塑造过程中有着极其重要的作用，他通过分析那些关庙神坛最初兴建及重修的时间，从空间和时间两个维度追溯关公崇拜的传播情形，探究关公信仰的传播史。

这些传播现象都可见关羽为代表的“义”文化正在慢慢走向世界。

4. 群善之蕴与兼通四海

目前世界“地球村”中的对话交流，已经不是传与不传、播与不播的问题，而是如何传播到位，如何更有效沟通，如何认识中西方的差异与共性，从而更上一层楼。

一百年前，德国学者马克斯·韦伯在研讨中西文化差异时就注意到共同性，他在《儒教与道教》一书中写道：“越是追溯历史，中国人及其文化(在那些对于我们西方十分重要的特点上)就越像我们这里的情形。”例如古老的民间信仰、最古老的《诗经》中的民歌等等，“在我们眼中同西方现象之间的亲缘关系，似乎远远胜过同儒教中国文化的各种被

① [美]安德鲁·罗：《海外学者评中国古典文学》，济南出版社 1991 年版，第 138 页。

② 马汝军：《〈关羽：由凡入神的历史与想象〉研究方法管窥，《中华读书报》2022 年 8 月 17 日第 15 版。

视为独特的素质之间的关系。”①

中国社会学家费孝通则提出著名的“差序格局”说来讲解中国文化的特点，认为“我们的社会结构本身和西洋的格局是不相同的”，中国社会是一种“差序格局”。而费孝通又主张“天下大同”，提出“各美其美，美人之美，美美与共，天下大同”的设想。②

再如出生于中国，而在英美生活达60年的人类学家许烺光教授，通过跨文化的实际体验与比较，提出各民族都需要“社会心理均衡”的理论观点，③主张互相取长补短。这些先行者给我们进一步跨文化传播提供了有益的启示。

随着20世纪与21世纪之交的跨世纪发展，跨文化对话交流也长足发展。仅从有关“义”的传播来说，就出现了一些可喜可赞可借鉴的现象。

其一是注意并强调关键词的作用。

譬如美国学者宇文所安在研究和向英语世界传播中国文论的过程中发现了关键词的重要，选取了51个关键词专门作解释，称为《术语集释》，此处“术语”就是关键词。其中指出如何解释“义”：“‘a truth’（一个真理）、‘duty’（义务）、‘righteousness’（正义）、‘principles’（理）、‘significance’（意味），有时还是‘meaning’（意义）。”他意识到：“以‘a truth’译‘义’有时不合适，于是我选择了不同的词，其中包括“significance”（意味）。”见于宇文所安的著作《中国文论：英译与评论》一书。④还有安乐哲和罗思文所著《〈论语〉的哲学诠释：比较哲学的视域》也有“术语释要”，其中列有：“道”“天”“仁”“礼”“信”“义”“知”“心”“和”

---

① ［德］马克斯·韦伯：《儒教与道教》，商务印书馆1995年版，第283页。

② 费孝通：《乡土中国》，生活·读书·新知三联书店2021年版，第37-42页。

③ 许烺光：《彻底个人主义的省思》，台北南天书局2002年版，第248页。

④ 宇文所安：《中国文论：英译与评论》，上海社会科学院出版社2003年版，第665-666页。

“德”“善”“文”“孝”13个关键词，逐一作了解释。

其二是传播者开始考虑如何更准确地理解与表达。

在翻译与传播中自然会涉及中国文化的关键词“义”。怎样准确地将“义”译为英文？确实是不容易的工作。翻译家曾经有这样三种译法。一是译为“righteous”，原意为循直线而行，引为宗教意义的真理。二是译为“justice”，指公平、正义，执法的公正性。三是译为“morality、duty”，指道德准则导向，义务与责任。这三种诠释都倾向于把“义”解释为超验的行为标准，实质上是西方形而上的彰显。可喜的是，在新近出版的《〈论语〉的哲学诠释：比较哲学的视域》(2003)一书中，美国学者安乐哲和罗思文扬弃旧译而将“义”翻译为以appropriate为中心词的序列表达。其英文含义为：适当的、合适的、恰当的、非常适合的，有“与特定的目的、人或事件相适合或合拍”之含义。安乐哲从整个中国文化语境，来对“义”作诠释，在人生面对的种种新的境况中将实践描述为符合知识诸规范原理的行为，①突破旧的译文而寻求更恰当传播的现象逐步扩展，值得赞许。

其三是对传播语境多义兼通的认识。

正如郭店楚简《性自命出》所言：“义也者，群善之蕝也。”②“义”是众善美德的表征，不可能用一个简单的词来对译。需要在一定的语境中来解读认识，既有差异，又能求同，在差异中求同。美国学者顾史考也颇赞赏“义者群善之蕝”的说法，认为“也可以说是人类伦理关系中至善至正的标准，而此种义道亦未尝不是奠定于人们心性之情为其基础的”。③

20世纪后期的美国人类学家克利福德·格尔茨通过长期田野调查，

---

① [美]安乐哲、罗思文：《〈论语〉的哲学诠释：比较哲学的视域》，余瑾译，中国社会科学出版社2003年版，第54-56页。

② 荆门市博物馆编：《郭店楚墓竹简》，文物出版社1998年版，第179页。

③ [美]顾史考：《郭店楚简先秦儒书宏微观》，上海古籍出版社2018年版，第111页。

提出“深描”说和不同民族文化其实是各种“地方性知识”的观点，他主张“在别的文化中间发现我们自己”，“把自己视作人类因地制宜而创造的生活形式中的一则地方性案例”。他在 1999 年写的《地方知识：阐释人类学论文集》序言中说：“把特定类型的现象放在能够引发回响的联系中”，从而了解各不一样的文化之网。①启示我们通过多义兼通灵活理解各民族的“地方知识”。

刘勰《文心雕龙》曾言：“义吐光芒，辞成廉锷，则为伟矣。”②

在中西文化的深入交流传播中可见：“义”不仅是一个关键词，还是一面旗帜，是“群善之蕤”，在人类文化交流中起着美好的标志性的引领作用。

---

① [美]克利福德·格尔茨：《地方知识：阐释人类学论文集》，商务印书馆 2014 年版，第 19 页。

② 刘勰：《文心雕龙》，《文心雕龙注》，范文澜注，人民文学出版社 1958 年版，第 395 页。